AF291138

LYNN CHADWICK
BIESTER DER ZEIT

LYNN CHADWICK   KATJA STRUNZ   HANS UHLMANN

LYNN CHADWICK BEASTS OF TIME

LYNN CHADWICK   KATJA STRUNZ   HANS UHLMANN

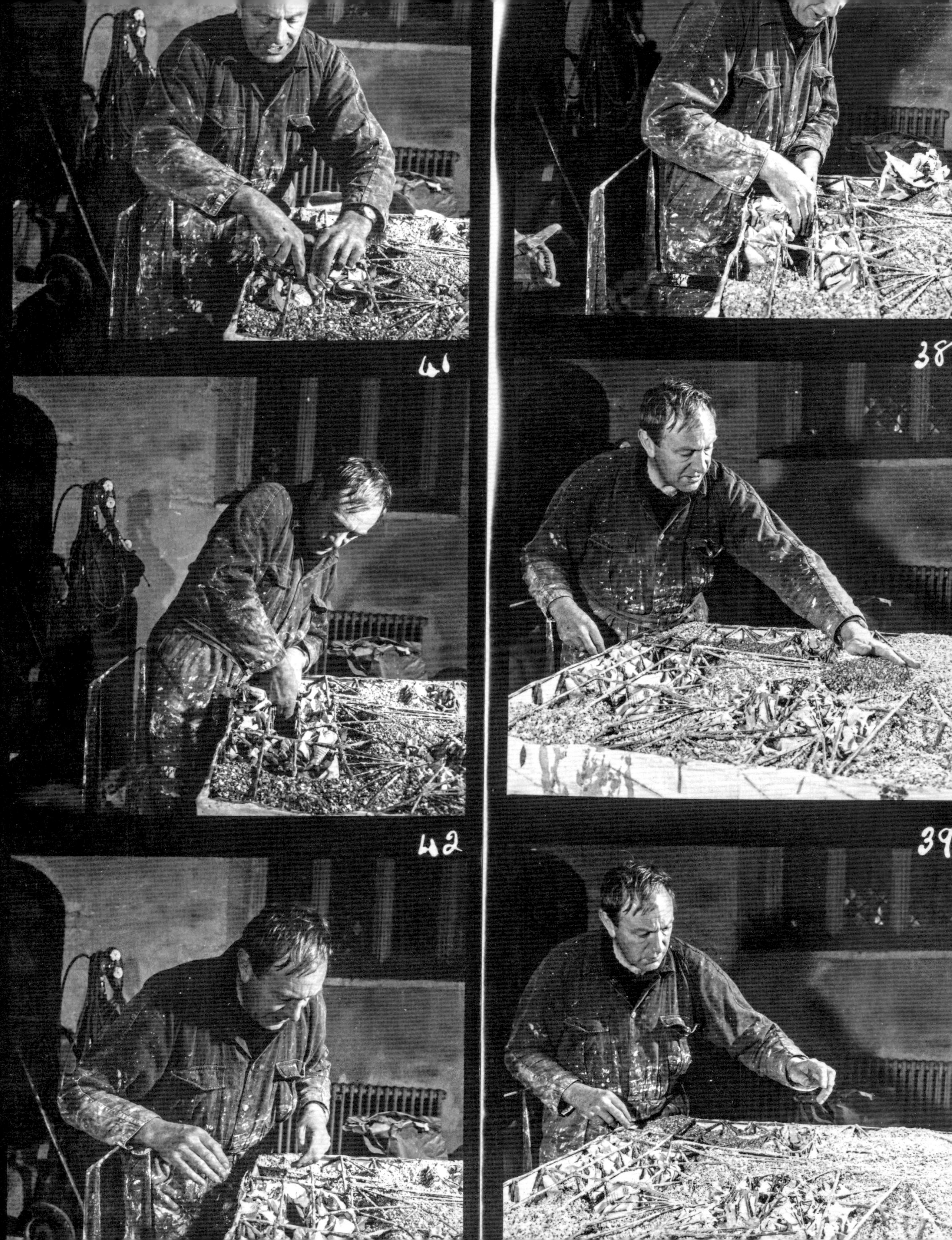
38
42
39

Inhalt / Content

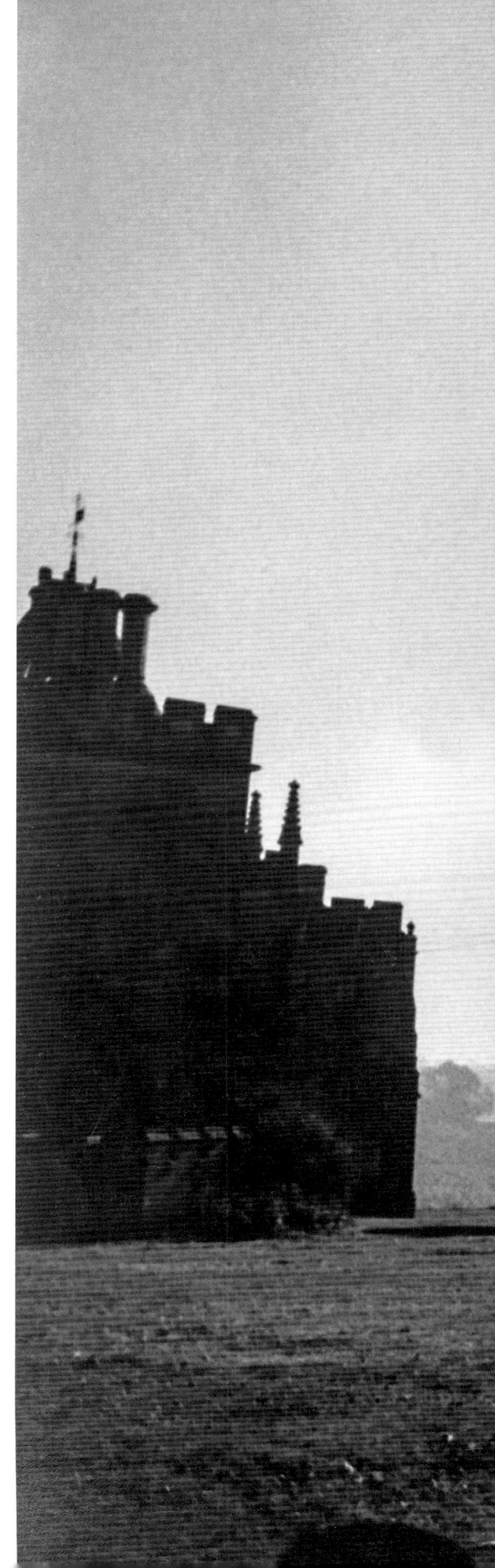

Lypiatt Park, Gloucestershire

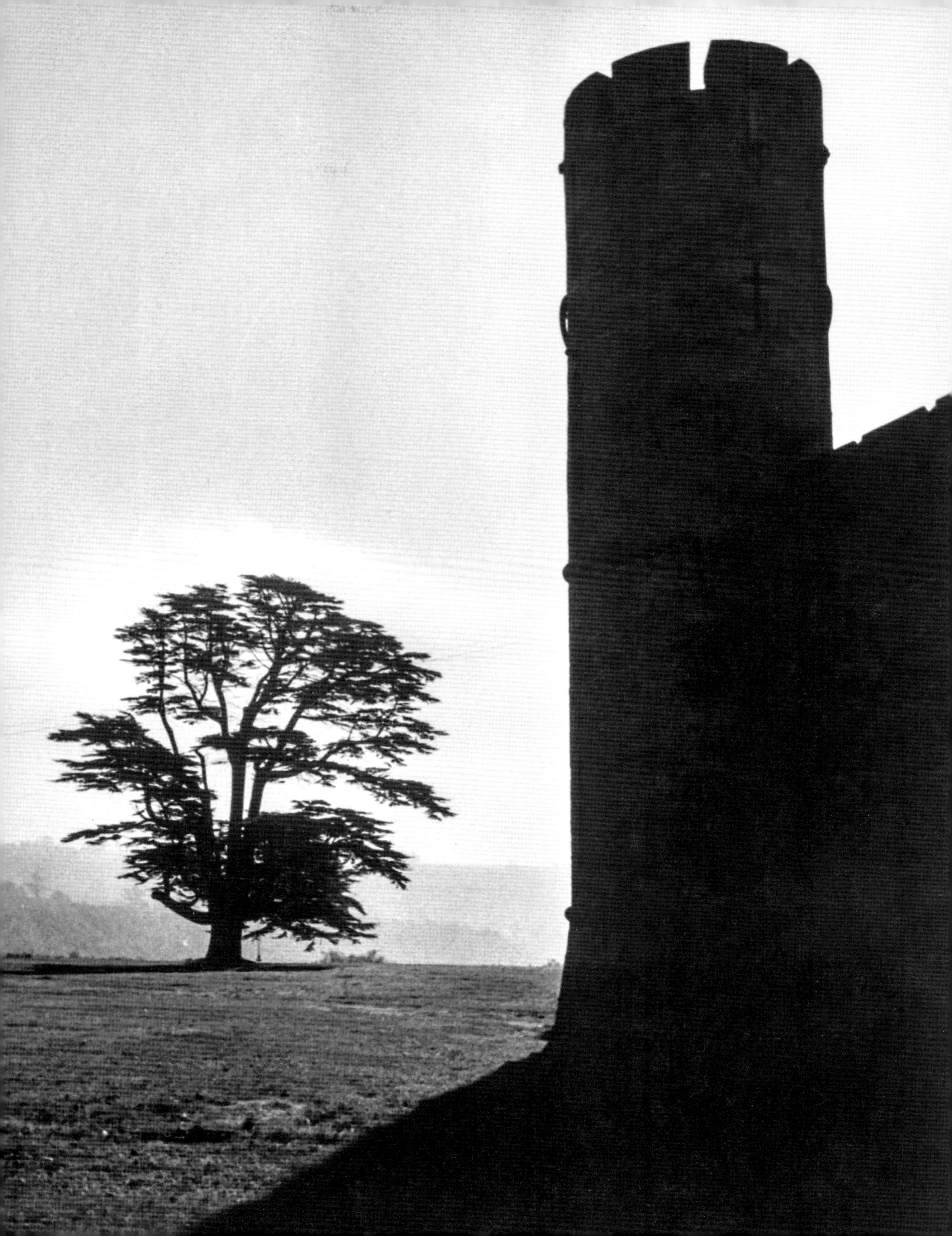

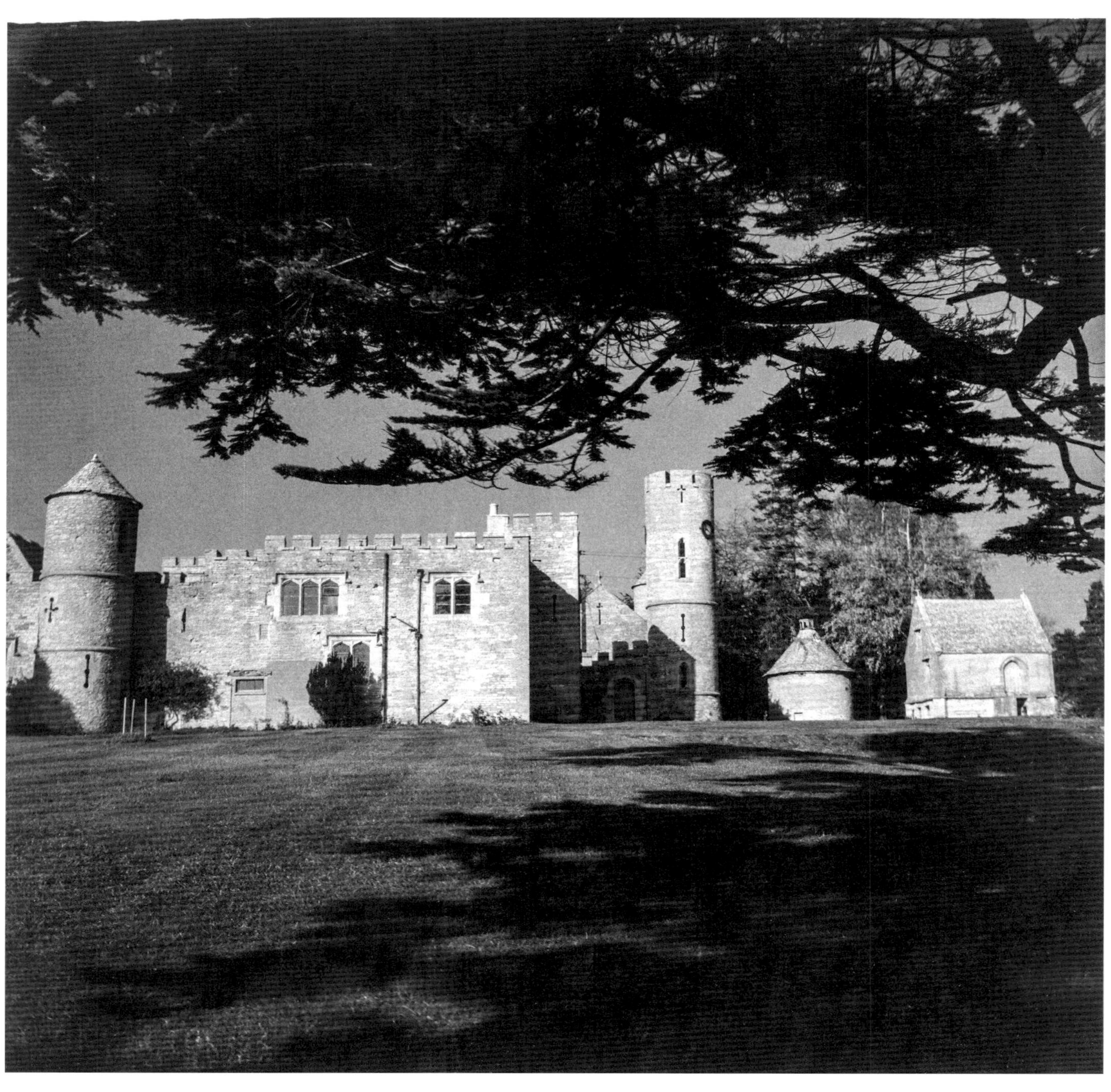

Vorwort

Lynn Chadwick. Biester der Zeit
Lynn Chadwick, Katja Strunz, Hans Uhlmann

Der vorliegende Katalog erscheint anlässlich einer Ausstellung zum Werk des britischen Bildhauers Lynn Chadwick (1914 – 2003), die von Mai bis September 2019 im Haus am Waldsee und im Georg Kolbe Museum in Berlin parallel gezeigt wird und mit einer Werkauswahl von Februar bis Juli 2020 in Duisburg im Lehmbruck Museum zu sehen ist. „Lynn Chadwick. Biester der Zeit" stellt den britischen Bildhauer der Nachkriegsmoderne in den Mittelpunkt. Zugleich wird sein herausragendes Werk durch zwei deutsche Positionen ergänzt, zu denen sich inhaltlich und formal Bezüge herstellen lassen und die dem Werk des Briten im Dialog aus heutiger Sicht Kontur verleihen.

Als Lynn Chadwick 1956 den ersten Preis für Skulptur auf der Biennale von Venedig erhielt, zeigte sich die Kunstwelt in tiefem Erstaunen, galten doch Alberto Giacometti und seine Bildhauerkollegin Germaine Richier als klare Favoriten auf die Anwartschaft der hochbegehrten internationalen Auszeichnung. Als Bildhauer war Chadwick Autodidakt und erarbeitete sich jenseits akademisch-intellektueller Zugänge eine ganz eigene Bildsprache, die jedoch offenbar einen Nerv der Zeit traf: Seine Werke verbildlichen eine vielerorts für diese Jahre beschriebene charakteristische Mischung aus Zivilisationsmüdigkeit, utopistischer Fortschrittsgläubigkeit und existenzieller Angst, die sich aus der unmittelbar zurückliegenden Kriegserfahrung speiste. Insbesondere in Deutschland fand sein herb-schönes Werk aufgrund dieser unmittelbaren Expressivität und Existenzialität Anerkennung und wurde Teil wichtiger Gruppenausstellungen, aber auch in den USA konnte er früh reüssieren. In der Städtischen Galerie Duisburg (heute Lehmbruck Museum) und im Berliner Haus am Waldsee machte im Jahr 1960 eine Ausstellung mit kleinformatigen Gipsen seines Frühwerkes Station, bevor sie ins Louisiana Museum nach Humlebæk bei Kopenhagen weiterreiste.

1958 erwarb Chadwick Lypiatt Park, ein verfallenes, neogotisches Schloss mit ausgedehnten Ländereien westlich von London, nahe der walisischen Grenze. Dort entwickelte er bis zu seinem Tod ein expressives, kreatürliches Werk, das sich sowohl konstruktiv-architektonischen Ansätzen verdankt, als auch aus der intensiven Reflexion der Natur hervorgegangen ist. Immer wieder setzte der Künstler diese Bezüge zu Architektur und Natur in seinen künstlerischen Konzeptionen um, sodass sich am Ende ein ganzer Kosmos beseelter Skulpturen zwischen Figuration und Abstraktion entwickelte. Mit seinen freundlich-abgründigen „Biestern" schuf Chadwick hybride Kreaturen aus tierischen, menschlichen und architektonischen Surrogaten.

Die erste museale Retrospektive Lynn Chadwicks in Deutschland versammelt rund 60 plastische Werke, zahlreiche Zeichnungen und Grafiken sowie umfassendes Archivmaterial, um die beeindruckende Werkentwicklung des für die britische Nachkriegsmoderne wegweisenden Künstlers Lynn Chadwick von den frühen 1950er-Jahren bis zu seinem Lebensende vor Augen zu führen.

Lypiatt Park, Gloucestershire

Im Georg Kolbe Museum wird ein Überblick über das künstlerische Schaffen Chadwicks gezeigt und seine wichtigsten Motive in größeren Gruppen vom spielerischen Werkmodell bis zur komplexen skulptural-architektonischen Form in der vollendeten Plastik vorgestellt. Im Haus am Waldsee wird sein Werk unter dem Aspekt der Schwerelosigkeit und der räumlichen Faltung untersucht und gezeigt, welche formalen und inhaltlichen Übereinstimmungen und Differenzen es zu seinen beiden deutschen Bildhauerkollegen Hans Uhlmann und Katja Strunz gibt. Wir möchten durch den Bezug auf die zeitgleich entstandenen Plastiken des ersten deutschen Stahlbildhauers Hans Uhlmann den Blick erweitern und die Thematik durch die Arbeiten von Katja Strunz in ein neues Spannungsverhältnis setzen.

Beide Künstler nehmen herausragende deutsche Positionen ein. Vor dem Zweiten Weltkrieg absolvierte Hans Uhlmann ein Studium als Diplomingenieur. Als Künstler war er, wie Chadwick, Autodidakt und baute, ebenso wie Chadwick, erst nach dem Zweiten Weltkrieg als Bildhauer-Ingenieur ein eigenständiges, international ausstrahlendes Werk auf. Katja Strunz entwickelt die gefaltete Form seit den frühen 2000er-Jahren als Strategie der Sichtbarmachung von Zeit und Raum. Sie überführt Zitate historischer Kunst in neue Bezugssysteme und fragmentiert in ihren Arbeiten verlorene Utopien der Nachkriegszeit.

Der nun vorliegende Katalog stellt die erste umfassende Publikation zum Gesamtwerk von Lynn Chadwick im deutschsprachigen Raum dar und setzt es exemplarisch in Beziehung zur deutschen Bildhauerei zweier Generationen. Wir sind überzeugt, dass wir mit den Ausstellungen und der Publikation einen wesentlichen Beitrag dazu leisten können, dass Chadwick als einer der international profiliertesten Bildhauer des 20. Jahrhunderts wieder deutlicher gesehen wird. Seine überzeitliche Formensprache weist weit über ihre Entstehungszeit hinaus. Sie aktualisiert sich gerade auch im Zusammenspiel mit dem Werk seiner beiden deutschen Bildhauerkollegen über Gemeinsamkeiten und Parallelen, die es in der Ausstellung zu entdecken gilt.

Dank

Die überwiegende Mehrzahl der in Berlin und Duisburg gezeigten Arbeiten von Lynn Chadwick stammt aus dem Besitz der Familie des Bildhauers. Wir danken insbesondere Sarah und Éva Chadwick, ohne deren engagierte Arbeit und vorbehaltlose Unterstützung unser ehrgeiziges Unterfangen nicht durchführbar gewesen wäre. In Zeiten, in denen das britisch-europäische Verhältnis auf eine harte Probe gestellt wird, sind solche kulturellen Kooperationen umso bedeutender, denn die Arbeit am Verbindenden, Gemeinsamen bleibt uns Verpflichtung.

Ebenso herzlicher Dank gebührt Jess Fletcher von der Galerie Blain I Southern und Lawrence Birkin vom Estate, ohne ihre organisatorische und tatkräftig zupackende Arbeitsweise hätten wir diese Idee niemals wahr werden lassen können. Die Stiftung Deutsche Klassenlotterie hat das internationale Gemeinschaftsprojekt mit einer großzügigen Zuwendung ermöglicht, unser herzlicher Dank dafür. Beide Freundeskreise des Hauses am Waldsee und des Georg Kolbe Museums haben die Ausstellung mit beherztem finanziellem Engagement unterstützt, zudem erhielten wir zwei überaus großzügige private Spenden. Darüber hinaus danken wir den Leihgeberinnen und Leihgebern der Werke von Katja Strunz und Hans Uhlmann, die diesen von uns initiierten bildhauerischen Dialog verlebendigten. Katja Strunz ist für ihre Aufgeschlossenheit gegenüber dem Projekt zu danken und natürlich für das wunderbare Interview, das vielerlei wertvolle Erkenntnisse bietet.

Wir möchten uns aufs herzlichste bei unseren Teams in Berlin und Duisburg bedanken, die mit vollem Engagement und ganzer Kraft an der Umsetzung gearbeitet haben. Besonderer Dank gebührt Dr. Elisa Tamaschke vom Georg Kolbe Museum und Natalie Weiland M. A. vom Haus am Waldsee, die in über zweijähriger, enger Zusammenarbeit die Produktion von Ausstellung und Katalog verlässlich betreut und umgesetzt haben.

Dr. Katja Blomberg, Dr. Söke Dinkla, Dr. Julia Wallner

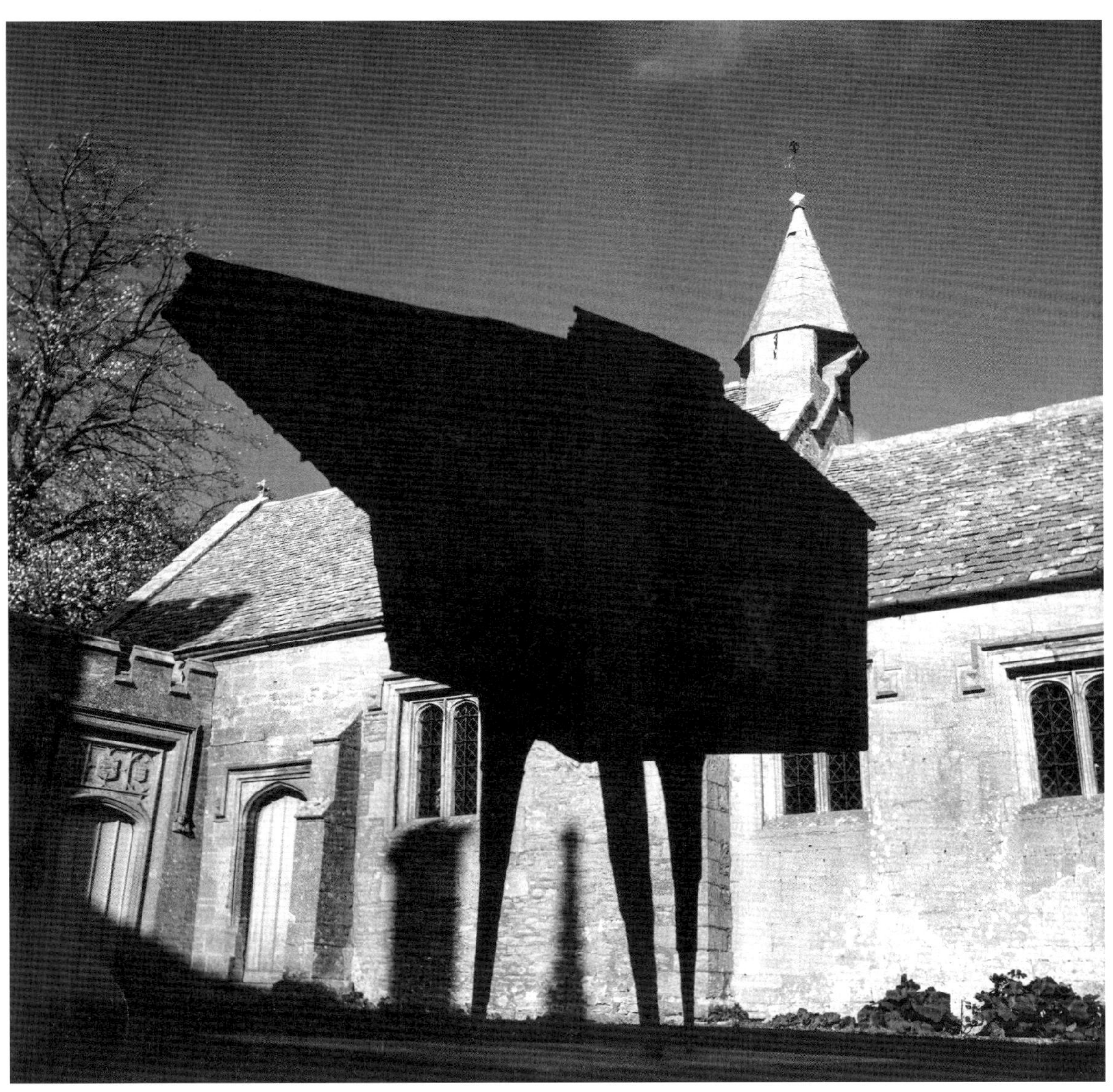

Foreword

Lynn Chadwick. Beasts of Time
Lynn Chadwick, Katja Strunz, Hans Uhlmann

The present catalogue is being published in conjunction with an exhibition on the work of the British sculptor Lynn Chadwick (1914 – 2003). Shown in parallel at the Haus am Waldsee and the Georg Kolbe Museum from May to September 2019 and with a selection of works at the Lehmbruck Museum in Duisburg from February to July 2000, 'Lynn Chadwick. Beasts of Time' focuses attention on the work of this postwar modernist sculptor. In addition, comparable works as regards content and style by two German artists will supplement and add contour to the presentation of the British sculptor's extraordinary oeuvre from a present-day perspective.

The art world looked on in amazement when Lynn Chadwick was unexpectedly awarded the International Prize for Sculpture at the 1956 Venice Biennale, beating out colleagues like Alberto Giacometti and Germaine Richier, who were seen as the clear favourites for the much-coveted honour. An autodidact working outside the boundaries of academic and intellectual preconceptions, Chadwick developed a very personal visual language that still captured the spirit of the times. His works illustrate a widely described mixture of civilizational fatigue, utopian faith in progress and existential anxiety that was characteristic for those years immediately following the experiences of the Second World War. The harsh beauty of his oeuvre with its urgent expressiveness and existentiality not only found recognition in Germany in particular, but from early on in the United States as well. He was represented in important group exhibitions, for example a touring show featuring his early small-format works that was presented in 1960 at the Städtische Galerie Duisburg (the present-day Lehmbruck Museum) and the Haus am Waldsee in Berlin before travelling on to the Louisiana Museum of Modern Art in Humlebæk near Copenhagen.

In 1958, Chadwick acquired Lypiatt Park, a derelict Gothic Revival manor house surrounded by an expansive tract of land to the west of London near the Welsh border. Until his death in 2003, Chadwick produced an expressive creatural oeuvre there that is owed on the one hand to constructivist architectonic approaches while reflecting a profound study of nature on the other. The artist frequently integrated references to architecture and nature in his artistic concepts, which culminated in the development of a whole universe of ensouled sculptures veering between figuration and abstraction. Chadwick's affable and inscrutable 'Beasts' are hybrid creatures assembled from animal, human and architectonic surrogates.

This first museum retrospective in Germany of the work of the pioneering post-war British modernist Lynn Chadwick is aimed at visualising his striking artistic development from the early 1950s until his death with circa 60 sculptures, numerous drawings and prints in addition to extensive archival material.

In the Georg Kolbe Museum, visitors will find an overview of Chadwick's artistic oeuvre as well as his most important motifs in larger groups ranging from the playful model to the complex sculptural architectonic form of the completed piece. In the Haus am Waldsee, his oeuvre will be examined under the aspect of weightlessness and spatial development in addition to showing the stylistic and substantial parallels and differences to his German colleagues Hans Uhlmann and Katja Strunz. By referencing Uhlmann's contemporaneous sculptures, we wish to broaden the perspective and place the works in a new visual tension field by means of Strunz's thematically comparable pieces.

Both artists play extraordinary roles in the history of German sculpture. Hans Uhlmann, the first German steel sculptor, studied engineering before the Second World War and like Chadwick, he was an autodidact who created an autonomous artistic oeuvre as a sculptor-engineer after the war that would find international recognition. Katja Strunz developed the folded form since the early 2000s as a strategy for the visualisation of time and space. She transformed art historical quotations into new reference systems, fragmenting in her works the lost utopias of the post-war period.

The present catalogue is the first extensive publication to be published in the German-speaking area that concentrates on Lynn Chadwick's oeuvre, placing it exemplarily in relation to two generations of German sculpture. We are convinced that with the exhibitions and the publication, we can make a decisive contribution to restoring Chadwick's position as one of the most prominent international sculptors of the 20th century. His timeless stylistic vocabulary transcends far beyond the time they were made. It is brought up to date as it were especially in the interaction with the works of his two German artist colleagues through the commonalities and parallels that can be discovered in the exhibition.

Acknowledgements

The vast majority of the works by Lynn Chadwick shown in Berlin and Duisburg are in the possession of the artist's family. We are particularly grateful to Sarah and Éva Chadwick. Without their unreserved support and commitment, it would have been impossible to realise this ambitious endeavour. Especially now, in a time when the relationships between Britain and Europe are sorely tried, the fostering of cooperative cultural undertakings such as this one are all the more important and we remain dedicated to finding common ground.

We likewise wish to extend our cordial thanks to Jess Fletcher from Blain | Southern and Lawrence Birkin from the estate for their hands-on approach to this project and helping to make this idea a reality. Our thanks go to the Stiftung Deutsche Klassenlotterie for providing generous funding towards the realisation of this international joint project. Along with the circle of friends of the Haus am Waldsee and the Georg Kolbe Museum, which supported the exhibition project with resolute financial commitment, we furthermore received two exceedingly generous private contributions. We are moreover grateful to the lenders of the works by Katja Strunz and Hans Uhlmann that bring the sculptural dialogue we initiated to life. We wish to thank Katja Strunz for her receptiveness to this project and of course for the wonderful interview that contains a myriad of valuable insights.

In conclusion, we wish to express our thanks to the teams in Berlin and Duisburg for their dedicated effort on behalf of the exhibition and its catalogue. A special word of thanks is due to Dr. Elisa Tamaschke from the Georg Kolbe Museum and Natalie Weiland, M. A. from Haus am Waldsee. Working closely together for over two years, they dependably supervised and realised the production of the exhibition and its catalogue.

Dr. Katja Blomberg, Dr. Söke Dinkla, Dr. Julia Wallner

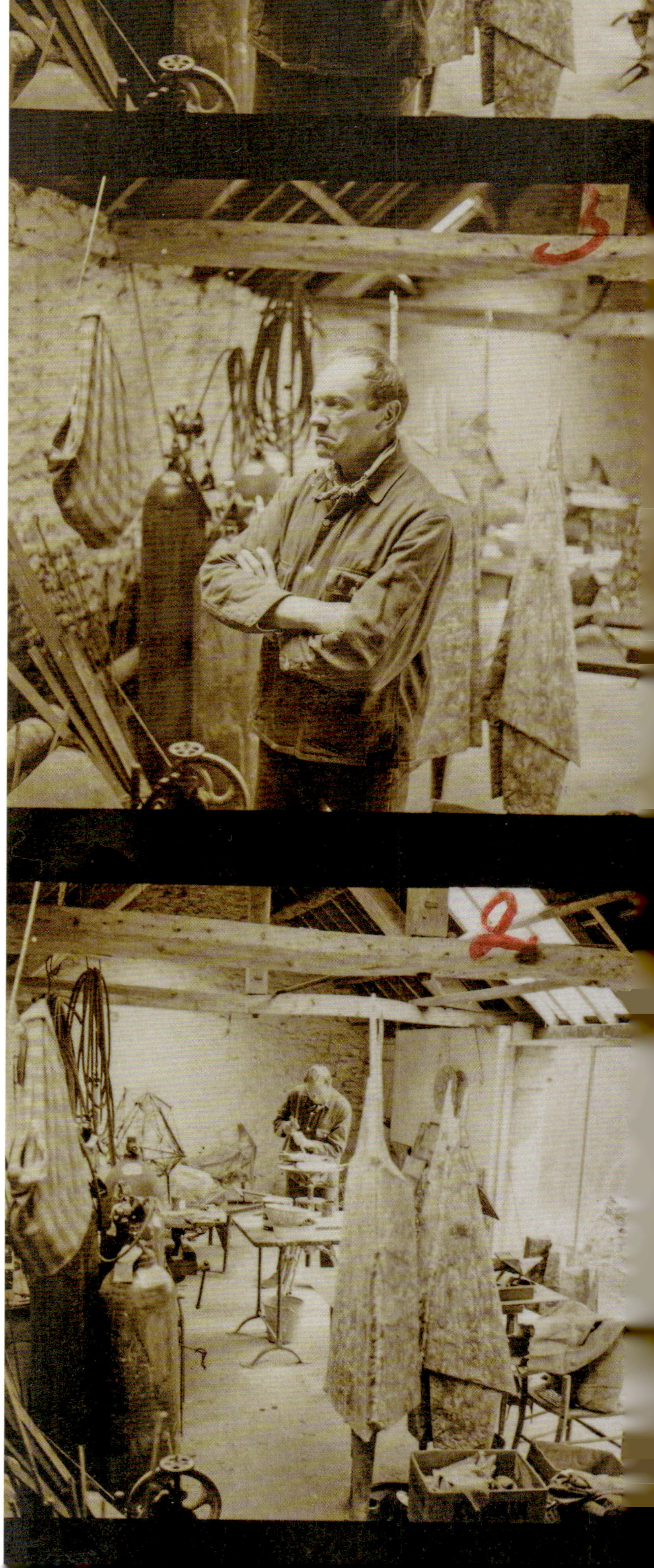

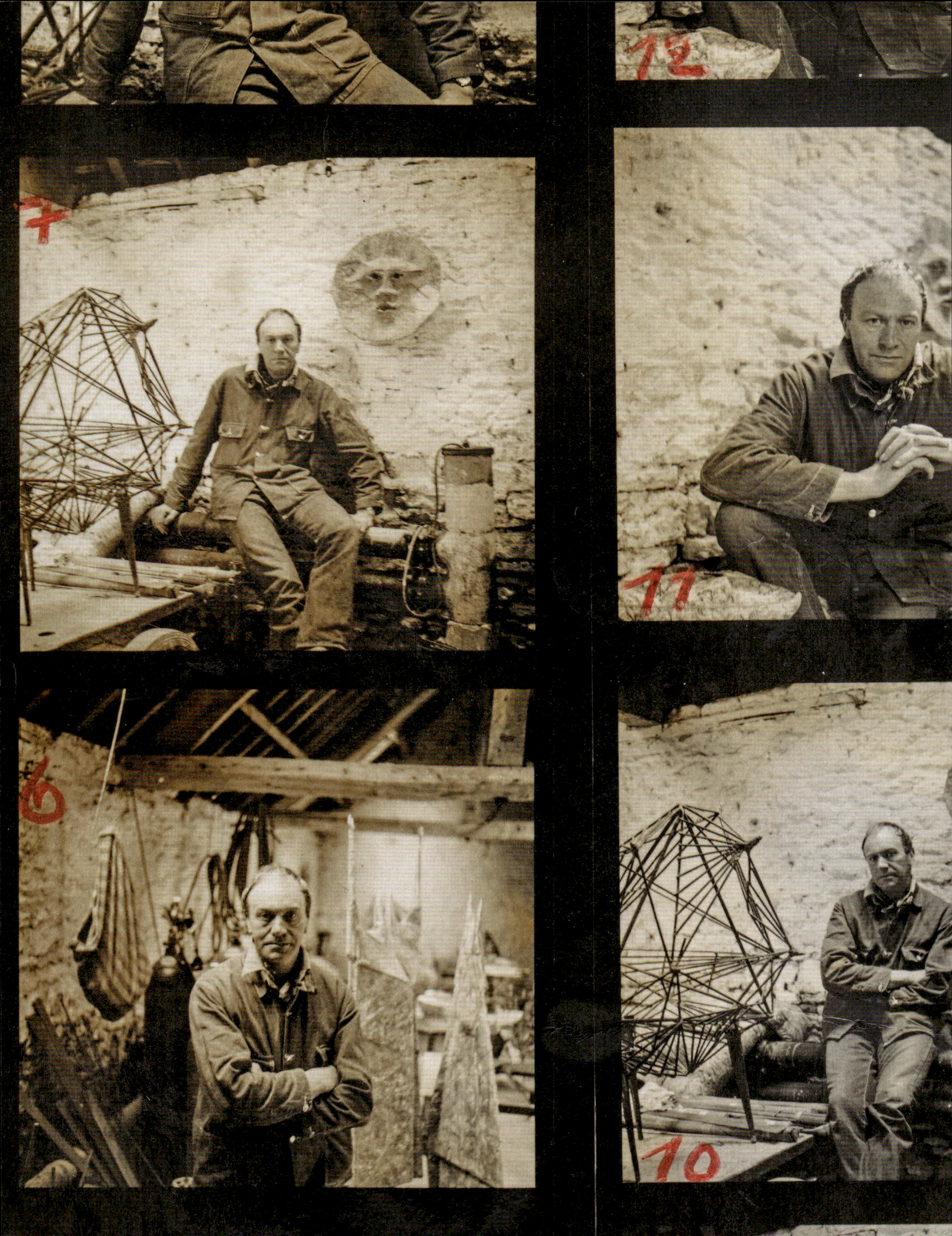

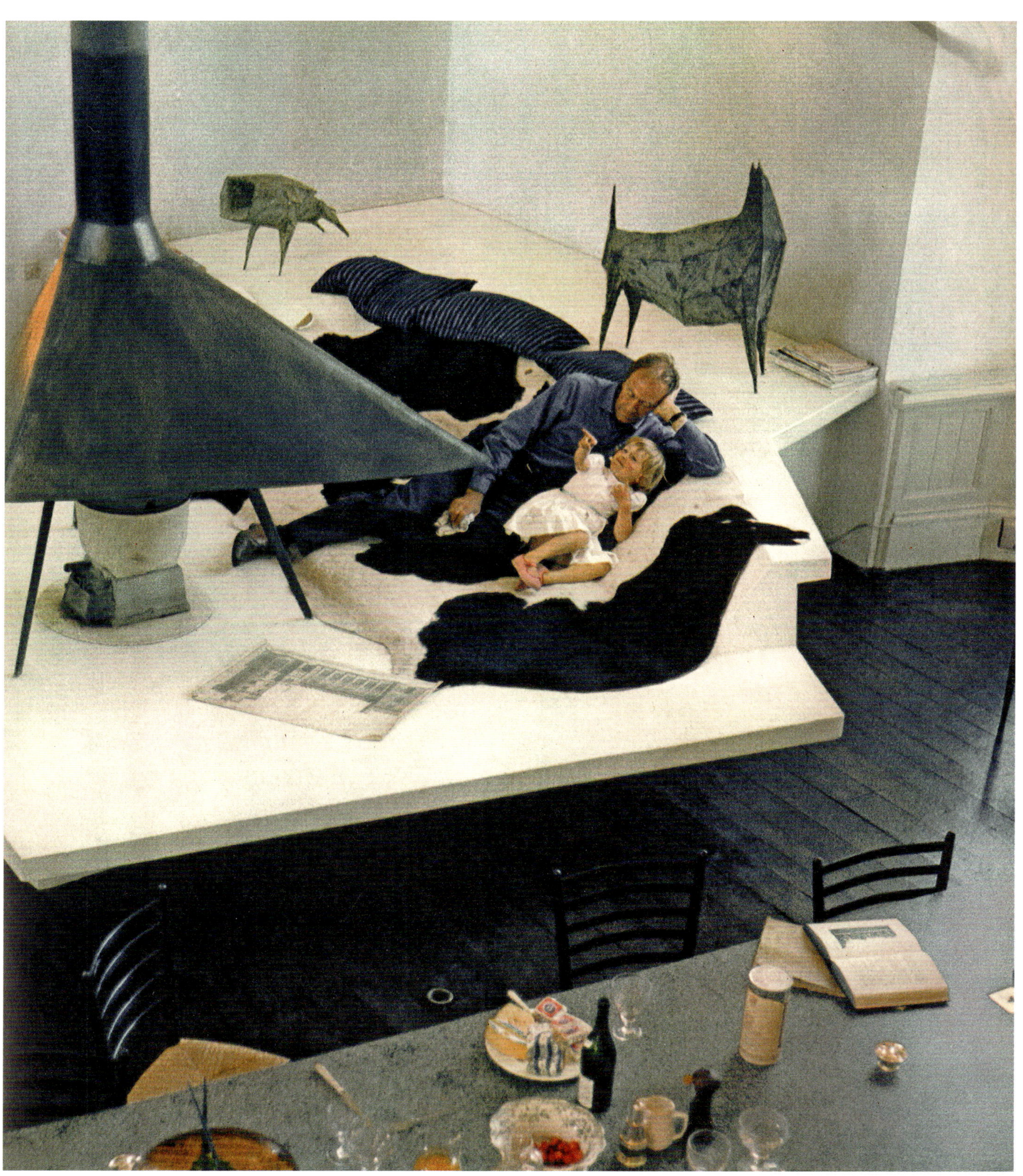

Lynn Chadwick im Kontext, 1945 – 1965　　Jon Wood

Eines der faszinierendsten Bilddokumente moderner Kunst im Großbritannien der Nachkriegszeit ist „Private View", ein großformatiger Bildband aus dem Jahr 1965 mit einer außerordentlichen Sammlung von Fotografien, die im damals populären Zeitschriften-Reportagestil Künstler, Museumsleute, Kunsthändler und Kritiker zeigen.[1] Aufgenommen wurden die Fotografien von Lord Snowden, der zu jener Zeit mit Prinzessin Margaret, der Schwester von Königin Elizabeth II., verheiratet war. Ihnen zur Seite gestellt sind knappe, prägnante Texte des Kurators Bryan Robertson und des Kunstkritikers John Russell.

„Private View" ist ein wahres „Who's Who" der Kunst in Großbritannien und bietet sowohl eine Momentaufnahme als auch Blicke hinter die Kulissen der spannenden Kunstszene um die Mitte der 1960er-Jahre, die sich im konstanten Wandel befand. Von der ersten bis zur letzten Seite feiert der Band die Pop-Art und Abstraktion sowie die Ankunft der unerschrockenen und ungezügelten Farbe.[2] Porträts in Nahaufnahme, die in vielen Fällen ungestellt oder gar überrascht wirken, werden mit Abbildungen einzelner Kunstwerke kombiniert, aber auch persönliche Gegenstände und Krimskrams aus den Künstlerateliers mit panoramaartigen Einstellungen von Räumen sind zu sehen. Die Biografien zahlreicher Menschen, die Teil der zeitgenössischen Kunstszene Großbritanniens waren, werden über beeindruckende dreihundert Seiten ausgebreitet, in überwältigenden Farben, aber auch in kraftvoll-atmosphärischen Schwarz-Weiß-Aufnahmen. Darüber hinaus ist „Private View" auch ein Porträt der Stadt London sowie ein Schnappschuss einer kollektivistisch-künstlerischen Kultur, deren Institutionen in Gestalt einiger ihrer maßgeschneiderten und hochoffiziellen Repräsentanten vertreten sind.

Die Fotografien, die Lynn Chadwick zeigen, nehmen zwei Doppelseiten ein und gehören wohl zu den außergewöhnlichsten Aufnahmen des Bandes.[3] Sie zeigen Chadwick bei der Arbeit und noch auffälliger daheim in Gesellschaft seiner Skulpturen (im großen wie im kleinen Maßstab) und seiner jungen Kinder (Abb. 1).[4] Anders als die Mehrzahl der übrigen Künstler ist Chadwick für „Private View" nicht in London fotografiert worden, sondern auf dem Land in seinem großen Haus in Lypiatt Park unweit der Stadt Stroud in der Grafschaft Gloucestershire, das er 1958 gekauft hat. Vermittelt wird nicht nur das Bild eines angesehenen Künstlers, sondern auch das eines reifen Bildhauers, dessen plastische Ästhetik durchdacht ist und der ein geschärftes Bewusstsein dafür hat, wie seine Skulpturen in Innenräumen am wirkungsvollsten auszustellen sind. Wir sehen Chadwick und seine Tochter auf einem Kuhfellteppich ruhen, der über einer freitragenden, elektrisch beheizten Sitzecke aus Beton ausgebreitet ist, auf der auch Skulpturen platziert sind.

Eine Reihe von Bildhauerinnen und Bildhauern taucht in dem Buch auf, darunter Henry Moore, Barbara Hepworth, Eduardo Paolozzi, William Turnbull, Reg Butler, Elizabeth Frink, Bernard Meadows, F. E. McWilliam und Robert Adams. Zu diesen bekannteren Namen gesellten sich Mitglieder einer jüngeren Generation, wie etwa Anthony Caro, Phillip King, Brian Wall, Roland Piché und George Fullard. Die meisten dieser Künstlerinnen und Künstler werden bei ihrer Arbeit im Atelier gezeigt. Es sind Fotografien, die nicht inszeniert wirken, wenn man sie mit der Theatralik vergleicht, die sonst bei Aufnahmen von Bildhauerateliers üblich war. Vielmehr fangen sie etwas von den Zufälligkeiten und der Atmosphäre kreativer Räume in Metropolen ein. Mit einem Bezug zur Skulptur endet auch das Buch: Zu sehen ist eine Schwarz-Weiß-Aufnahme, die Derrick Woodham, John Panting und Steven Furlonger in der Bildhauerschule am Royal College of Art bei der Arbeit an ihren jüngsten Plastiken zeigt – und damit einen Vorgeschmack auf die Zukunft, auf das Kommende bietet. Ganz hinten im Band ist eine große Farbfotografie eines Bronzekopfes von Jacob Epstein zu sehen, die festhält, wie der Kopf nach dem Gießen aus seiner Gipshülle entnommen wird.

Der 1914 geborene und 1964 mit dem Commander of the Order of the British Empire (CBE) ausgezeichnete Chadwick war fünfzig Jahre alt, als die Fotografien für „Private View" aufgenommen wurden, und somit älter als alle übrigen in dem Band vertretenen Bildhauer (mit Ausnahme von Moore, Hepworth, Butler und McWilliam). Nur wenige wurden außerhalb der Hauptstadt porträtiert – bemerkenswerterweise handelt es sich um Moore und Hepworth. Damit wird Chadwick von den anderen Künstlern abgesetzt und auf eine bereits etablierte Gruppe bezogen. In Verbindung mit dem kurzen Begleittext sowie den Bildunterschriften, die John Russell für diese Fotografien verfasst hat, streicht das Bild – damals wie heute – das Besondere und Einzigartige heraus, das Chadwick zur Skulptur der beiden Jahrzehnte zwischen 1945 und 1965 beigetragen hat, während derer er als Bildhauer die nationale wie internationale Bühne für sich eroberte.

Russells Text hebt folgende drei Themen hervor: Chadwicks doppelte Reputation als Teil einer Gruppe sowie als individueller Vertreter, der eine bemerkenswerte Position in der modernen Plastik einnimmt; seine eigenwilligen und originellen Herstellungsmethoden; und schließlich sein Interesse an konstruierter Form, das auf seiner Ausbildung zum technischen Zeichner basiert, und ihr dynamisches Verhältnis zum Innenraum, in den die Form platziert wird.[5] Im Rückblick betrachtet, behält Russell recht mit seiner Bemerkung, dass Chadwicks Werk um die Mitte der 1960er-Jahre weniger in Mode war als noch ein Jahrzehnt zuvor und seine neuen Arbeiten „eine raue, spartanische, prägnante, konzentrierte Qualität" aufweisen, „die darauf schließen lässt, dass Chadwick sich in seiner sechsten Dekade alles andere als auf dem absteigenden Ast befand."[6]

In den späten 1940er- und 1950er-Jahren feierte der Künstler relativ schnell Erfolge, zunächst in der nationalen, später auch in der internationalen Kunstwelt. Anders als die meisten Künstler, mit denen er bald in Verbindung gebracht werden sollte, war Chadwick Autodidakt in der Kunst mit einem beruflichen Hintergrund als Bauzeichner in einem Londoner Architekturbüro sowie als Designer von Stoffen, Möbeln und Messeständen. Im Jahr 1946 schuf er 32-jährig sein erstes Mobile und verließ London Richtung Gloucestershire. Schon bald nahm ihn die Londoner Galerie Gimpel Fils unter Vertrag und richtete ihm 1949 eine erste Einzelausstellung aus. Die Aufmerksamkeit, die diese erregte, führte unmittelbar zu seiner Teilnahme an der Nationalausstellung „Festival of Britain", für das er außerdem den Auftrag zu „The Fish-Eater" (1951), einem großen Stabile, erhielt. Beide plastische Arbeiten schöpfen aus Alexander Calders Mobiles und Chadwicks eigenen, kleineren, geerdeteren Versionen – daher auch der Begriff Stabile –, die ihn seit 1947 besonders beschäftigten.

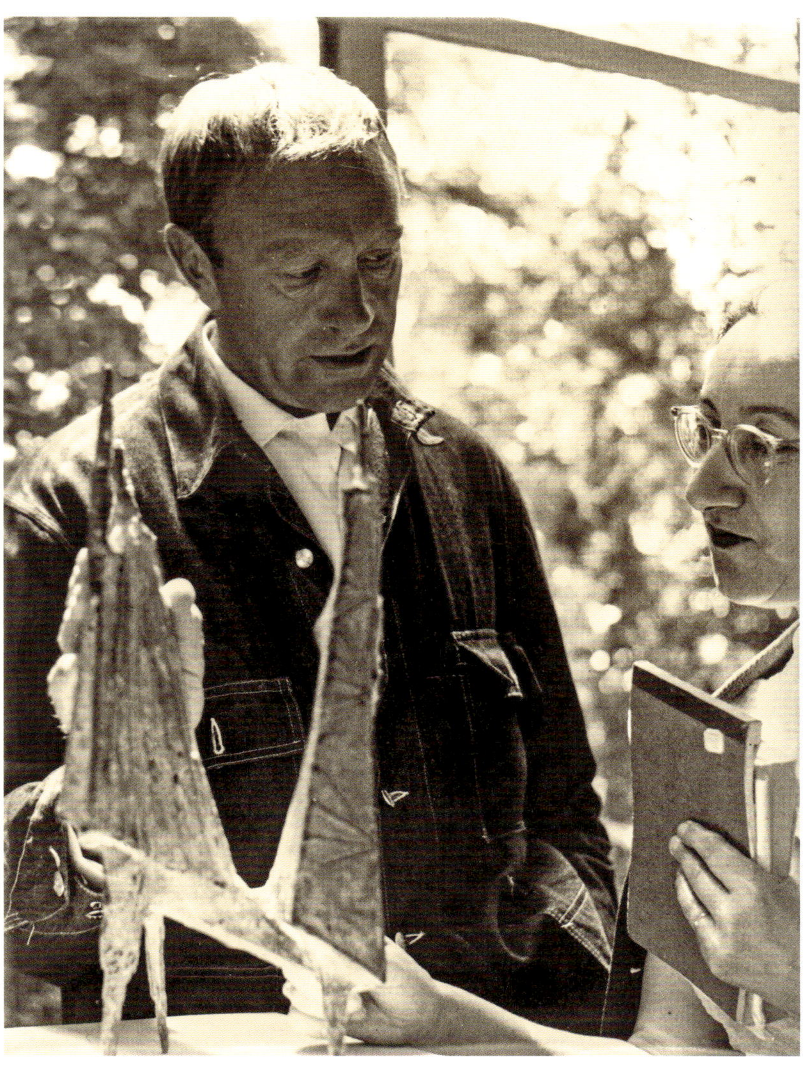

Nach seiner Teilnahme beim „Festival of Britain" wurde Chadwick ausgewählt, Arbeiten für den heute berühmten Britischen Pavillon auf der 26. Biennale von Venedig (1952) beizusteuern. Im Jahr darauf erhielt er eine „ehrenhafte Erwähnung" für seinen Entwurf des „Denkmals für den unbekannten politischen Gefangenen". In Venedig stellte Chadwick 1952 neben Reg Butler (der später den Wettbewerb für das Denkmal gewinnen sollte), William Turnbull, Kenneth Armitage, Geoffrey Clarke, Bernard Meadows, Eduardo Paolozzi und Robert Adams aus. Neben diesen Künstlern, und damit in einer Quasigruppe mit ihnen, wurde Chadwicks Werk positiv rezensiert, so von Herbert Read, der in „New Aspects of British Sculpture" die heute berühmte Formulierung „Geometrie der Angst" prägte und in seinem Text seltsam schalentierartige, skulpturale Geschöpfe heraufbeschwor, die mit gezackten Scheren „über den Meeresboden stiller Ozeane krabbeln"[7]. Diese nach wie vor überzeugende Aussage umreißt eine wirkmächtige Idee der Formen und Interessen und wurde von den Bildhauern noch weit in die Zukunft getragen. Dreizehn Jahre später schrieb Russell in „Private View": „Chadwicks argwöhnische, abwehrende und beunruhigende Figuren wurden zu einem vertrauten Teil der internationalen Kunstwelt. Herbert Reads berühmte Formel von der ‚Geometrie der Angst' war vielleicht vor allem auf sie gemünzt."[8]

Abb. 2
Lynn Chadwick im Britischen Pavillon,
Venedig 1956 (Lynn Chadwick at
the British Pavilion, Venice 1956)

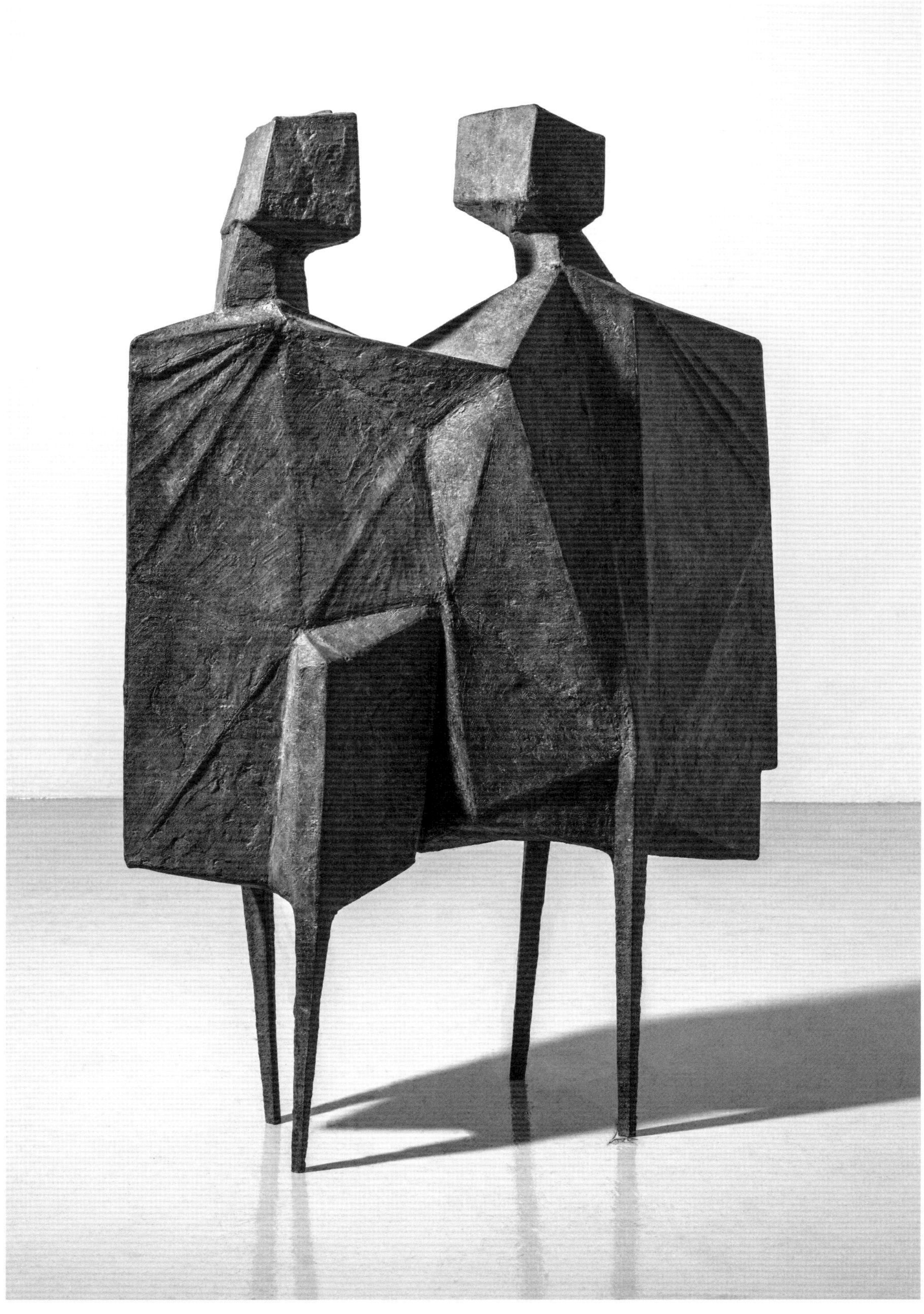

Die Frage nach Chadwicks genauer Position innerhalb der Gruppe talentierter junger Bildhauer ist aufschlussreich. Seine makellos ausbalancierten und unterschwellig unbehaglichen Plastiken haben ebenso viele Gemeinsamkeiten mit den Werken der anderen genannten Bildhauer, wie sie von ihnen abweichen. Mit dem Werk von Robert Adams teilen Chadwicks Skulpturen ein tiefes Engagement für Design, gute Form und das Entwerfen einer skulpturalen Komposition. Beide Künstler standen in Kontakt mit dem Architekten und Designer Misha Black, der Chadwick schon früher mit einer Skulptur – das Stabile „Cypress" – für die Gartenterrasse des Regatta-Restaurants an der South Bank beauftragt hatte. Mit William Turnbulls Werk verbindet Chadwick ein gemeinsames Interesse an der räumlichen Zeichnung und am plastischen Potenzial der Linearität, aber auch an der Kraft der Kombination von Metall und Gips (in Chadwicks Fall Stolit, eine Mischung aus Gips und Eisenspänen), um geometrisch orientierte Formen zu schaffen, die trotz ihrer Präsenz und Stabilität nichtsdestoweniger subtile Bewegung und intuitiven künstlerischen Ausdruck erzielen. Mit dem Werk von Kenneth Armitage, dem Bildhauer, mit dem Chadwicks Werk während der 1950er- und 1960er-Jahre aufs Engste assoziiert und mit dem er gelegentlich zusammen ausgestellt wurde, teilt Chadwick das Interesse an Strukturen der Verbindung. Er setzt Figuren innerhalb eines Werks in Bezug zueinander und vermittelt auf diese Weise verschiedene Darstellungen von körperlicher Zusammengehörigkeit und sozialer Einheit.

Bei anderen Künstlern, namentlich Reg Butler, Kenneth Armitage, Geoffrey Clarke, Bernard Meadows und Eduardo Paolozzi, stoßen wir auf ein gemeinsames Interesse an der Erforschung des Animalia-Genres in einer neuen und überraschende Weise, wobei sowohl auf die Bildsprache von Science-Fiction und B-Movies als auch auf die paneuropäische Stimmung der existenziellen Ängste und surrealistischen Neurosen hinsichtlich der formalen Integrität des Körpers, sei er tierisch oder menschlich, zurückgegriffen wird. All die genannten Bildhauer tauchten durch Modellieren, Montieren oder Schweißen in die Erforschung fantastischer hybrider Lebewesen ein. Jeder von ihnen folgte unterschiedlichen Ikonografien und autobiografisch motivierten Assoziationen, die in vielen Fällen ihren Ursprung in den noch frischen Erfahrungen aus dem Zweiten Weltkrieg hatten. Bilder und Strukturen körperlicher Orientierungslosigkeit ließen sich in nahezu allen dieser oft kleinformatigen Skulpturen entdecken, in denen die natürliche Ordnung der Dinge empfindlich gestört war. So fanden sich Fische in Bäumen und Vögel unter Wasser, da Formen eine doppelte Rolle innerhalb einzelner Entitäten einnehmen oder aber ein Wesen ein anderes verzehrt. Die Kompositionen etwa von Paolozzis Tierskulpturen aus den 1950er-Jahren fußen auf einer Struktur aus Collage und Montage. Seine Werke „Chinese Dog" (1956) und „Frog Eating a Lizard" (1957) bestehen zum Beispiel aus gegossenen Teilen, die zusammengefügt und übereinandergestapelt wurden, um übergreifende, frontal ausgerichtete Arbeiten entstehen zu lassen – sie sind zwar mehrteilig, aber „aus einem Stück". Indes erweckt die aus verschiedenen Teilen zusammengesetzte Figur „Icarus" (1957) nicht den Eindruck, als würde sie sich je in die Lüfte erheben, geschweige denn vom Himmel fallen, so klobig und bleiern sind ihre Gliedmaßen und so schwach ihre Flügel.

Trotz der frühen Erfolge Chadwicks Anfang der 1950er-Jahre dauerte es noch etwas, bis er 1956 den Internationalen Preis für Skulptur auf der 28. Biennale von Venedig zugesprochen bekam und ihm als einzelner Bildhauer internationale Anerkennung zuteil wurde (Abb. 2). So wurde sein Werk Teil öffentlicher Sammlungen außerhalb Großbritanniens, was durch seine Teilnahme an einer Reihe von Gruppenausstellungen im darauffolgenden Jahrzehnt zusätzlich unterstützt wurde. Seine Arbeiten wurden auf der Biennale von São Paulo (1961) und auf der „documenta III" (1964) neben Arbeiten von Adams, Armitage, Caro, King, Moore und Paolozzi ausgestellt. Im darauffolgenden Jahr nahm er an der

Abb. 3
Two Watchers V (Second Version),
1967
144 x 100 x 35 cm
Bronze

Wanderausstellung „Nine Living British Sculptors" (1965/66) durch Indien teil, die von der Lalit Kala Akademi gemeinsam mit dem British Council organisiert wurde und mehr als dreißig Arbeiten (Skulpturen, Zeichnungen und Druckgrafik) der Bildhauer Adams, Armitage, Chadwick, Dalwood, Hepworth, Meadows, Moore und Paolozzi umfasste.[9] Chadwick nahm weiterhin an Gruppenausstellungen in London teil, darunter ist insbesondere die Ausstellung „Sculpture: 1850 and 1950" zu nennen, die der London County Council 1957 unter freiem Himmel im Holland Park veranstaltete und auf der er sein in auffälliger Haltung posierendes Paar „Teddy Boy and Girl" (1957) präsentierte.[10] Zusammen mit der gleichen Künstlergruppe zeigte er 1960 im Rahmen der Ausstellung „Sculpture in the Open Air" im Battersea Park in London sein Werk „Black Beast" (1960). Ein Jahr später konnte man in der Ausstellungsreihe „Contemporary British Sculpture", die der Arts Council organisierte, wiederum „Teddy Boy and Girl" (1957) sehen.[11] Chadwick war auch 1963 in der Ausstellung „Sculpture. Open Air Exhibition of Contemporary British and American Works" im Battersea Park vertreten.[12] Schließlich zeigte er 1964 seine Arbeit „Lion" (1960) im Rahmen der Ausstellung „Contemporary British Sculpture" – eine Wanderausstellung mit mehreren Stationen außerhalb Londons.

Chadwick wurde sowohl gesondert von seinen Kollegen als auch zusammen mit ihnen wahrgenommen, allerdings galten bestimmte Themen sowie ästhetisches Gefühl unverwechselbar als seine eigenen. Darunter war, wie ich andernorts beschrieben habe, die Idee eines „Betrachtens" von Skulptur, die Chadwicks Werk damals wie auch später implizit wie explizit ausgezeichnet hat.[13] Die Idee des Schauens nimmt sogar einen solch großen Raum ein, dass Sehen und Gesehenwerden in den meisten Werken Chadwicks selbst zum Gegenstand der Arbeiten werden. Zahlreiche seiner Monster sind zudem höchst wachsam: „Monitors", „Detectors" und „Watchers" (Abb. 3) überwachen sowohl diejenigen, die sich ihnen nähern, als auch jene, die sich nähern könnten. Sie haben die äußere Erscheinung von Spionen und Wächtern, aber auch von Überwachungsgeräten. Sie gehören der Gefühlswelt des Kalten Kriegs ebenso an wie dem des heutigen Überwachungsstaats und fordern uns auf, zu überlegen, was sie wohl observieren und aus welchem Grund. Die meisten von ihnen sind stumme Zeitgenossen, manche sind augenlos, haben stattdessen leere Höhlen oder ein Zyklopenauge. Wie so viele von Chadwicks Skulpturen blicken diese Werkgruppen zurück auf ihre Betrachter und erwidern die Gesten der sie anblickenden Besucher. Daraus ergeben sich subtile und faszinierende Beziehungen zwischen Chadwicks Skulptur und den Betrachtern, die bei jedem Schritt und Tritt entstehen und auch wahrgenommen werden.

Ein besonders anschauliches Beispiel bietet Chadwicks „Monitor" (1965, Abb. 4). Die Skulptur misst knapp 1,8 Meter, ist also ungefähr so groß wie ein Mensch. Sie hat zwar keine Arme oder Beine, ihre monolithische Form besteht aber aus drei leicht schrägen Abschnitten, die jeweils mit fächerartigen Mustern versehen sind und sich als Kopf, Torso und Beine lesen lassen, etwa so, wie sie in dem Spiel „Cadavre exquis" beim Zeichnen auf gefaltetem Papier entstehen – einem von Surrealisten entwickelten Spiel, das sich bei Kindern noch immer großer Beliebtheit erfreut. Am Kopfende von „Monitor" befindet sich ein ringförmiges rundes Loch, das zugleich wie ein klaffender Mund und ein allsehendes Auge wirkt und sich wie ein Portal oder ein Bullauge in die Welt und über sie hinaus öffnet. Es ist ein verstörendes Bild, und die Betrachter können direkt durch das Guckloch dieser Skulptur blicken, das den Blick mit einem einzigen leeren Auge erwidert.

Chadwicks Werk hebt sich von anderen auch durch die ungewöhnlichen Prozesse ab, in denen seine Skulpturen entstehen. Wo andere Künstler in Holz schnitzten, in Ton oder Gips modellierten oder gegossene Gipskomponenten zusammensetzten, die sodann in Bronze

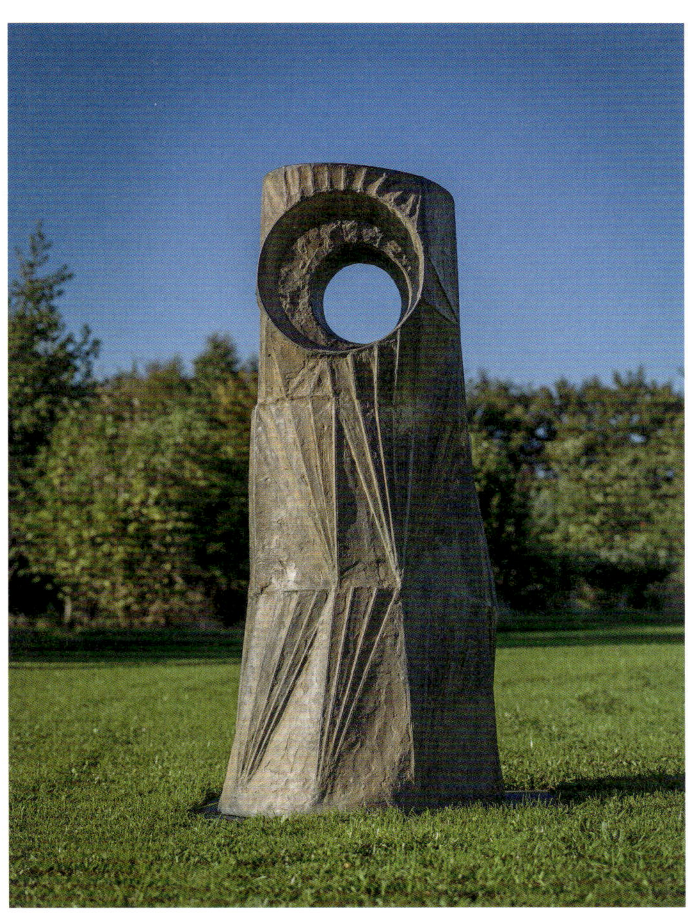

gegossen wurden, schweißte Chadwick und bastelte Modelle. Von seiner Tochter Sarah Chadwick, die auf Snowdens Fotografien als kleines Mädchen zu sehen ist, stammt die schöne Beobachtung: „Wie ein Architekt, der Linien auf ein Blatt Papier zeichnet, so entwickelte er eine Technik des Zeichnens im Raum. Er nahm Stahlstäbe und schweißte sie so zusammen, dass sie kreuz und quer verbunden sind, strahlenförmig auseinanderlaufen und dreidimensionale Formen bilden, die dem Raum ähneln, den Architekten gestalten."[14]

Zwar gingen John Hoskin und Leslie Thornton in ihren plastischen Arbeiten experimenteller mit Schweißen und Löten um als Chadwick, doch seine Kombination aus Umreißen und Ausfüllen, mit der er gleichzeitig über zwei und drei Dimensionen arbeitete und auf diese Weise volumetrische Schnitte schuf, während er die Ritzen dazwischen mit Eisenspanversetztem Gipsmörtel verstärkte, war ohnegleichen. Chadwicks Technik besteht aus einem Kompositionsverfahren, in dem Stück für Stück und von einer Ebene zur nächsten vorgegangen wird. Dadurch kann die grundlegende Linearität der Arbeiten in den miteinander verschweißten Metallskeletten entstehen und die entscheidende Funktion darin übernehmen, der Gesamtskulptur ihre Gestalt zu verleihen, aber auch die Haltungen schrittweise hervortreten zu lassen, für die seine Arbeiten berühmt sind: der anthropomorphe Ausdruck durch die Finesse ihrer Positur. Diese Art, eine Skulptur herzustellen, ist alles andere als eine organische Herangehensweise, bei der die „Wahrheit des Materials" herausgearbeitet wird, indem man unmittelbar in den Stein oder in Holz haut, wie dies etwa von Bildhauern wie Moore und Hepworth und ihren Anhängern praktiziert wurde. Struktur und Oberfläche fallen in Chadwicks Arbeiten zusammen, weil ihre Tiefen und ihre Haut aufs Engste verwandt sind. Das rückt sie in die Nähe der Rückenpanzer von Schildkröten und den Exoskeletten von Insekten. Auch sind sie in Verbindung mit bestimmten Meerestieren gebracht worden.

Abb. 4
Monitor, 1965
fotogafiert in (photographed at)
Lypiatt Park
Höhe (height): 180 cm
Bronze

Diese Herstellungsweise setzt Chadwicks Skulpturen in ein enges und sinnfälliges Verhältnis zur Architektur. Das fügt dem häuslichen Kontext, mit dem Chadwicks Werk seit seiner Teilnahme in der unmittelbaren Nachkriegszeit an den Wanderausstellungen des Arts Council unter dem Titel „Sculpture in the Home" mitunter in Verbindung gebracht worden ist, eine weitere Assoziationsebene hinzu. In diesen Ausstellungen fand man seine fremdartigen Hybridskulpturen etwa auf Tischplatten, wo sie gefährlich sprungbereit wirkten und das moderne Zuhause in ein seltsames, befremdliches und unheimliches Reich verwandelten.

Wie jedoch die Fotografien und ihre Begleittexte in „Private View" deutlich zum Ausdruck bringen, ist es das Verhältnis zwischen der Ästhetik der Skulpturen Chadwicks und der neogotischen Architektur, das – damals wie heute – am deutlichsten ausstrahlt. Russell unterstreicht dies in seinem Text und in den Bildunterschriften, wenn er die materiellen Bedingungen der Ausstellung beschreibt, die das neogotische Herrenhaus und Anwesen Lypiatt Park bietet, das Chadwick im September 1958 erworben hatte und das ihn – Zimmer um Zimmer – als Umbau- und Restaurationsprojekt mit Unterbrechungen die folgenden dreißig Jahre beschäftigen sollte.

Russell formulierte es wie folgt: „Eine typische, hochgeschossene Figur von Chadwick passt bestens zu den Gitterfenstern der Neugotik."[15] Dass die ungelenken, lang gestreckten und zugespitzten Formen der Chadwick'schen Skulptur und die der neogotischen Architektur in Einklang stehen, fällt in der Tat ins Auge. Diese Architektur bildet aber nicht nur einen teilnahmsvollen Hintergrund für seine plastischen Arbeiten, sondern auch einen historischen Kontrast beziehungsweise ein Gegenstück zu ihrem Mid-century Modernismus. So qualifiziert sie die technologische Logik ihrer Formensprachen, indem sie auf ältere architektonische Idiome verweist.[16] Derlei Architektur wirkt auf zweifache Weise: Einerseits wird die Modernität von Chadwicks Skulptur äußerst subtil erhöht, während andererseits eine faszinierende Glosse auf ihre melancholische Sinnlichkeit und ihre historischen Assoziationen geboten wird.[17] Interessanterweise eroberte die Gotik in den frühen 1960er-Jahren die öffentliche Fantasie Großbritanniens zurück. Emile Mâles „L'art religieux du XIIIe siècle en France; Étude sur l'iconographie du moyen âge et sur ses sources d'inspiration" (1910) erlebte 1961 eine Neuauflage der englischen Übersetzung, und Kenneth Clarks „The Gothic Revival" (1928) wurde 1964 erneut als Taschenbuch aufgelegt.[18] Die kantige Ästhetik der Neogotik – Clark zufolge „vielleicht die einzige rein englische Bewegung in den plastischen Künsten" – war abermals en vogue.[19]

Häufig wird auf Chadwicks Ausbildung als Architekturzeichner hingewiesen, wenn die konstruierte, lineare Logik seiner plastischen Arbeiten thematisiert wird. Zwar trifft dies fraglos zu, doch wird weniger oft die ausgesprochene „Sensibilität für den Ort" thematisiert, die ihm diese Fachkenntnis verlieh und die er in die Skulptur einfließen ließ. Denn obwohl Chadwick immer für seine sorgsam ausgeführten, Haltung beweisenden, frei stehenden Skulpturen bewundert werden wird, so sollte Gleiches doch auch für die tiefe Einsicht seiner Werke in die subtilen räumlichen und materiellen Verhältnisse zu Architektur und den gebauten Formen gelten, die diese umgeben und damit auch definieren. Zudem unterscheidet ihn von zahlreichen seiner Zeitgenossen, dass er als Bildhauer wie ein Architekt sorgfältig nicht nur die Konstitution, sondern auch die Kontextualisierung seiner Werke durchdenkt – sowohl in ihrer Materialität als auch in ihrem Platz in der Welt im Verhältnis zu anderen materiellen Gegenständen, die sie umgeben.

1   Bryan Robertson, John Russell und Anthony Armstrong-Jones of Snowden: Private View, London 1965.

2   Eine exzellente neue Darstellung des Themas Farbe in der Nachkriegskultur findet sich bei Lynda Nead: The Tiger in the Smoke: Art and Culture in Post-War Britain, New Haven, London 2017.

3   Private View 1965, S. 90 – 93.

4   Tragischerweise war seine zweite Frau Frances Jamieson ein Jahr zuvor gestorben.

5   Zwei informative Bücher zu Chadwicks Werk aus der jüngeren Zeit sind: Dennis Farr und Éva Chadwick: Lynn Chadwick: Sculptor. With a Complete Illustrated Catalogue 1947 – 2003, Farnham 2014, sowie Michael Bird: Lynn Chadwick, Farnham 2014.

6   Private View 1965, S. 90. Später reflektierte Chadwick seinen Erfolg in Venedig im Jahr 1956 mit der folgenden Anekdote: „Man wird akzeptiert und sodann wieder ins Regal gestellt, und dagegen ist nichts einzuwenden. Ich erinnere mich, wie Max Ernst und seine Frau zu mir in Venedig sagten: ‚Du hast jetzt Erfolg, aber das bleibt nicht so.' Ich erinnere mich, dass sie das sagten. So ist das. Du wirst gepusht, du bist die Nummer eins, und dann wirst du fallen gelassen, einfach so." In: The Sculptor Speaks: Extracts from Recordings with Post-War British Sculptors, CD, Track 15, eine Kooperation der National Life Story Collection, The British Library, London, und des Henry Moore Institutes, Leeds, 2001.

7   Herbert E. Read: New Aspects of British Sculpture, in: The British Pavilion, hrsg. vom British Council (Ausst.-Kat. 26. Biennale von Venedig), London 1952, o. S.

8   Private View 1965, S. 90.

9   Vgl. http://visualarts.britishcouncil.org/exhibitions/exhibition/nine-living-british-sculptors-1965/objects/all/year/1965/status/past/page/3 [21. 3. 2019].

10   Sculpture: 1850 and 1950. London County Council exhibition at Holland Park (Ausst.-Kat.), London 1957.

11   Sculpture in the Open Air. London County Council exhibition, Battersea Park (Ausst.-Kat.), London 1960, und Contemporary British Sculpture. An Open Air Exhibition arranged by the Arts Council of Great Britain (Ausst.-Kat.), London 1961.

12   Sculpture. Open Air Exhibition of Contemporary British and American Works, London County Council exhibition, Battersea Park (Ausst.-Kat.), London 1963. Diese Ausstellung umfasste auch Werke von mehreren nicht in Großbritannien geborenen Bildhauern. Im Begleitheft heißt es dazu: „Die amerikanischen Ausstellungsstücke wurden vom Museum of Modern Art in New York ausgewählt, und sie dürfen als Repräsentanten der großen Errungenschaften zeitgenössischer amerikanischer Bildhauer gelten." Darunter waren Harry Bertoia, Alexander Calder, John Chamberlain, Herbert Ferber, Joseph Goto, Dimitri Hadzi, Raoul Hague, Seymour Lipton, Reuben Nakian, George Rickey, José de Rivera, James Rosati, Julius Schmidt, Jason Seley, David Smith, Richard Stankiewicz und Peter Voulkos.

13   Siehe Jon Wood: Looking at Modern Sculpture: Lynn Chadwick at Cliveden, in: Lynn Chadwick at Cliveden, hrsg. von Blain ǀ Southern unter Mitarbeit von Jess Fletcher (Ausst.-Kat. Cliveden, Maidenhead), London 2018, S. 14 – 19.

14   Sarah Chadwick: Introduction, in: Lynn Chadwick – The Sculptures at Lypiatt Park, hrsg. von Blain ǀ Southern unter Mitarbeit von Jess Fletcher (Ausst.-Kat. Blain ǀ Southern, London), London 2014, S. 10. Der Titel der Ausstellung lautete: „Lynn Chadwick: Retrospectives".

15   Private View 1965, S. 92.

16   Es wurde häufig festgestellt, wie gut Chadwicks Skulpturen zu den schrittweise umgebauten Innenräumen und Außenbereichen von Lypiatt Park passen. So zum Beispiel Rungwe Kingdon: „Sein Haus und Garten sind seiner Ästhetik angepasst worden. Die gotischen Linien des Hauses, von Details befreit, bieten einen wundervollen Kontrast zu den knappen Formen seiner Skulptur." In: ders.: Coming from the Dark: Lynn Chadwick, hrsg. von Gallery Pangolin, Chalford 2003, S. 8.

17   Näheres zur Melancholie im Verhältnis zum Motiv der Hand in Chadwicks Skulptur findet sich bei Jon Wood: The Sculptural Imagination of Lynn Chadwick, in: Ausst.-Kat. Blain ǀ Southern, London 2014, S. 16 – 21.

18   Emile Mâle: The Gothic Image: Religious Art in France of the Thirteenth Century (erste englische Übersetzung 1913, Originaltitel von 1910: L'art religieux du XIIIe siècle en France; Étude sur l'iconographie du moyen âge et sur ses sources d'inspiration), Fontana edition, London 1961, und Kenneth Clark: The Gothic Revival (1928), Nachdruck London 1964.

19   Clark 1964, S. xix.

Jon Wood
Lynn Chadwick in Context, 1945 – 1965

One of the most fascinating visual documents of modern art in post-war Britain is Private View, a large hardback book, published in 1965, comprising extraordinary photographs, in the current reportage style popular in magazines, of artists, curators, dealers and critics.[1] The photographs were taken by Lord Snowden, then married to Princess Margaret (the sister of Queen Elizabeth II), and were accompanied by short, lively texts by the curator Bryan Robertson and the art critic John Russell.

Private View is a 'Who's Who' of art in Britain, capturing this exciting mid-1960s moment, offering compelling, behind the scenes insight into its changing visual art culture. It celebrates pop and abstraction and the arrival of bold and unabashed colour from its opening pages.[2] Close-up portraits (often catching their subjects off guard) are combined with in-focus photographs of individual works, and details of personal items and paraphernalia that fill artists' studios are combined with panoramic views of rooms. The lives of the many people who made up Britain's contemporary scene are revealed across three hundred tantalizing pages, in dazzling new colour and powerful, atmospheric black and white photography. Private View is also a portrait of the city of London, as well as a snapshot into a collective artistic culture, and several of its major art institutions are represented through their sharp suited figures and official personalities.

The photographs of Lynn Chadwick, who was afforded four pages across two double-page spreads, are perhaps some of the most extraordinary in this book.[3] They show Chadwick at work, but most strikingly relaxing in his home in the company of both his large and small-scale sculpture and his young children.[4] [Fig. 1] Unlike the majority of the other artists in Private View, Chadwick is pictured not in London, but in the countryside, in his large house at Lypiatt Park, near Stroud in Gloucestershire, which he had bought in 1958. If it offered an image of an established artist, it also offered one of a mature sculptor with a settled sculptural aesthetic and a considered awareness of his sculptures' optimal, indoor display conditions. We see Chadwick and his daughter resting on a cow's hide rug on top of a specially designed, cantilevered and electrically heated concrete sitting area, complete with sculptures.

Several sculptors feature in this book, including: Henry Moore, Barbara Hepworth, Eduardo Paolozzi, William Turnbull, Reg Butler, Elizabeth Frink, Bernard Meadows, F. E. McWilliam and Robert Adams, and these more familiar names were joined by a younger generation of sculptor including, Anthony Caro, Phillip King, Brian Wall, Roland Piché and George Fullard. Most of these artists are captured at work in their studios, with photographs that seemed relatively unstaged compared to the usual predictable theatrics of the sculptor's studio and seem to capture something of the contingencies and

atmospheres of these metropolitan creative spaces. The book also ends with sculpture: with a taste of the future and what is to come, with a panoramic black and white shot of the Sculpture School at the Royal College of Art, showing Derrick Woodham, John Panting and Steven Furlonger all at work on their most recent sculptures. The back pages, which concludes the book, is a large colour photograph of one of Epstein's bronze heads, emerging out of its plaster casing have just been cast at Mr Gaskin's Art Bronze Foundry.

Born in 1914, and awarded a CBE (Commander of the Order of the British Empire) the year before in 1964, Chadwick, who was fifty when these photographs in Private View were taken, was older than all the other sculptors reproduced in the book (except Moore, Hepworth, Butler and McWilliam). Only a handful of others are recorded outside the capital, notably Moore and Hepworth, and this has the effect both of setting Chadwick apart from the other artists and placing him without a senior group. In conjunction with the short text and captions that John Russell wrote to accompany these photographs, it also serves (then and today) to highlight what was special and unique about his contribution to the sculpture not only of this moment, but also to the twenty years between 1945 and 1965 when he first emerged as a sculptor on the national and international stage.

Russell's text highlights three issues, which this short essay will in turn address, namely: his dual reputation for being at once part of a group of sculptors and also an individual exponent of a singular approach to modern sculpture; his idiosyncratic and original fabrication methods; and, with a background in architectural drawing, his interest in constructed form and its dynamic relationship to the indoor environment in which it is placed.[5] Russell also notes, rightly in retrospect, that although Chadwick's work was at that mid-1960s moment less fashionable than it has been a decade earlier, his new sculpture has 'a tough, spare, concise, concentrated quality which suggests that Chadwick in his fifties is anything but a spent force.'[6]

Chadwick's emergence onto the national and then international art scene was relatively quick in the late 1940s and early 1950s. Unlike the majority of the artists with whom he would soon be associated, Chadwick was self-taught, with a background in industry, working in the mid-late 1940s as an architectural draughtsman for a London practice and designing textiles, furniture and trade-fair exhibition stands. In 1946, aged thirty-two and two years out of the Fleet Air Arm, he made his first 'mobile' sculpture, leaving London for Gloucestershire. He was soon taken up by the gallery Gimpel Fils, with a solo show there in 1949, and this brought him attention that would lead first to his contribution to the Festival of Britain, for which he was commissioned to make 'The Fish-Eater' (1951), a large 'stabile' that draw both from the example of Alexander Calder's mobiles and from his own smaller, more grounded versions (thus the term, emphasizing 'stability') that had pre-occupied him since 1947.

Following his exposure in the Festival of Britain, Chadwick was then selected to show work in the now-famous British Pavilion at the XXVI Venice Biennale in 1952. He would also receive 'honourable mention' for his proposal for the Unknown Political Prisoner International Sculpture Exhibition, the following year. In Venice in 1952 Chadwick would show alongside Reg Butler (the winner of the subsequent Unknown Political Prisoner competition), William Turnbull, Kenneth Armitage, Geoffrey Clarke, Bernard Meadows, Eduardo Paolozzi and Robert Adams. Alongside them and in quasi-group formation, he would also have his work critically championed, within this New Aspects of British Sculpture by Herbert Read in a text that coined his now famous 'Geometry of Fear' phrase, in which he evoked strange crab-like sculptural creatures and ragged claws 'scuttling across the floors of silent seas'.[7] It is, and was, a compelling statement that has carried, as a catch-all phrase, a powerful idea of the forms and concerns of these sculptors long into the future. According to Russell, writing in Private View thirteen years, later: 'Chadwick's wary, defensive and disquieting figures became a familiar part of the international art scene. Herbert Read's famous phrase about 'the geometry of fear' could have been, and perhaps was, coined primarily on their account.'[8]

The question of Chadwick's precise place within this group of talented young sculptor is an interesting one. His immaculately poised and subtly awkward sculptures share as many qualities with the works of these other sculptors, as they depart from them. With the work of Robert Adams, Chadwick's sculpture shares a deep commitment to design, good form and the role of design thinking in sculptural composition. Both artists were in contact with the architect and designer Misha Black (who had earlier commissioned Chadwick to make a sculpture, 'Stabile' (Cypress) in the garden terrace of the Regatta Restaurant on the South Bank site. With William Turnbull's work, Chadwick's share an interest not only in drawing in space and the sculptural potential of the linearity, but also in the combined power of metal and plaster (in Chadwick's case Stolit, a mixture of plaster and iron filings) to create geometrically orientated forms that, despite their presence and stability, still manage to evoke subtle movement and intuitive artistic expression. With the work of Kenneth Armitage, the sculptor with whom Chadwick's work was the most associated (and sometimes paired) in the 1950s and 1960s, Chadwick's shares an interest in structures of conjunction, bringing figures together with them the same work and providing various images of bodily togetherness and social unity.

With the others, namely Reg Butler, Kenneth Armitage, Geoffrey Clarke, Bernard Meadows and Eduardo Paolozzi, we find a shared interest in exploring the genre of animalia in new and unexpected ways, drawing as much upon the imagery of science fiction and B-Movies, as upon the pan-European mood of existential angst and surrealistic neuroses about the formal integrity of the body, be it animal or human. All these sculptors went about exploring, through modeling and assemblage and welding, the fantastic life of the hybrid, each with different iconographies and autobiographical associations, often drawn from their recent experiences in World War II. Images and structures of corporeal disorientation were often detectable in these often smaller-scale sculptures, in which the natural order of things has been interrupted. Fish, for example, were found in trees and birds under water, as forms double up as different, but single entities or as one being consumes another. The compositions of Paolozzi's animalia sculpture of the 1950s are structured through collage and montage. His 'Chinese Dog' (1956) and 'Frog Eating a Lizard' (1957), for example, comprise cast sections assembled and stacked one on top of the other to create over all, frontally facing work,

multipartite but now 'all of a piece'. Whilst the figure assembled in his 'Icarus' (1957) looks like it will never take flight, let alone fall from the skies, so bulky and leaden are its limbs and so slight its wings.

Despite Chadwick's early 1950s success, it was not until 1956, when he was awarded the International Prize for Sculpture in the XXVIII Venice Biennale that international recognition as an individual sculptor came his way. His work began to enter public collections outside Britain and this was helped by his inclusion in a number of group shows over the next decade. He exhibited work in the Sao Paolo Biennale in 1961, in Documenta 3 (1964), alongside works by Adams, Armitage, Caro, King, Moore and Paolozzi. The following year, he participated in a touring exhibition in India: Nine Living British Sculptors (1965 – 66), co-organised by the Lalit Kala Akademi and the British Council, which included over thirty works (sculptures, drawings and prints) by the sculptors Adams, Armitage, Dalwood, Hepworth, Meadows, Moore and Paolozzi.[9] Chadwick also continued to take part in group exhibitions in London, notably the London County Council exhibition Sculpture: 1850 and 1950, staged outdoors at Holland Park in 1957 and which included his posing and attitude-striking couple 'Teddy Boy and Girl' (1957).[10] He also showed work, again alongside the same group of artists, in 1960 in the Sculpture in the Open Air exhibition at Battersea Park in London, where he exhibited 'Black Beast' (1960) and then, a year later, in Contemporary British Sculpture, organized by the Arts Council, in which he again showed 'Teddy Boy and Girl' (1957).[11] He was included in the Open Air Sculpture Exhibition of Contemporary British and American Works in Battersea Park in 1963.[12] He also showed 'Lion' (1960) in the Contemporary British Sculpture exhibition that the Arts Council organized in 1964 – an exhibition that travelled, as in previous years, outside London.

If Chadwick was viewed as both apart from and together with other contemporaries, certain subjects and sensibilities were also seen to be emerging as his own. Amongst them, and as I have written elsewhere, the idea of looking at sculpture is felt implicitly and explicitly across Chadwick's work both at this time and afterwards.[13] Indeed the idea of looking features to such an extent that looking and being looked at seem to figure as part of the overall subject matter of many of the works themselves. Many of his monsters are also highly observant: Monitors, Detectors and Watchers, keeping those who approach or who might approach under surveillance. They have the look of spies and sentinels as well as monitoring equipment – and thus have a simultaneously cold war and contemporary feel, asking us to think about what they are watching and why. Most are mute, some are eyeless and others have voids or Cyclops-like single holes for an eye. These bodies of works, like so many of Chadwick's sculpture, look back at their viewers, returning the gestures, as their viewers look at them. This makes for subtle and fascinating relationships between Chadwick's sculpture and its spectators, who are acknowledged and born in mind at every turn.

Chadwick's 'Monitor' is a particularly compelling example. [Fig. 3] 'Monitor' stands at just under six feet tall, so human height. Although arm and legless, its monolithic form comprises three sections, each marked with fan-like designs. Its three, slightly off-kilter parts can be read for head, torso and legs, as they do in the 'exquisite corpse' game drawn on folded paper, much enjoyed by the Surrealists and by many children since. At 'Monitor's top there is a ring-framed, circular hole and what appears to be at once a gaping mouth and an all-seeing eye, which opens up like a portal and a porthole to the world through and beyond it. It is an unsettling image and viewers can gaze right through this sculpture's viewing hole, as it looks back at them with a single eyeless eye.

Chadwick's work is also set apart from others by the unusual fabrication processes of his sculpture. Whereas they carved in wood, modeled in clay or plaster or assembled cast plaster components which they then cast in bronze, Chadwick welded and modeled. As Sarah Chadwick, one of Chadwick's daughters, who appeared as a young child in Snowden's photographs, has nicely observed: 'As an architect might draw lines on a page, he developed a technique of drawing in space, taking steel rods and welding them together to criss-cross, join and radiate out, forming three-dimensional shapes akin to the architect's space frame.'[14]

Although sculptors John Hoskin and Leslie Thornton both used welding and solder in more experimental ways, Chadwick's combination of outlining and filling, working across two and three-dimensions simultaneously, creating volumetric sections and solidifying the gaps in between with iron filing-infused Plaster of Paris, was unique. Chadwick's technique comprises piece-by-piece composition, working from one plane to the next. This allows the basic, underlying linearity of the work, created by the welded metal armatures, to play a defining role, as the overall structure of the work takes shape and as its famous attitudes, his sculpture's anthropomorphic expression through stance, gradually emerge and are finessed. This approach to sculpture making is far from the organic, essentialising of 'truth to materials' and of carving directly in blocks of stone and wood, as practiced by sculptors such as Moore and Hepworth and their followers. Structure and surface coincide in Chadwick's works as it depths and skins are closely related. This brings them in parallel with the carapaces of insects and marine life, with whose forms they have sometimes been seen in connection.

This way of making also brings Chadwick's sculpture into close and evocative relation to architecture. This adds another layer of association to the domestic context with which Chadwick's work has sometimes be associated, since his participation in the Sculpture in the Home series of Arts Council travelling shows in the immediate post-war period. In these exhibitions his strange hybrid sculptures were found poised precariously on table tops, making the modern home a strange, unfamiliar and uncanny realm.

However, as the Private View photographs and texts articulate, it was the relationship between the aesthetic of Chadwick's sculpture and Neo-Gothic architecture that most powerfully shone through – both at this moment and indeed since. Russell in his text and captions highlight this in his description of the material conditions of display that Chadwick's neo-Gothic country house at (and also known as) Lypiatt Park, which he bought in September 1958, before embarking on a room-by-room conversion and restoration project that would occupy him, on and off, for the next thirty years.

Russell wrote: 'A characteristic tall figure by Chadwick turns out to harmonize perfectly with latticed windows from the Gothic Revival.'[15] The fit between the angular, elongated and apex forms of Chadwick sculpture and those of Gothic Revival architecture are indeed striking. Such architecture not only provides a sympathetic backdrop for his sculpture, but an historical foil or counterpart to its mid-century modernism, qualifying the technological logic of its formal language and pointing to older, architectural idioms for comparison.[16] In doing so, such architecture works in two ways: at once subtly enhancing the modernity of Chadwick's sculpture whilst also providing a intriguing gloss on its melancholy sensibility and its historical associations.[17] Interestingly, the Gothic was re-capturing the public imagination in Britain in the early 1960s. Emile Mâle's The Gothic Image: Religious Art in France of the Thirteenth Century (1910) was re-issued as an English translation in 1961 and Kenneth Clark's The Gothic Revival (1928) was also re-issued in popular paperback edition in 1964.[18] The angular aesthetic of Gothic Revivalism, for Clark 'perhaps the one purely English movement in the plastic arts', was again a la mode.[19]

Chadwick's background in architecture is often cited in relation to the constructed, linear logic of his sculpture. While this is clearly true, what is less often remarked upon is the fascinating site-sensitivity to sculpture that this expertise also brought with it. For while Chadwick will be admired for his carefully-made, attitude-striking free-standing sculpture, it was also his intelligent understanding of his works subtle spatial and material relationship to architecture and the built forms that surround and frame them that should also be too. This also sets him apart from many of his sculptor contemporaries, as a sculptor who, like an architect, thinks hard and simultaneously about his work's constitutions and contexts – both about their materiality and about their place in the world in relation to the other material objects that surround them.

1   Bryan Robertson, John Russell and Anthony Armstrong-Jones of Snowden, Private View (London 1965).

2   For an excellent, new account of the place of colour in post-war visual culture, see: Lynda Nead, The Tiger in the Smoke: Art and Culture in Post-War Britain (New Haven, London, 2017).

3   Private View 1965, S. 90 – 93.

4   Tragically, his second wife Frances Jamieson had died the year before.

5   For two useful recent books on Chadwick's work, see: Dennis Farr and Éva Chadwick, Lynn Chadwick: Sculptor. With a complete Illustrated Catalogue 1947 – 2003 (Farnham 2014) and Michael Bird, Lynn Chadwick (Farnham, 2014).

6   Private View 1965, p. 90. Chadwick later ruminated on his success in Venice in 1956 with the following anecdote: 'One is accepted and then put on the shelf again very soon and that is fair enough. I remember Max Ernst and his wife in Venice saying to me 'You're having success now, but it won't last.' I remember them saying that. That's how it is. You go in phases. You're pushed, you're number one, and then you're dropped, just like that.' The Sculptor Speaks: Extracts from Recordings with Post-War British Sculptors, (Track 15), a collaboration between the National Life Story Collection and the Henry Moore Institute, 2001.

7   Herbert Read, New Aspects of British Sculpture, exh. cat., Arts Council, 1952.

8   Private View 1965, S. 90.

9   See http://visualarts.britishcouncil.org/exhibitions/exhibition/nine-living-british-sculptors-1965/objects/all/year/1965/status/past/page/3 (accessed 12/6/16).

10   Sculpture: 1850 and 1950, London: London County Council exhibition, Holland Park, 1957.

11   Sculpture in the Open Air, London: London County Council exhibition, Battersea Park London, 1960 and Contemporary British Sculpture, An Open Air Exhibition arranged by the Arts Council of Great Britain, 1961.

12   Sculpture in the Open Air, London County Council Exhibition at Battersea Park, May-September 1963. This exhibition also included the work of several non-British born sculptors: 'The American exhibits have been chosen by the Museum of Modern Art in New York and they can be accepted as representatives of the great achievements of contemporary American sculptors.' They included: Harry Bertoia, Alexander Calder, John Chamberlain, Herbert Ferber, Joseph Goto, Dimitri Hadzi, Raoul Hague, Seymour Lipton, Reuben Nakian, George Rickey, José de Rivera, James Rosati, Julius Schmidt, Jason Seley, David Smith, Richard Stankiewicz and Peter Voulkos.

13   See: Jon Wood, 'Looking at Modern Sculpture: Lynn Chadwick at Cliveden', in Lynn Chadwick at Cliveden, ed. by Jess Fletcher, exh. cat. Cliveden, Maidenhead (London, 2018), pp. 14 – 19.

14   Sarah Chadwick, 'Introduction', Lynn Chadwick: Retrospectives, exh. cat. Blain I Southern (London, 2014), p. 10.

15   Private View 1965, S. 92.

16   The fit between Chadwick's sculpture and the gradually converted rooms and land of Lypiatt Park has been made many times over the years. See, for example, Rungwe Kingdon: 'His house and garden have been adapted to his aesthetic, the Gothic lines of the house, stripped of detail, providing a wonderful foil for the taut forms of his sculpture.', ex. cat. Gallery Pangolin (Chalford/ Stroud, 2003), p. 8.

17   For more on this melancholy in relation to the motif of the hand in Chadwick's sculpture, see: Jon Wood, 'The Sculptural Imagination of Lynn Chadwick', in Retrospectives, exh. cat. Blain I Southern (London, 2014), pp. 16 – 21.

18   Emile Mâle's The Gothic Image: Religious Art in France of the Thirteenth Century (1910) (English translation, 1913) Fontana edition, 1961, and Kenneth Clark, The Gothic Revival (1928), reprinted: London: John Murray (1962) and London: Pelican (1964).

19   Clark 1964, S. xix.

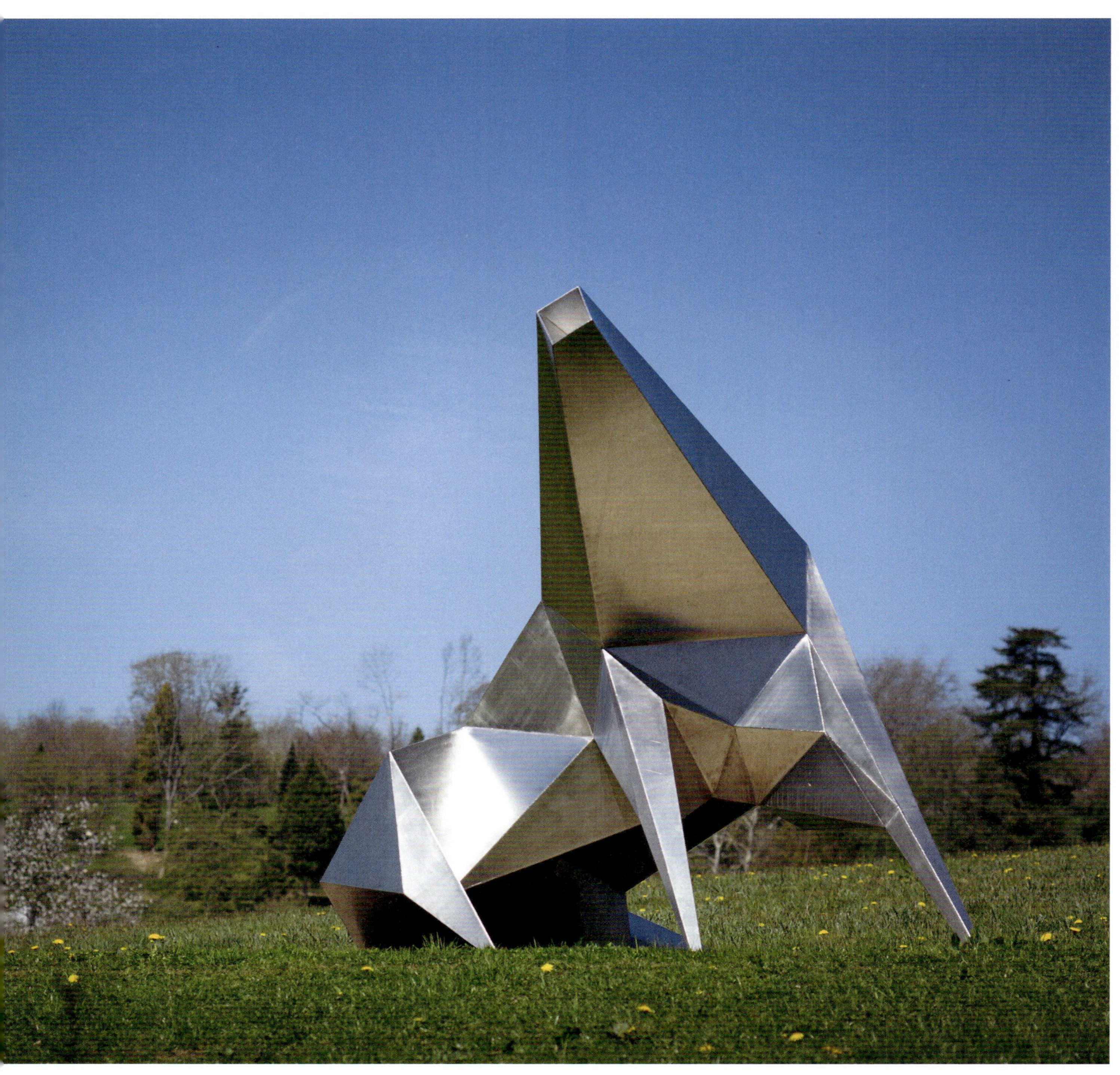

Lynn Chadwick. Biester der Zeit

Julia Wallner

„It seems to me that art must be the manifestation of some vital force coming from the dark, caught by the imagination and translated by the artist's ability and skill … Whatever the final shape, the force behind is … indivisible. When we philosophize upon this force, we lose sight of it. The intellect alone is still too clumsy to grasp it."[1]

Begegnet man Lynn Chadwicks „Biestern" erstmalig, so mag man dem Künstler gern Glauben schenken, dass diese fantastischen Tierwesen trotz ihrer sichtbaren Konstruiertheit unmittelbar seinem Unterbewusstsein entschlüpften (Abb. 1). Die sich reckenden, streckenden, lauernden, schleichenden oder zum Sprung ansetzenden Kreaturen voller Energie und Körperspannung erscheinen als pure Verdichtung inneren Ausdrucks oder Gefühls.

Seit Mitte der 1950er-Jahre verfolgte Chadwick die Idee der Biester. Bis an sein Lebensende hat sie ihn nicht mehr losgelassen, die letzten seiner über hundert variantenreichen Schöpfungen stammen aus den 1990er-Jahren. Die Biester werfen bedeutsame Schlaglichter auf das internationale Kunstgeschehen nach 1945. Das Ringen um und innerhalb der auch ideologiegeschichtlich aufgeladenen Pole von Abstraktion und Figuration bestimmten diese Jahre ebenso wie die erschöpfende Suche nach gültigen Formeln für eine von Krieg und Zerstörung traumatisierte Zeit mit veränderten Grundkonstanten in einer neuen Weltordnung.[2] Umso bemerkenswerter ist es, dass die Biester in ihrer unmittelbaren Präsenz heute noch genauso diesseitig, greifbar und aktuell erscheinen wie zu ihrer Entstehungszeit. Es sind Biester der Zeit. Einer Zeit, die einen einholen kann. Ob von diesen Biestern reale Gefahr ausgeht oder lebensvolle Energie, ist eine Frage der Wahrnehmung.

Abb. 1
Beast Alerted I, 1990
30,5 x 35,5 x 78,5 cm
Edelstahl (welded stainless steel)

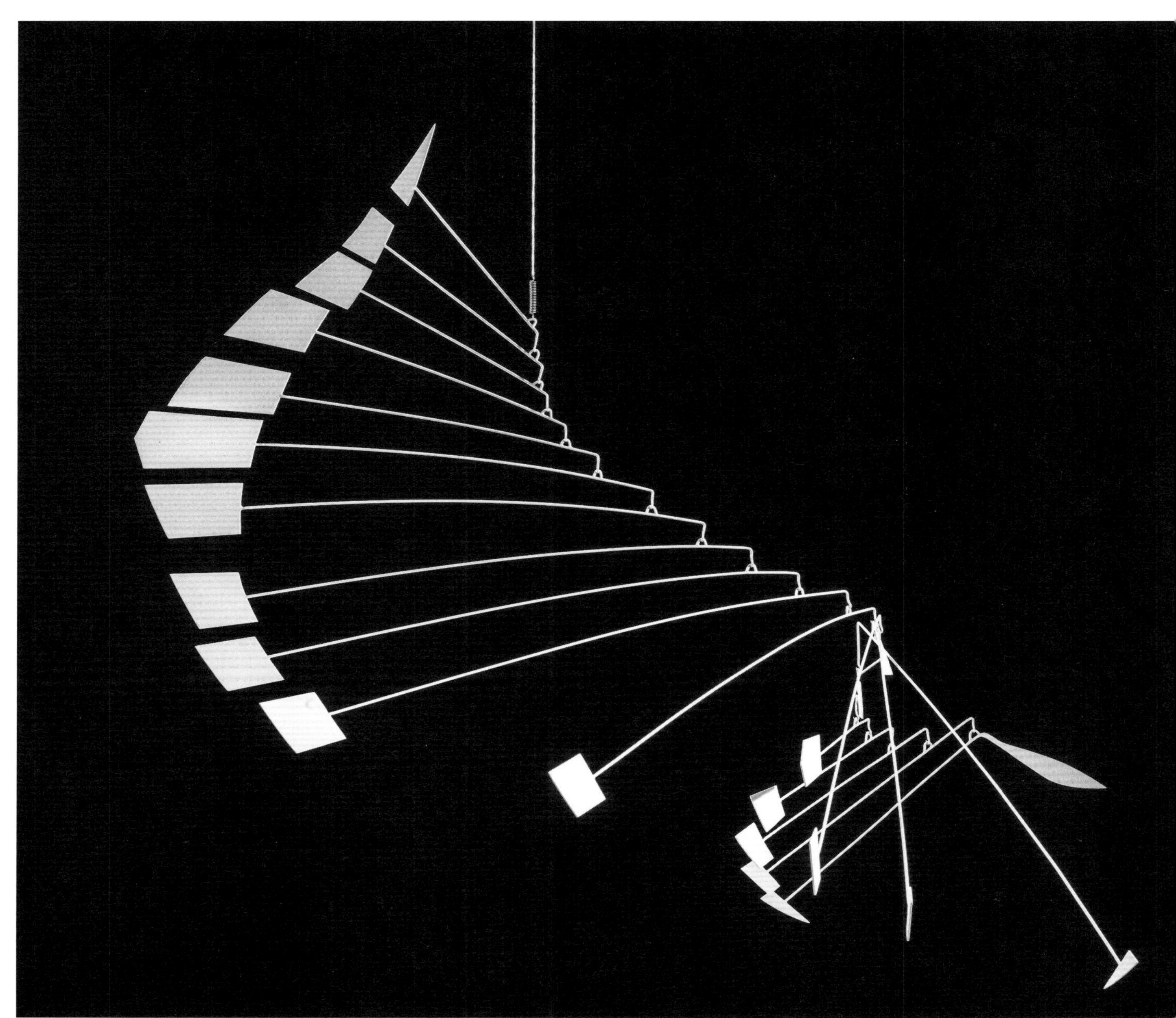

Abb. 2
Mobile, 1952
Höhe (height): 76 cm
Messing, Draht und Kupfer (brass,
wire, copper and brass triangles)

Der retrospektiv angelegte Teil der Ausstellung zum Werk Lynn Chadwicks beginnt mit einem Mobile von 1952 (Abb. 2), das auf eine ganze Reihe solcher luzider Raumkonstellationen rekurriert, die der Künstler seit 1946 geschaffen hatte. Ausgehend von einer mehrfach geschwungenen Linie entfaltet sich die Vorstellung eines beweglichen und skelettierten Flügels. Eine regelmäßig aufgefächerte Reihe von miteinander verbundenen stabilen Drähten bildet die Grundform, an den Enden sind farbige Kupferplättchen fixiert. Wie eine zergliederte Fläche unterstützen die geometrischen Elemente die dynamische Außenform, die einer fein silhouettierten Zeichnung im Raum gleicht. Die Arbeit gehört zu den ersten plastischen Arbeiten Chadwicks, der zu diesem Zeitpunkt gerade erst begann, sich als Künstler zu definieren, eine künstlerische Ausbildung hatte er nicht genossen. Der durch seine Arbeit in verschiedenen Architekturbüros versierte technische Zeichner galt als talentierter Entwerfer von Messeständen mit einem guten Auge und Gespür für hybride Raumkonstellationen, die voll im Trend der Zeit lagen.[3] Den einflussreichen amerikanischen Künstler Alexander Calder, der seit den 1930er-Jahren die freie Form des Mobiles für die Skulpturgeschichte erschloss, kannte er nach eigenen Aussagen damals noch nicht, für Bücher interessierte er sich kaum, und internationale Erfahrungen hatte er hauptsächlich als Soldat gesammelt.[4] Doch seine Werke fanden schnell öffentliche Anerkennung.

Bereits 1952 wurde seine große Skulptur „The Inner Eye" von Alfred H. Barr, dem vormaligen Direktor des Museums of Modern Art (MoMA) für dessen Sammlung angekauft – offenbar direkt in der Folge einer Ausstellung der 26. Biennale von Venedig unter dem Titel „New Aspects of British Sculpture". Chadwick gehörte zu einem Kreis junger Bildhauer – unter anderen Reg Butler, Kenneth Armitage und Eduardo Paolozzi –, für den der Kurator Herbert E. Read das einflussreiche Schlagwort „Geometry of Fear" prägte, eine pointierte zeitgenössische Formel, die noch lange kunsthistorischen Nachhall finden sollte: „These new images belong to the iconography of despair, of a defiance; and the more innocent the artist, the more effectively he transmits the collective guilt. Here are images of flight, of ragged claws [...] of excoriated flesh, frustrated sex, the geometry of fear."[5]

Unter den 1952 ausgestellten Werken war auch „Bullfrog" (Abb. 3), eine der ersten frei stehenden Skulpturen Chadwicks. Die durch vier spitz zulaufende Füße stabil auf dem Boden stehende Hohlform öffnet sich nach oben wie ein bauchiges Gefäß – oder ein ausgehöhltes Körperinneres. Der Negativraum in der leeren Mitte wird von einer spitz zulaufenden Ellipse durchschnitten, die durch Eisenspangen mit der unteren Körperhälfte verbunden ist. Die gebissartig angeordneten metallischen Zähne im Inneren der Binnenform lassen diese wie ein offenes Maul wirken, das den Ochsenfrosch gefährlicher erscheinen lässt als das titelgebende Naturvorbild.[6] Assoziationen der Bedrohung und der wehrhaften Verpanzerung liegen ebenso nahe wie die metamorphotischen Mischwesen des Surrealismus oder die berüchtigte Formel einer freudianisch aufgeladenen „Vagina dentata", traditionell angelehnt an den todbringenden Mechanismus einer fleischfressenden Pflanze. Josef Paul Hodin verwies 1957 auf die überraschende Verwandlungsfähigkeit von Strukturen und Formen in Chadwicks Werk: „Zähne, Dornen, Geweihe, Zweige, Angriffs- und Abwehrorgane, Symbole der Angst- und Ruhelosigkeit traten an die Stelle anderer biologischer Urformen. Die Erforschung neuer plastischer Möglichkeiten des Raumes und der Bewegung – Linie und Spannung statt Masse und Rundung, Dynamik statt Statik – war eingeleitet. Chadwick nahm mit seinen Skulpturen an dieser Entwicklung teil, und seine Stärke liegt in der Kombination der wahren Vitalität in seiner Vorstellungswelt und dem Gefühl für das Rätselhafte im Leben, für das Metaphysische."[7]

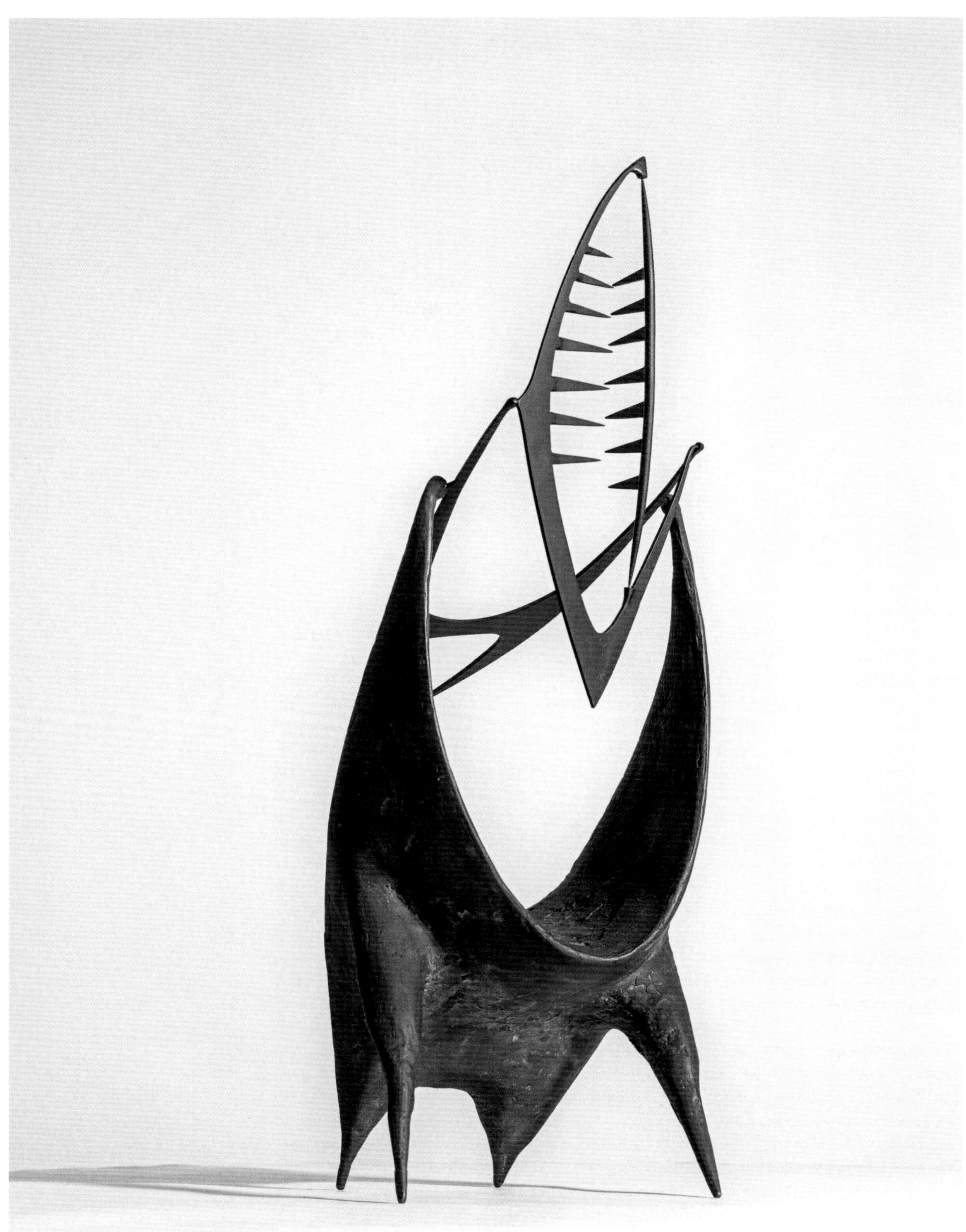

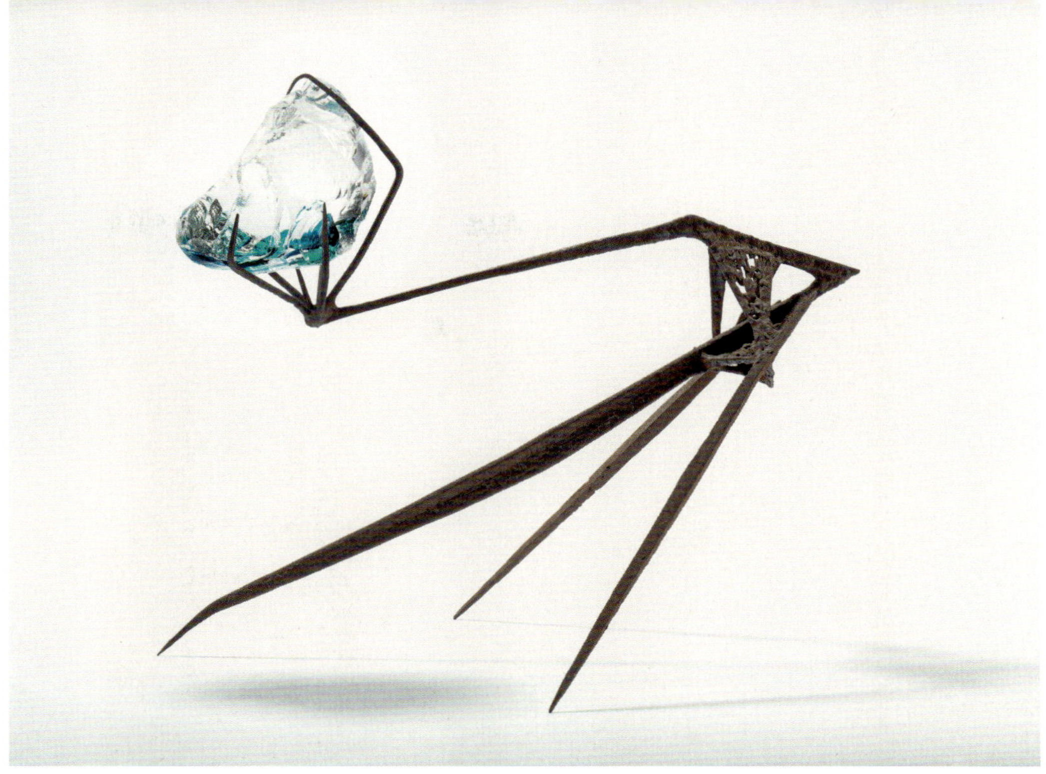

In der Nacherzählung prägte sich das übermächtige Bild der „Geometrie der Angst" für die Generation junger britischer Künstler fest ein und wurde zum Auslöser für den rasanten internationalen Erfolg der Bewegung, die sich allerdings nie als solche definierte. Nach den kollektiven traumatischen Erfahrungen des Zweiten Weltkriegs war das Thema der universellen Angst zu einer festen Chiffre erwachsen, das in zahlreichen Ausstellungen und den zugehörigen Rezensionen diskutiert wurde.[8] Später schränkte Read diese deterministische Formel selbst ein: „,Fear' is no longer an appropriate word, it is a demonic force that is pent in the unconscious, and that this force, when it is released, can assume significance, universal meaning, as works of art. The more direct this transformation is, the more vital will be the work of art."[9]

Chadwick sperrte sich gegen die psychologische oder intellektualistische Vereinnahmung seines Werks. Die Skulptur „Untitled" von 1952 (Abb. 4) erwächst aus einer zarten Verbindung von farbigem Glas und filigran verschweißtem Stahl. Sie macht in ihrer poetischen Präsenz deutlich, dass es Chadwick von Beginn an um etwas anderes ging als um das Schaffen deutbarer Formeln für ein allgemeines oder individuelles Existenzgefühl. Die Skulptur mit Kopf, Körper und drei spitzen Beinen ist die Abstraktion eines kreatürlichen Wesens, das durchaus als frühes Biest assoziiert werden kann, auch wenn der Künstler dies nicht deutlich benannte.

Nur vier Jahre später erhielt Chadwick auf der Biennale von Venedig den großen Preis für Skulptur, wohl die wichtigste europäische Auszeichnung für einen lebenden Bildhauer. Die Überraschung der internationalen Kunstgemeinde war groß, sah man doch in Alberto Giacomettis existenzialistischen Figuren oder in Germaine Richiers schaurig-schönen, surreal anmutenden Hybriden aus Mensch und Tier klare Favoriten auf die Anwartschaft des Preises.[10] Michael Bird verweist zu Recht verstärkend darauf, dass bereits die Hälfte der Skulpturen Chadwicks in der Ausstellung im Britischen Pavillon der Biennale von 1956 als Leihgaben von amerikanischen und britischen Sammlern gezeigt wurden, und belegt damit den rasanten Erfolg des Künstlers.[11]

Linke Seite / left page:
Abb. 3
Bullfrog, 1951
62,5 x 23,3 x 27,6 cm
Bronze

Rechte Seite / right page:
Abb. 4
Untitled, 1952
51 x 59 x 42 cm
Eisen und farbiges Glas
(iron and coloured glass)

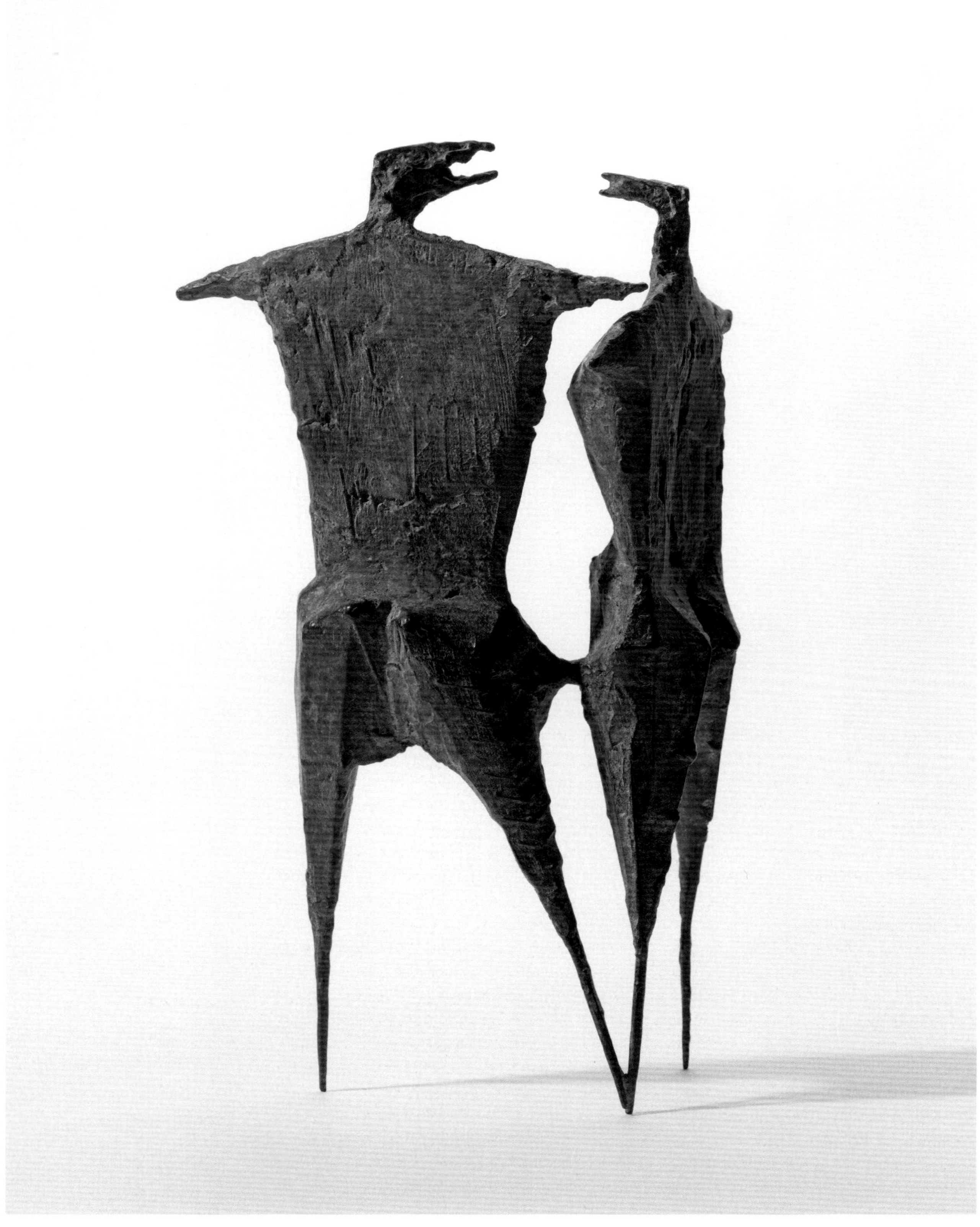

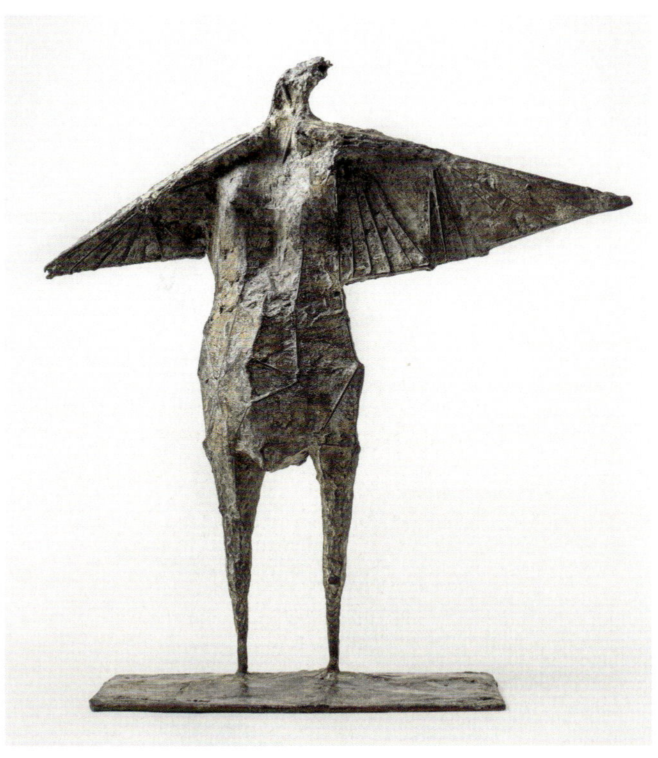

Die ersten zweifigurigen Skulpturen Chadwicks stammen aus dem Jahr 1954 (Abb. 5), bis an sein Lebensende modifizierte der Künstler dieses Thema. Es handelt sich um zweigeschlechtliche Paare, die als Mischwesen aus Mensch und Tier deutlich derselben Art entstammen. Sie entsprechen sich jedoch nicht vollkommen, sondern sind immer durch leichte Abweichungen in der Physiognomie gekennzeichnet. Teils versieht der Künstler sie mit primären Geschlechtsmerkmalen, teils erfindet oder entlehnt er freiere Körperikonografien. Er fasst die Doppelfiguren wie im Tanz in lebendiger Verschränkung auf – sich um die eigene Achse bewegend oder um die des anderen. Gemeinsam sind den sichtlich eng aufeinander bezogenen Figuren ihre kleinen Köpfe, die torsierten Arme, flächige Körper und sehr schmale Beine ohne Füße. Die beiden fast formelhaft stereotypisierten Individuen berühren sich kaum, sie scheinen sich auf ewig zu umkreisen und trotz ihrer visuell symbiotischen Bezüge nicht zueinanderzufinden. Aufgrund ihrer humanoiden Formen wird es nicht auf Anhieb deutlich, dass auch diese Arbeiten aufbauend auf Gerüsten konstruiert sind. Der Künstler verspannt diese teils flächig mit Platten, die er schließlich mit rauen Gipshäuten verstreicht. In die gefalteten Panzerhäute ritzt er linear zeichnerische Schraffuren, was die Oberflächen verletzt oder diese trotz ihrer wehrhaften Dichte verletzlich erscheinen lässt. Wo die Körpervolumina voll sind, werden die architektonischen Skelette mit seinem bevorzugten Material, dem Baustoff Stolit, verfüllt. Viele der eigenartigen Doppelwesen haben etwas Vogelartiges, teilweise sind sie geflügelt, teils sind sie mit schnabelförmig spitz zulaufenden Gesichtern versehen. Der Typus des schnabelköpfigen Flügelwesens erscheint ebenso in zahlreichen Einzelfiguren (Abb. 6).

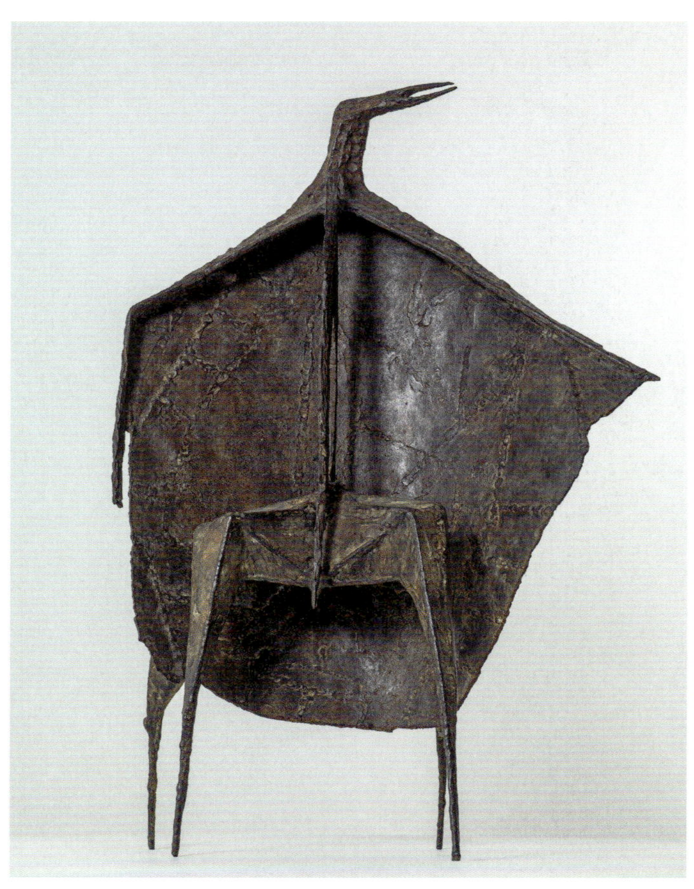

Eine Kreatur, die sich von diesen Flügelwesen absondert, aber dennoch zu deren Familientypologie gehört, ist der „Stranger" (der früheste hier gezeigte stammt von 1954, Abb. 7), ein Fremder, der sein Fremdsein wie eine Haut um den skelettierten Körper trägt. Chadwick beschreibt den Schaffensprozess an diesem Figurentypus sehr eindringlich: „Well, that's just pieces of scrap iron, which I welded together to form a sheet, and I've just shaped them slightly to form a sort of rectangle, and then I've added the legs, by ... another form of construction."[12] Das flächige Konstruktionsprinzip dieses mutmaßlich recht scheuen Einzelwesens bleibt offen ersichtlich. Gleichzeitig ist es eine der ersten Arbeiten, die Chadwick in Bronze gießen ließ, was das Werk einerseits reproduzierbar macht, ihm andererseits eine deutlich verlängerte Haltbarkeit und Stabilität gewährt.[13]

Innerhalb der Arbeiten aus den mittleren 1950er-Jahren fällt besonders eine Gruppe von architektonisch anmutenden Paaren auf, die der Künstler „Teddy Boy and Girl" (Abb. 8) betitelte. Als „Teddies" bezeichnete man eine britische Jugendbewegung der Subkultur in den 1950er-Jahren, die Rock 'n' Roll hörte und, teils ironisch gefärbt, Insignien der Dandykultur um 1900 (der Zeit Edwards VII., genannt Teddy) als Kleidungsstil kultivierte. Chadwick sagte dazu: „Teddy Boy and Girl, with its reference to the flamboyant Neo-Edwardian dress affected by young working-class men and women at the time, is a development from the dancing figure groups, but here any sense of movement is frozen and

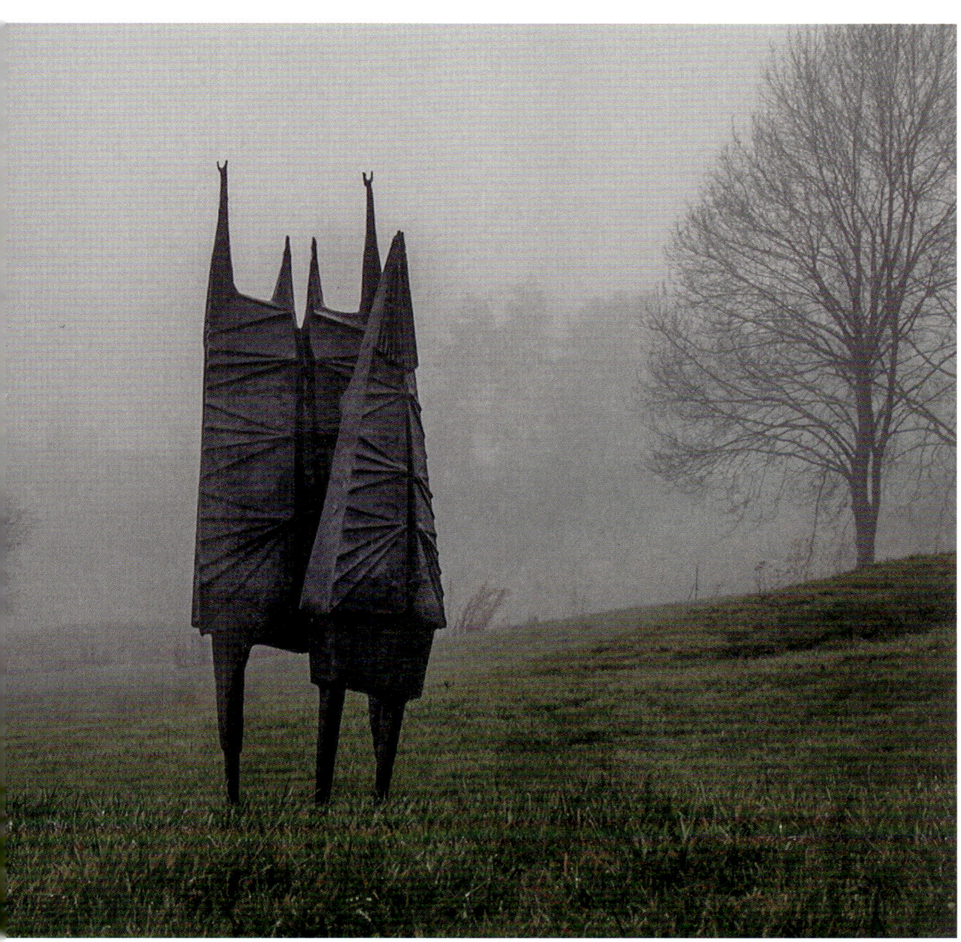

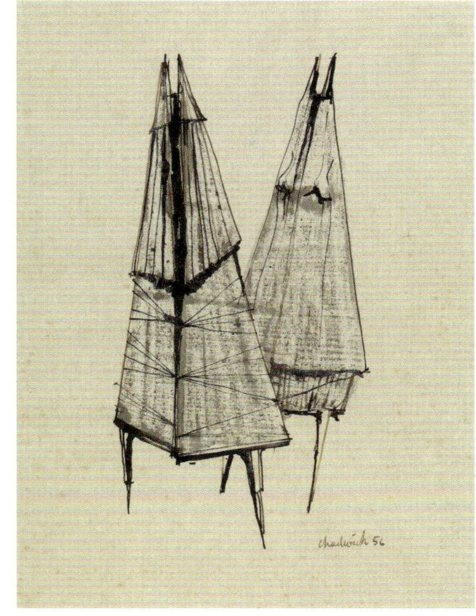

a formal tension is achieved by the juxtaposing of two strongly contrasting shapes."[14] Er hebt die formal strenge Komposition hervor, gleichzeitig sind diese beiden dicht zueinander stehenden Wesen wohl weniger klar humanoid zu deuten. Später wurden sie oft als Prototypen der neogotischen Architektur in Lypiatt Park verstanden – dem Schloss, das der Künstler in den 1950er-Jahren erwarb und über einen langen Zeitraum zu seinem Lebens- und Arbeitsmittelpunkt umgestaltete. In dessen spitzgratigen Hallen sollten Chadwicks Skulpturen ein würdiges, wenn nicht sprechendes Pendant finden.[15] Michael Bird macht die interessante Beobachtung, dass gerade die Skulptur „Teddy Boy and Girl" einen wichtigen Ausschlag für Chadwicks Erfolg auf der Biennale von 1956 gegeben haben könnte. Aufgrund der modernen, fast modischen, jedenfalls klar nach vorn gerichteten Haltung, so Bird, konnte Chadwick mit dem Preis für Skulptur vor Giacometti ausgezeichnet werden. Weil er, wie Read beschrieb, einen vitalistischen Zug in seinen Arbeiten feierte, der sich auch oder gerade in der Oberflächlichkeit manifestierte.[16] Dies steht der humanistisch-existenzialistischen Rezeption Giacomettis quasi diametral entgegen. Die Werke des französisch-schweizerischen Bildhauers schienen an den Krieg und die historische Entwurzelung gebunden, eine Lesart, die insbesondere durch Jean-Paul Sartres existenzialistischen Text über Giacometti von 1948 beflügelt wurde und die bis heute massiv nachhallt.[17] Die spezifische Eleganz, die Ungebundenheit und letztlich unbeschwerte Nähe zur Popkultur von Chadwick zielt jedoch in eine andere Richtung.[18]

Abb. 8
Teddy Boy and Girl (1955),
Lypiatt Park, 2014

Teddy Boy and Girl, 1956
50 x 40 cm
Litografie (lithograph)

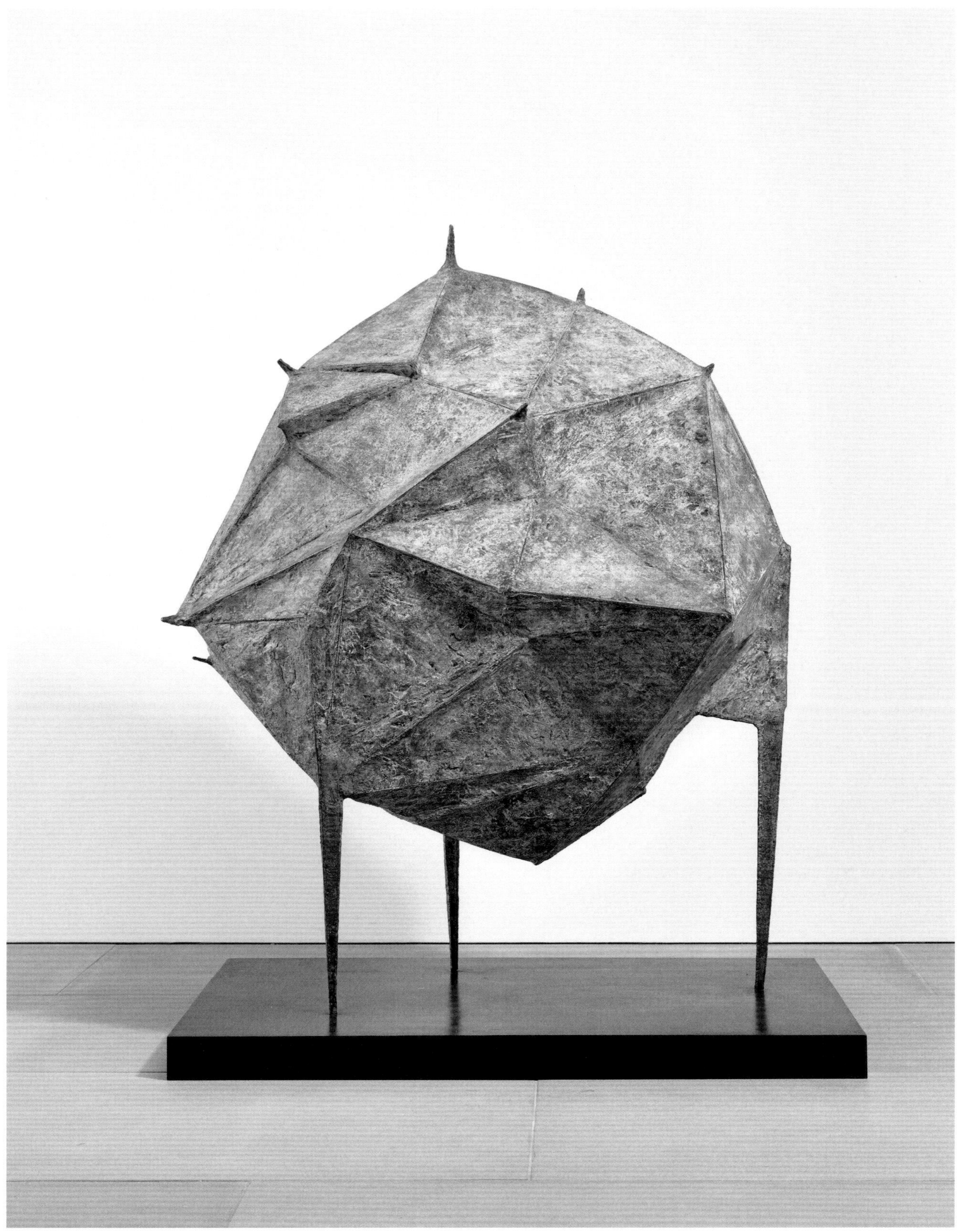

Um das Jahr 1957 entstand eine große Werkgruppe zahlreicher Skulpturen in unterschiedlichen Formaten sowie Zeichnungen und druckgrafischen Reihen unter dem Titel „Moon of Alabama" (Abb. 9). Offenbar lehnt sich diese Bezeichnung der Reihe an das eingängige Lied von Bertolt Brecht und Kurt Weill an, dessen Text schon im Jahr seines Erscheinens ins Englische übersetzt wurde. Das insbesondere in den 1960er- und 1970er-Jahren (also nach der Mondlandung!) viel zitierte Lied handelt von moderner Entwurzelung, Alkohol und Desillusionierung, der Mond dient als Bild der Sehnsucht, als romantische Projektion verlorener Hoffnung. Als Topoi scheinen diese Themen in Chadwicks Leben und seine leicht fatalistische Grundeinstellung zu passen, auch wenn er selten Hinweise zu seinen, sicherlich in aller Regel im Nachhinein gefundenen, Titeln gab oder dazu, ob und inwieweit sie auch biografische Bezüge haben. Seine Erläuterungen zu den Arbeiten sind meist eher technisch-handwerklicher Natur. Immer wieder betonen er und seine zeitgenössischen Interpreten eine grundsätzlich antiintellektuelle Haltung, vor allem gegen alles Interpretative. Gleichzeitig mystifiziert er in seinen Äußerungen wiederholt den künstlerischen Prozess der Herstellung.[19] Wie der Zauberlehrling scheint er Angst vor dem Verlust der besonderen vitalistischen Kraft zu haben – welche er als notwendige Voraussetzung für die Entstehung eines Kunstwerks sieht –, wenn er ihr analytisch zu nahe käme: „I think that to attempt to analyse the ability to draw ideas from their subconscious source would almost certainly interfere with that ability."[20] Werner Hofmann beobachtete bereits 1963 sehr aufmerksam, wie grundlegend das Psychologisieren von Kunst unsere Wahrnehmung beeinflusst, und führte dies insbesondere auf die traumatischen Erfahrungen des Kriegserlebens zurück. Er verwies auf die Sehnsucht, das Dunkle, Abgründige als tiefer, mysteriöser und aufgeladener wahrzunehmen und dabei teilweise auch falschen Überhöhungen zum Opfer zu fallen: „Wer lacht noch über die Bauern Brueghels, wer findet Hogarth oder Daumier komisch? Karikatur, Groteske und Satire sind zu Vorstufen von Expressionismus und Surrealismus geadelt worden. Was wir am Widervernünftigen schätzen, ist nicht der launige Einfall, sondern die kalte Grimasse des Absurden. [...] Das Archaische verdrängt das Geistreiche. Überall macht sich die Tendenz zur Dämonisierung bemerkbar."[21] Entsprechend nüchtern fallen Chadwicks Erläuterungen zu seiner Serie „Moon of Alabama" aus: „Here again, you see, this is a three-dimensional shape, and it's filled in the same way as all the other things are filled in. But the interesting thing about the ‚Moon of Alabama' is that it was the origin of what we later called ‚The Beasts', because I had this ‚Moon of Alabama', and I sort of cut it in half and put legs on it [...]. And it was originally like that, and I cut it in half and stuck the head on."[22]

Der von Chadwick beschriebene Prozess, eine Skulptur zu halbieren, um daraus die Idee einer neuen „wachsen" zu lassen, lässt sich tatsächlich leicht an „Beast IX" von 1956 (Abb. 10) nachvollziehen. Dem mehr als hälftig reduzierten Mond wurden vier schmale Beine, ein senkrecht aufragender Schwanz und ein spitz zulaufendes, wie zu einem Heulen emporgerecktes Schnauzengesicht hinzugefügt. In seiner strengen Körperarchitektur erinnert das so entstandene Tier gleichsam an einen Kirchenbau und deutet hierin bereits eines der lange nachhallenden Themen Chadwicks an, das sich durch den Erwerb von Lypiatt Park noch verdichten sollte.

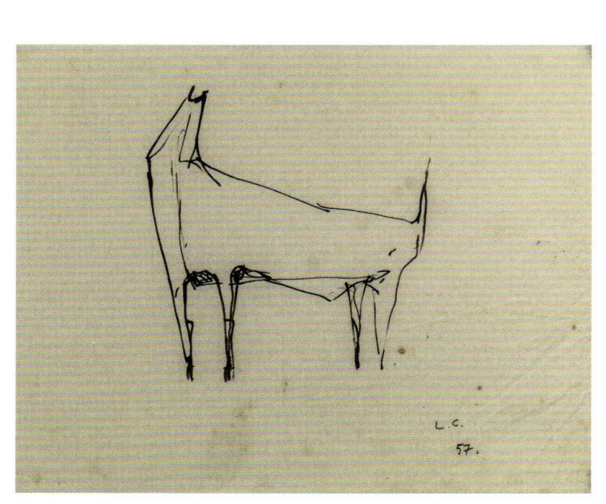

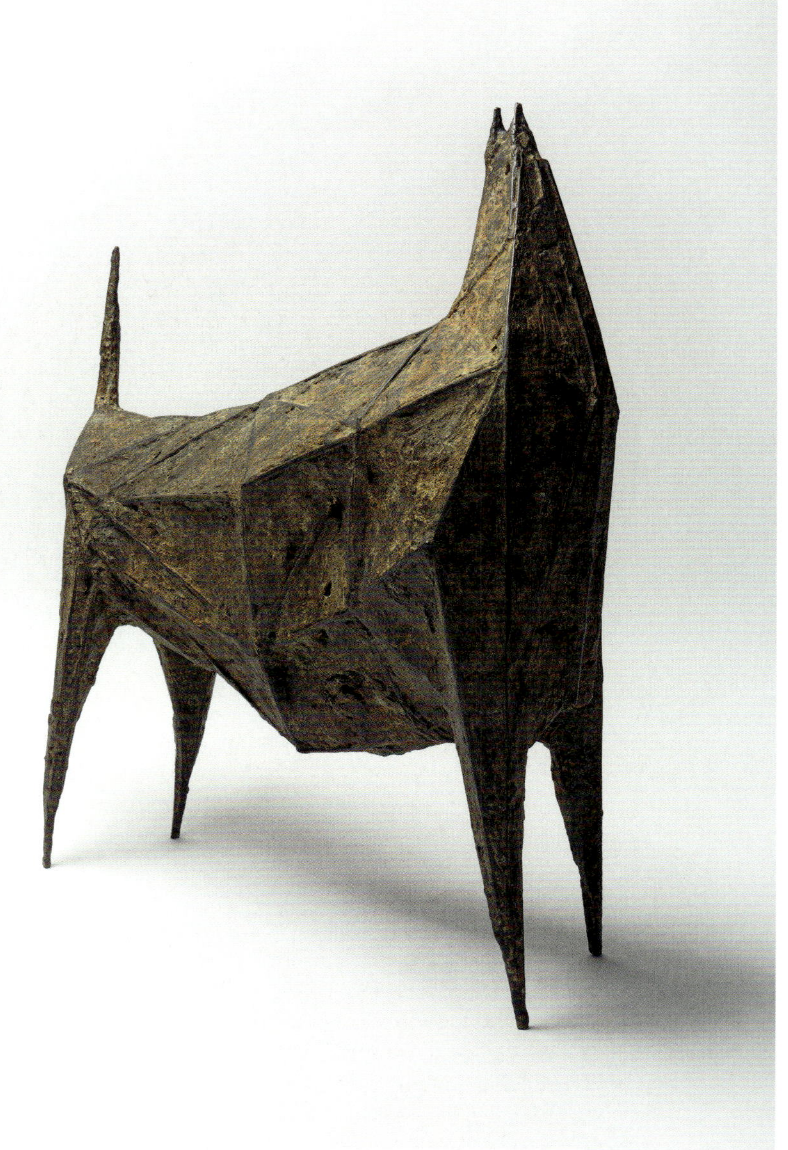

Untitled, 1957
25 x 33 cm
Tinte auf Papier (ink on paper)

Abb. 10
Beast IX, 1956
62 x 112 x 23 cm
Bronze

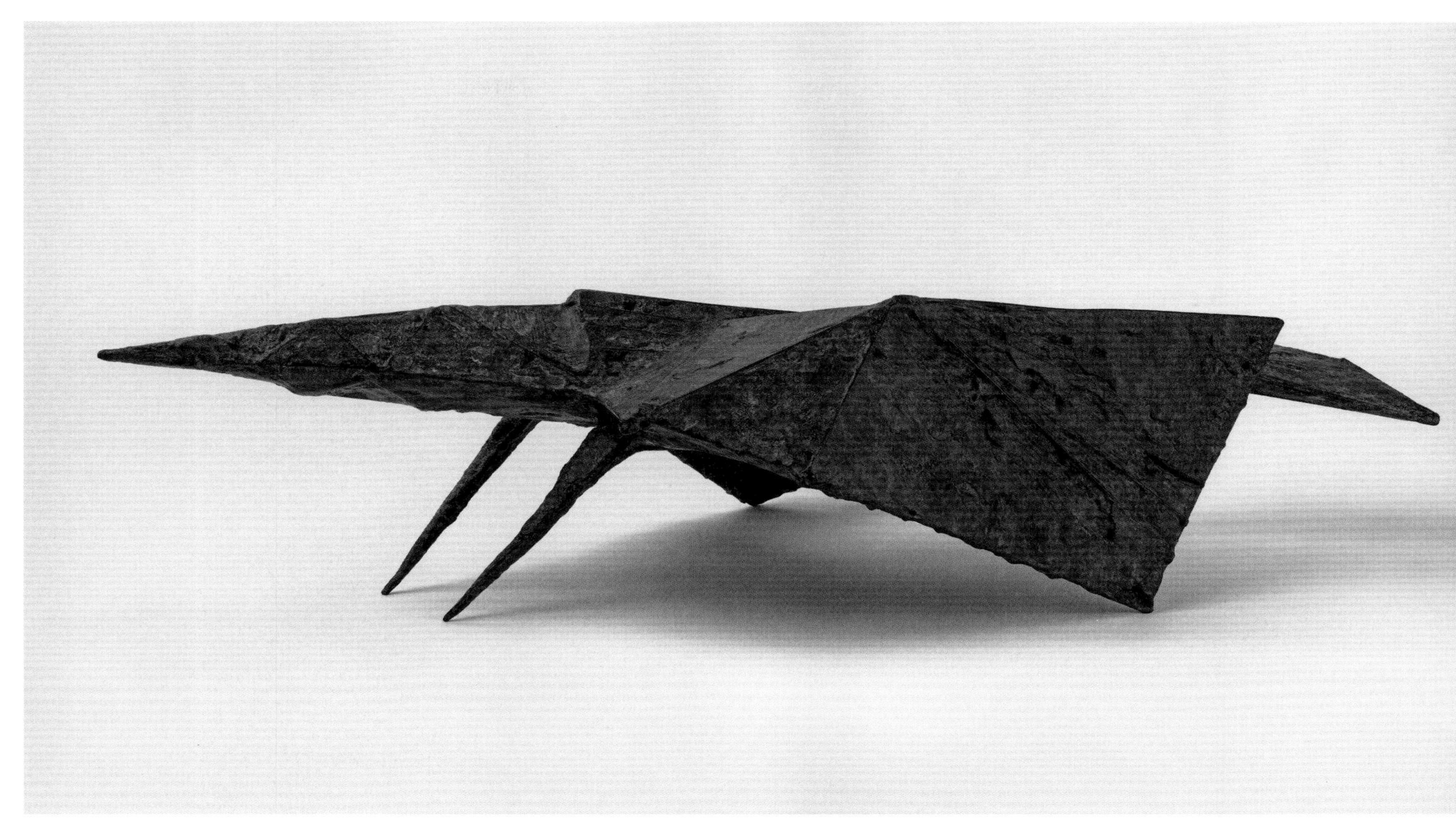

Bereits jetzt – in den späten 1950er-Jahren – scheint Chadwick zu seinen Lebensthemen gefunden zu haben. Der retrospektive Teil der Ausstellung zeigt deutlich, mit welch ausdauernder und sich immer neu schöpfender Schaffenskraft Chadwick an seinen Themen weiterarbeitete und diese verfeinerte, neu justierte und experimentell dehnte. In der Gegenüberstellung mit den Werken Hans Uhlmanns und Katja Strunz' wird deutlich, wie außerordentlich fruchtbar seine Gedanken waren. Und auch wenn keiner der beiden jüngeren Künstler sich explizit auf Chadwicks Werk bezog, so wird doch deutlich, wie grundlegend seine Gedanken für die Skulpturgeschichte des 20. Jahrhunderts waren und wie stark sie bis heute ausstrahlen. Zeit seines Lebens ist er dabei ein erstaunlicher Techniker geblieben, wie es auch Ralph Keuning für seine Ausstellung in den Niederlanden jüngst formulierte: „Lynn Chadwick was the engineer [...] to endow sculpture with a new technological language and to free technology of its military purpose."[23] Wie stark der Krieg und seine für Europa so schmerzhaften wie lang anhaltenden Folgen Chadwicks Werk tatsächlich beeinflusst haben und ob für ihn die griffige Formel der „Geometrie der Angst" überhaupt zutrifft und nicht viel eher die vitalistische, lebenszugewandte und aus der Lebensfülle schöpfende Seite zu betonen wäre, das sei dahingestellt. In einer Skulptur wie „Bird VI" von 1958 (Abb. 11) kommt neben einem gewissen technoiden Look ein anderer Wunsch des Künstlers zum Tragen, der sich von Beginn an in seinen Stabiles und Mobiles manifestierte: die Überwindung der Schwerkraft.

Abb. 11
Bird VI, 1958
19 x 80 x 40 cm
Bronze

1   Lynn Chadwick: A Sculptor and his Public, in: The Listener (21. Oktober 1954), S. 671, zit. nach Dennis Farr: Lynn Chadwick: Sculptor, in: Dennis Farr, Éva Chadwick: Lynn Chadwick Sculptor. With a Complete Illustrated Catalogue, 1947–2003, London 2014, S. 8–35, hier S. 21; Übersetzung: „Es scheint mir, dass Kunst die Manifestation einer lebenswichtigen Kraft sein muss, die aus der Dunkelheit kommt, von der Vorstellungskraft erfasst und von den Fähigkeiten und vom Können des Künstlers übersetzt wird … Unabhängig von der endgültigen Form ist die Kraft dahinter … unteilbar. Wenn wir über diese Kraft philosophieren, verlieren wir sie aus den Augen. Der Intellekt allein ist noch zu unbeholfen, um sie zu erfassen.“

2   Vgl. dazu grundlegend Serge Guilbaut: Comment New York vola l'idée d'art moderne, Nîmes 1989 (dt.: Wie New York die Idee der modernen Kunst gestohlen hat, Dresden 1997). Vgl. auch Ausstellung „Soldier, Spectre, Shaman: The Figure and the Second World War", The Museum of Modern Art (MoMA), New York, 24. 10. 2015 – 3. 4. 2016. Zuletzt beschäftigte sich das groß angelegte Ausstellungsprojekt „Parapolitik: Kulturelle Freiheit und Kalter Krieg" im Spätherbst 2017 / Frühjahr 2018 im Haus der Kulturen der Welt, Berlin, ausführlich mit globalen politischen Vereinnahmungsstrategien der bildenden Kunst.

3   Vgl. Dennis Farr: Lynn Chadwick: Sculptor, in: Dennis Farr, Éva Chadwick: Lynn Chadwick – Sculptor. With a Complete Illustrated Catalogue, 1947–2003, Farnham 2014, S. 8–35, hier S. 14. Vgl. Lynn Chadwick im Interview mit Cathy Courtney, geführt für die Reihe „National Life Stories in Partnership with British Library", Lypiatt Park 1995, Transkription S. 143.

4   Äußerst aufschlussreich ist das genannte lange Interview mit Lynn Chadwick, das Cathy Courtney für die British Library führte (Interview 1995).

5   Herbert E. Read: New Aspects of British Sculpture, The British Pavilion, hrsg. vom British Council (Ausst.-Kat. 26. Biennale von Venedig), London 1952, o. S.; Übersetzung: „Diese neuen Bilder gehören zur Ikonografie der Verzweiflung, des Widerstands; und je unschuldiger der Künstler ist, desto wirksamer überträgt er die Kollektivschuld. Hier sind Bilder vom Fliegen, von zerfetzten Klauen […] abgeschürftem Fleisch, frustriertem Sex, der Geometrie der Angst."

6   Chadwick beschreibt im Interview die Entwicklung seiner Werke aus dem Unterbewussten, was oft mit surrealistischen Methoden gleichgesetzt wurde: „Oh, well, I think, usually, I used to weld something up, and I'd say, ‚What does that resemble? What does that remind me of?' And if it's a bird, then I'd go on making it into a bird. If it's something else, an animal, I'd go on making it into some sort of animal, but not a specific animal. I couldn't do a portrait of an animal." Zit. nach Interview 1995, Transkription S. 261; Übersetzung: „Oh, also, ich glaube, normalerweise habe ich etwas zusammengeschweißt und dann überlegt: ‚Was ähnelt dem? Woran erinnert mich das?' Und wenn es ein Vogel ist, dann mache ich ihn weiter zu einem Vogel. Wenn es etwas anderes ist, ein Tier, dann würde ich es zu einer Art Tier machen, aber nicht zu einem bestimmten Tier. Ich konnte kein Tierporträt machen."

7   Josef Paul Hodin: Lynn Chadwick, in: Das Werk, Bd. 44, 1957, H. 3, S. 111–114, hier S. 111. Vgl. auch Michael Bird: Figures in the post-war landscape: Alberto Giacometti and Lynn Chadwick, in: Giacometti, Chadwick – Facing Fear (Ausst.-Kat. Museum de Fundatie), Zwolle 2018, S. 12–27, hier S. 19; Interview 1995, Transkription S. 261.

8   Vgl. Herbert E. Read: Geschichte der modernen Plastik, München / Zürich 1966; erst kürzlich: „Geometry of Fear: British Sculpture of the 1950s", National Gallery of Scotland, 17. 12. 2011 – 24. 6. 2012. Auch die Ausstellung in Zwolle von 2018 / 19, in der Werke von Alberto Giacometti und Lynn Chadwick gegenübergestellt wurden, trug im Rekurs auf diese Deutung den Titel „Facing Fear"; vgl. Ausst.-Kat. Zwolle 2018. Für den deutschen Sprachraum vgl. auch Hans-Gerhard Evers (Hrsg.): Zeugnisse der Angst in der modernen Kunst (Ausst.-Kat. zum 8. Darmstädter Gespräch, Mathildenhöhe Darmstadt), Darmstadt 1963. Die prominente Ausstellung vereinte Werke u. a. von Chadwick, Francis Bacon, Marino Marini, Max Beckmann, Jacques Lipchitz, Germaine Richier, Henry Moore, Alberto Giacometti und vielen anderen. Im Katalog finden sich profilierte Aufsätze der für die Nachkriegszeit überaus einflussreichen Kunsthistoriker Werner Haftmann und Werner Hofmann.

9   Herbert E. Read: Lynn Chadwick, Amriswil 2. Aufl. 1960, S. 9. Übersetzung von Max Wildi, ebd., S. 15: „Furcht ist in diesem Zusammenhang nicht mehr das richtige Wort, es ist eine dämonische Kraft, welche im Unbewussten beschlossen liegt. Diese Kraft kann, wenn sie aufbricht, in Kunstwerken Ausdruck und universalen Sinn gewinnen. Je unmittelbarer die Umwandlung in Form ist, um so vitaler ist das Kunstwerk."

10   Vgl. Dennis Farr: Lynn Chadwick, London 2003, S. 44.

11   Vgl. Bird 2018, S. 15; vgl. auch Read 1966.

12   Interview 1995, Transkription S. 269; Übersetzung: „Also, das sind nur Eisenschrottstücke, die ich zu einem Blech zusammengeschweißt habe. Ich habe sie nur leicht zu einer Art Rechteck geformt und dann die Beine hinzugefügt, durch … eine andere Form der Konstruktion."

13   Die meisten Werke werden in Auflagen von 9 gegossen. Zunächst hatte Chadwick eine eigene Gießerei in Lypiatt Park, später übernahm Pangolin diese Aufgabe für ihn, s. Biografie, S. 145. Vgl. Interview 1995, Transkription S. 178.

14   Chadwick 1954, S. 671, zit. nach Farr 2014, S. 25; Übersetzung: „Teddy Boy and Girl, das Bezug nimmt auf die extravagante neoedwardianische Kleidung, die damals von jungen Männern und Frauen der Arbeiterklasse getragen wurde, ist eine Entwicklung der tanzenden Figurengruppen, aber hier ist jedes Gespür für Bewegung eingefroren. Formale Spannung wird durch das Nebeneinander von zwei stark kontrastierenden Gestalten erreicht."

15   Vgl. u. a. den Beitrag von Jon Wood in diesem Buch. Vgl. auch Farr, 2003, S. 53 f., sowie Bird 2014, S. 13 – 15.

16   Vgl. Michael Bird 2018, S. 12; vgl. auch Read 1964.

17   Vgl. Markus Brüderlin, Julia Wallner: Alberto Giacometti: Der Ursprung des Raumes (Ausst.-Kat. Kunstmuseum Wolfsburg und Museum der Moderne, Salzburg), Ostfildern 2010.

18   Vgl. Bird 2018, S. 26; vgl. auch Read 1964.

19   Seine Fotografen haben diesen Kult um das Genie des Künstlers mit beinahe alchemistisch verklärten Fotografien des Künstlers beflügelt. Vgl. Chris Stephens: The Identity of the sculptor 1950 – 75, S. 146 – 154, in: Penelope Curtis (Hrsg.): Sculpture in 20th-century Britain, Volume I: Identity, Infrastructures, Aesthetics, Display, Reception, Leeds 2003. Auch die Bilder Chadwicks aus Lypiatt Park, aufgenommen vom legendären Fotografen Lord Snowden, bekräftigen dieses offenbar gut gepflegte Image. Vgl. den Beitrag von Jon Wood in diesem Buch.

20   Chadwick, S. 671 – 675, zit. nach Farr 2014, S. 9; Übersetzung: „Ich denke, wenn man versuchen würde, die Fähigkeit, Ideen aus unterbewussten Quellen hervorzulocken, zu analysieren, würde man diese Fähigkeit fast sicher beeinträchtigen." Im Interview mit Cathy Courtney äußert sich Chadwick ähnlich, als er betont, eine Psychoanalyse käme für ihn als Künstler nicht infrage, weil er bestimmte ungelöste innere Probleme sogar als stimulierend empfinde. Vgl. Interview 1995, Transkription S. 316.

21   Werner Hofmann: Einschränkende Bemerkungen, in: Hans-Gerhard Evers (Hrsg.): Zeugnisse der Angst in der modernen Kunst, Darmstadt 1963, S. 39 – 60, hier S. 54.

22   Interview 1995, Transkription S. 299; Übersetzung: „Hier sehen Sie wieder, es ist eine dreidimensionale Form, und sie wird auf dieselbe Weise ausgefüllt wie alle anderen Dinge. Aber das Interessante an ‚Moon of Alabama' ist, dass es der Ursprung dessen ist, was wir später ‚The Beasts' genannt haben, weil ich diesen ‚Moon of Alabama' hatte, und ich habe ihn gewissermaßen halbiert und Beine angesetzt [...]. Und so war er ursprünglich, und ich habe ihn in Hälften geschnitten und den Kopf daran festgesteckt."

23   Ausst.-Kat. Zwolle 2018, S. 6; Übersetzung: „Lynn Chadwick war der Ingenieur [...], der Skulptur eine neue technologische Sprache gab und die Technologie von ihrem militärischen Zweck befreite."

Julia Wallner
Lynn Chadwick. Beasts of Time

'It seems to me that art must be the manifestation of some vital force coming from the dark, caught by the imagination and translated by the artist's ability and skill ... Whatever the final shape, the force behind is ... indivisible. When we philosophize upon this force, we lose sight of it. The intellect alone is still too clumsy to grasp it.'[1]

Encountering Lynn Chadwick's 'Beasts' for the first time, viewers have no problem believing the artist when he says that these fantastic beings – despite their obviously construed nature – were a direct product of his own subconscious imagination (fig. 1). The energetic and tension-filled bodies of these stretching, craning, lurking and pouncing creatures seem like pure concentrations of inner expressions or feelings.

Chadwick pursued the idea of such beasts since the mid 1950s and it would remain with him for the rest of his life, producing the last of his over 100 richly varied examples of them in the 1990s. The beasts cast important spotlights on the development of international art after 1945. These post-war years were marked by the ideologically charged grappling with the opposing poles of abstraction and figuration as well as the exhaustive search for artistic formulae suitable for a time traumatised by war and destruction with altered fundamental constants in a new world order.[2] It is thus all the more remarkable that the immediate presence of the beasts appears just as temporal, tangible and topical today as the time when they were produced. They are beasts of time. A time that can overtake you. Whether these beasts radiate danger or just a vivacious energy is a matter of perception.

The retrospective section of the exhibition on the work of Lynn Chadwick opens with a mobile from 1952 (fig. 2) that refers back to a whole series of such lucid spatial constellations produced by the artist since 1946. The idea of a moveable and skeletonised wing proceeds from a multiplied curved line. The basic form is made up of a uniformly fanning out row of stable interconnected wires with small coloured copper panels attached to each end. The dynamic exterior form resembling a fine silhouetted drawing in space is supported by the geometrical elements like a segmented area. The piece is one of the earliest sculptural works made by the autodidact at the time he began defining himself as an artist. An accomplished technical draughtsman with experience working for various architectural firms, Chadwick was regarded as a talented designer of trade fair stands with a good eye and a sense for the spatial constellations that were then in vogue.[3] According to his own statements, he was at the time unfamiliar with the work of the influential American artist Alexander Calder, who introduced the free form of the mobile to the history of sculpture in the 1930s, had very little interest in books and gathered his international experiences primarily during his time in the military.[4] His works nevertheless rapidly found public recognition.

Chadwick's large-scale sculpture 'The Inner Eye' was acquired as early as 1952 for the collection of the Museum of Modern Art (MoMA) by its then director Alfred H. Barr – apparently immediately following the 'New Aspects of British Sculpture' exhibition shown at the 26th Venice Biennale. Chadwick belonged to a circle of young sculptures that included Reg Butler, Kenneth Armitage and Eduardo Paolozzi, for which the curator Herbert E. Read coined the consequential term 'Geometry of Fear', a pointed contemporary formula that would long reverberate through the history of art: 'These new images belong to the iconography of despair, of a defiance; and the more innocent the artist, the more effectively he transmits the collective guilt. Here are images of flight, of ragged claws [...] of excoriated flesh, frustrated sex, the geometry of fear.'[5]

'Bullfrog' (fig. 3), one of Chadwick's earliest freestanding sculptures, was among the works presented at the 1952 Venice Biennale. The hollow form standing firmly on the ground with its four spiky legs opens upwards like a large bellied vessel – or a hollowed out inner body. The negative space in the empty interior is intersected by a tapered ellipse that is attached with iron clasps to the lower half of the body. The centre of the inner form appears as an open mouth with its metallic spikes arranged like teeth, making this bullfrog seem much more dangerous than the animal of the title is in real life.[6] Associations with danger and defensive armour are just as evident as the metamorphotic hybrid creatures of Surrealism or the notorious formula of Freudian-charged 'Vagina dentata', traditionally based on the lethal mechanism of a carnivorous plant. In 1957, Josef Paul Hodin pointed to the surprising transformational ability of the structures and forms in Chadwick's oeuvre: 'Teeth, thorns, antlers, branches, attack and defence organs, symbols of fearlessness and restlessness replaced other basic biological forms. The exploration of the new sculptural potentials of space and motion – line and tension instead of mass and roundness, dynamism instead of static – had been commenced. Chadwick took part in this development with his sculptures and his strength lay in the combination of true vitality in his imagination and a sense for the enigmatic in life, for the metaphysical.'[7]

In the retelling, the overpowering image of the 'Geometry of Fear' engraved itself in the reception of a younger generation of British artists and became the trigger for the rapid international success of the movement that, however, never defined itself as such. After the collective traumatic experiences of the Second World War, the theme of universal fear had grown into an established topos that was taken up in numerous exhibitions and in the published reviews dealing with these shows.[8] Read himself would later narrow this deterministic formula: ''Fear' is no longer an appropriate word, it is a demonic force that is pent in the unconscious, and that this force, when it is released, can assume significance, universal meaning, as works of art. The more direct this transformation is, the more vital will be the work of art.'[9]

Chadwick balked at a psychological or intellectualistic usurpation of his work. The 1952 sculpture 'Untitled' (fig. 4) arises from a delicate connection between coloured glass and filigree welded steel. Its poetic presence clearly indicates that Chadwick was concerned from the outset with something other than the production of interpretable formulae for a general or individual coenaesthesia. The sculpture with head, body and three pointy legs is the abstraction of a creatural being that can indeed be seen as an early example of his beasts, even if the artist did not explicitly give it this designation.

Only four years later, Chadwick was awarded the International Prize for Sculpture at the Venice Biennale, probably the most prestigious European accolade for a living artist. The surprise of the art world was great insofar as Alberto Giacometti's existentialist figures and Germaine Richier's eerily beautiful human-animal hybrids were seen as the clear favourites for the prize.[10] Michael Bird correctly emphasises the fact that half of Chadwick's sculptures shown at the United Kingdom's Biennale pavilion in 1956 were on loan from American and British collectors, thus documenting the artist's swift success.[11]

Chadwick's first sculptures comprising two figures date to 1954 (fig. 5) and he would work on and modify this theme for the rest of his life. The couples of different genders are human-animal hybrid that clearly belong to same species. However, they do not completely correspond to each other – they are always marked by some slight physiognomic differences. The artist has furnished them in part with primary sexual characteristics and in part with invented or borrowed body iconographies. He depicts the double figures in a lively entangled dance-like manner – each turning on its axis or that of the partner. Visibly closely interrelated, the two figures have the same small heads, twisting arms, flattish bodies and extremely narrow footless legs in common. These almost formulaic and stereotypical individuals hardly touch each other, seemingly encircling each other for all time without really coming together despite their visually symbiotic connections. Because of their humanoid shapes, it is not evident from the outset that these works as well are based on the artist's method of constructing his pieces on armatures, building up the surfaces into solid skins that he coats with gypsum and incises with linear hatchings. These wound the surfaces or make them appear vulnerable despite their thick, seemingly protective shell. He fills the sections of the architectonic skeleton where the body volume is full with his preferred material, the industrial stone compound Stolit. Many of the peculiar two-fold beings have a bird-like quality with wings or tapered beak-shaped faces. Chadwick also made use of winged beak-head beings for numerous individual figures (fig. 6).

A creature that stands apart from these winged beings, but still belongs to their family typology, is the 'Stranger' (the earliest one on show was made in 1954, fig. 7) who wears his strangeness like a skin on his skeletonised body. Chadwick has provided a very vivid description of his working method for this type of figure: 'Well, that's just pieces of scrap iron, which I welded together to form a sheet, and I've just shaped them slightly to form a sort of rectangle, and then I've added the legs, by … another form of construction.'[12] The flattish construction principle of this presumably quite shy individual being remains evident. This piece is at the same time one of the first works Chadwick had cast in bronze, making it reproducible on the one hand while imparting it a considerably longer durability and stability on the other.[13]

A group of ostensibly architectonic couples are especially conspicuous among Chadwick's works dating to the mid 1950s. Their title 'Teddy Boy and Girl' (fig. 8) references a British youth subculture of that time, which was typified by young men and women who listened to rock 'n' roll and cultivated – not without a touch of irony – the dandified style of the Edwardian era of the early 19th century (King Edward VII's nickname was Teddy). Chadwick notes: 'Teddy Boy and Girl, with its

reference to the flamboyant Neo-Edwardian dress affected by young working-class men and women at the time, is a development from the groups of dancing figures, but any sense of movement is frozen here and a formal tension is achieved by juxtaposing two strongly contrasting shapes.'[14] The artist emphasises the strict formal compositions, although these two beings standing very close to each are at the same time less clearly legible as humanoids. They were later understood as prototypes of the Gothic Revival architecture in Lypiatt Park – the manor house purchased by the artist in the 1950s and remodelled over a lengthy period of time as the focal point of his life and work. Chadwick's sculptures would find a worthy if not expressive counterpart in its perpendicular halls.[15] Michael Bird has made the interesting observation that the sculpture 'Teddy Boy and Girl' in particular could have tipped the scales in favour of Chadwick at the 1956 Venice Biennale, when he beat out Giacometti for the International Prize for Sculpture with the modern, almost fashionable but at any rate visibly forward-looking approach he took with such figures. As Read noted, Chadwick's works celebrated a vitalistic trait that especially also manifested itself in superficiality.[16] This stands quasi diametrically opposed to the humanistic-existentialistic reception of Giacometti's sculptures that appeared tied to the war and historical uprootedness, an interpretation that was particularly inspired by Jean-Paul Sartre's 'In Search of the Absolute', his 1948 existentialist essay on Giacometti that resonates to a great extent today.[17] Chadwick's specific elegance, the freedom and ultimately the unburdened proximity to pop culture, however, is pointed in a different direction.[18]

Around 1957, Chadwick produced a large group of works encompassing numerous sculptures of different sizes as well as drawings and suits of prints that he named 'Moon of Alabama' (fig. 9). The title is evidently borrowed from the refrain of the catchy 'Alabama Song' from 'Rise and Fall of the City of Mahagonny' by Bertolt Brecht and Kurt Weill. The song, which was often covered in the 1960s and 1970s (the time surrounding the 1969 moon landing!) deals with modern uprootedness, alcohol and disillusionment with the moon serving as a symbol of longing, as the romantic projection of lost hope. As topoi, these themes seemingly suited Chadwick and his somewhat fatalist attitude towards life, although it should be noted that he rarely explained the meaning of the titles of his works, most of which were generally speaking surely named afterwards, or indicated whether or not they contained biographical references. His commentaries, for the most part, are concerned with technical issues. He and his contemporary interpreters frequently emphasised a basic anti-intellectual approach, particularly against anything interpretative. At the same time, he repeatedly mystified the artistic manufacturing process in his statements.[19] Like the sorcerer's apprentice, he seemed to shy away from an all too analytical stance for fear of losing the special vitalistic force he deemed necessary to produce a work of art: 'I think that to attempt to analyse the ability to draw ideas from their subconscious source would almost certainly interfere with that ability.'[20] In 1963, Werner Hofmann already very assiduously observed the deep-seated influence that the psychologising of art has on our perception, which he attributed in particular to the traumatic experiences of the war. He referenced the longing, the dark and the unfathomable that was to be perceived more deeply, more mysteriously and charged while falling victim in part to false exaggerations: 'Who still laughs today about

Brueghel's peasants, who finds Hogarth or Daumier comical? Caricature, grotesque and satire have been ennobled as precursors of Expressionism and Surrealism. It is not the jocular notion that we cherish about the irrational but rather the cold grimace of the absurd. [...] The archaic supplants the ingenious. The tendency towards demonisation makes itself noticeable everywhere.'[21] Chadwick's commentary on his 'Moon of Alabama' series turns out correspondingly sober: 'Here again, you see, this is a three-dimensional shape, and it's filled in the same way as all the other things are filled in. But the interesting thing about the "Moon of Alabama" is that it was the origin of what we later called "The Beasts", because I had this "Moon of Alabama", and I sort of cut it in half and put legs on it [...]. And it was originally like that, and I cut it in half and stuck the head on.'[22]

Chadwick's 'Beast IX' from 1956 (fig. 10) exemplifies a process described by the artist that involves bisecting a sculpture in order to let the idea of a new one 'grow'. The moon, reduced by more than half, was now outfitted with four thin legs, a upright tapered tail and a snout raised in the air as if in the process of howling. The strict corporeal architecture of the animal produced in this way recalls an ecclesiastical building, as it were, and as such points the way to one of the themes that would long resonate in Chadwick's work and intensify even further with the acquisition Lypiatt Park.

Chadwick already seems to have found his most important themes by the late 1950s. The retrospective section of the exhibition clearly demonstrates the persistence and creative energy he invested in the further development of these themes, which he constantly refined, readjusted and experimentally broadened. The extraordinary fruitfulness of his ideas becomes quite evident in the juxtaposition of these pieces with the works of Hans Uhlmann and Katja Strunz. Despite the fact that the two younger artists do not explicitly reference Chadwick's oeuvre, the extent to which his thoughts had a fundamental influence on the history of sculpture to the present day likewise becomes tangible. As Ralph Keuning noted in the catalogue to his recent Zwolle exhibition, the artist would remain a remarkable technician all his life: 'Lynn Chadwick was the engineer, the man who used his technical expertise not to produce aircraft [...], but to endow sculpture with a new technological language and to free technology of its military purpose.'[23] To what extent the war with its painful long term consequences actually had an influence on Chadwick's work and whether the catchy formulation 'Geometry of Fear' really applies to his work rather than emphasising the vitalistic side of him that faced life squarely and drew on its fullness, must be left undecided. Along with a certain technoid impression, a sculpture like 'Bird VI' from 1958 (fig. 11) also expresses another one of the artist's wishes, one that manifested itself from the outset of his career in his stabiles and mobiles, namely defying gravity.

1   'Lynn Chadwick: A Sculptor and his Public', in The Listener (21 October 1954), p. 671, cited from Dennis Farr, 'Lynn Chadwick: Sculptor', in Dennis Farr and Éva Chadwick, Lynn Chadwick Sculptor. With a Complete Illustrated Catalogue, 1947 – 2003 (London, 2014), pp. 8 – 35, here p. 21.

2   A key work in this regards is Serge Guilbaut's, Comment New York vola l'idée d'art moderne (Nîmes, 1989); English translation: How New York Stole the Idea of Modern Art: Abstract Expressionism, Freedom, and the Cold War, (Chicago, 1983). See also the exhibition "Soldier, Spectre, Shaman: The Figure and the Second World War", at The Museum of Modern Art (MoMA), New York, 24 October 2015 – 3 April 2016. The most recent extensive examination of global political usurpation strategies in art was the large-scale exhibition project 'Parapolitics: Cultural Freedom and the Cold War' at the Haus der Kulturen der Welt, Berlin, from late fall 2017 to early 2018.

3   See Dennis Farr, 'Lynn Chadwick: Sculptor', in Dennis Farr and Éva Chadwick, Lynn Chadwick – Sculptor. With a Complete Illustrated Catalogue, 1947 – 2003 (London, 2014), pp. 8 – 35, here p. 14. See Lynn Chadwick in an interview by Cathy Courtney for the National Life Stories series in partnership with the British Library, Lypiatt Park 1995, transcription p. 143. [https://sounds.bl.uk/related-content/TRANSCRIPTS/021I-C0466X0028XX-ZZZZA0.pdf].

4   The above-mentioned extensive interview with Lynn Chadwick by Cathy Courtney for the National Life Stories series in partnership with the British Library is extremely informative (National Life Stories 1995).

5   Herbert E. Read, New Aspects of British Sculpture, The XXVI Venice Biennale, British Pavilion, exh. cat. The British Council (London, 1952), n. p.

6   In National Life Stories 1995, Chadwick describes the development of his works from the subconscious, which has often been compared to Surrealistic methods: 'Oh, well, I think, usually, I used to weld something up, and I'd say, 'What does that resemble? What does that remind me of?' And if it's a bird, then I'd go on making it into a bird. If it's something else, an animal, I'd go on making it into some sort of animal, but not a specific animal. I couldn't do a portrait of an animal.' Cited from National Life Stories 1995, transcription p. 261.

7   Trans. from Josef Paul Hodin, 'Lynn Chadwick', in Das Werk, vol. 44, 1957, no. 3, pp. 111 – 114, here p. 111. See also Michael Bird, 'Figures in the Post-War Landscape: Alberto Giacometti and Lynn Chadwick,' in Giacometti, Chadwick – Facing Fear, exh. cat. Museum de Fundatie (Zwolle, 2018), pp. 12 – 27, here p. 19; National Life Stories 1995, transcription p. 261.

8   See Herbert E. Read, A Concise History of Modern Sculpture (London, 1964) and, more recently, 'Geometry of Fear: British Sculpture of the 1950s', National Gallery of Scotland, 17 December 2011 – 24 June 2012. The title of the 2018/19 Zwolle exhibition, 'Facing Fear', which juxtaposed works by Alberto Giacometti and Lynn Chadwick, likewise references this reading; see exh. cat. Zwolle 2018. For the German-speaking area, see also Zeugnisse der Angst in der modernen Kunst, ed. by Hans-Gerhard Evers, exh. cat. Mathildenhöhe Darmstadt, 8. Darmstädter Gespräch (Darmstadt, 1963). This prominent exhibition brought together works by such artists as Chadwick, Francis Bacon, Marino Marini, Max Beckmann, Jacques Lipchitz, Germaine Richier, Henry Moore and Alberto Giacometti. The catalogue features distinguished essays by two highly influential art historians of the post-war period, Werner Haftmann and Werner Hofmann.

9   Herbert E. Read, Lynn Chadwick (Amriswil, 2nd ed. 1960), p. 9.

10   See Dennis Farr, Lynn Chadwick (London, 2003), p. 44.

11   See Bird 2018, p. 15; see also Read 1964.

12   National Life Stories 1995, transcription p. 269.

13   Most of the works were cast in editions of nine. Chadwick initially operated his own foundry at Lypiatt Park, his later works by cast by Pangolin, see Biography, p. 147. See National Life Stories 1995, transcription p. 178.

14   Chadwick 1954, p. 671, cited from Farr 2014, p. 25.

15   See also the essay by Jon Wood in the present book. See also Farr, 2003, pp. 53 – 54, and Bird 2014, pp. 13 – 15.

16   See Michael Bird 2018, p. 12; see also Read 1964.

17   See Alberto Giacometti: The Origin of Space (exh. cat. Kunstmuseum Wolfsburg and Museum der Moderne, Salzburg), ed. by Julia Wallner and Markus Brüderlin (Ostfildern, 2010).

18   See Bird 2018, p. 26; see also Read 1964.

19   His photographs have spurred his cult surrounding the artist's genius with almost alchemistically transfigured images of the artist. See Chris Stephens, 'The Identity of the Sculptor 1950 – 75', pp. 146 – 154, in Sculpture in 20th-Century Britain, Volume I: Identity, Infrastructures, Aesthetics, Display, Reception, ed. by Penelope Curtis (Leeds, 2003). The pictures taken of Chadwick at Lypiatt Park by the fabled photographer Lord Snowden reinforce this obviously well kept image; see the essay by Jon Wood in the present catalogue.

20   Chadwick, pp. 671 – 675, cited from Farr 2014, p. 9; Chadwick expresses himself similarly when he emphasises in the interview by Cathy Courtney that psychoanalysis was out of the question for him as an artist because he often found certain unresolved inner problems to be a 'good stimulus for the work'; see National Life Stories 1995, transcription p. 316.

21   Trans. from Werner Hofmann, 'Einschränkende Bemerkungen', in Zeugnisse der Angst 1963, pp. 39 – 60, here p. 54.

22   National Life Stories 1995, transcription p. 299.

23   Exh. cat. Zwolle 2018, p. 6.

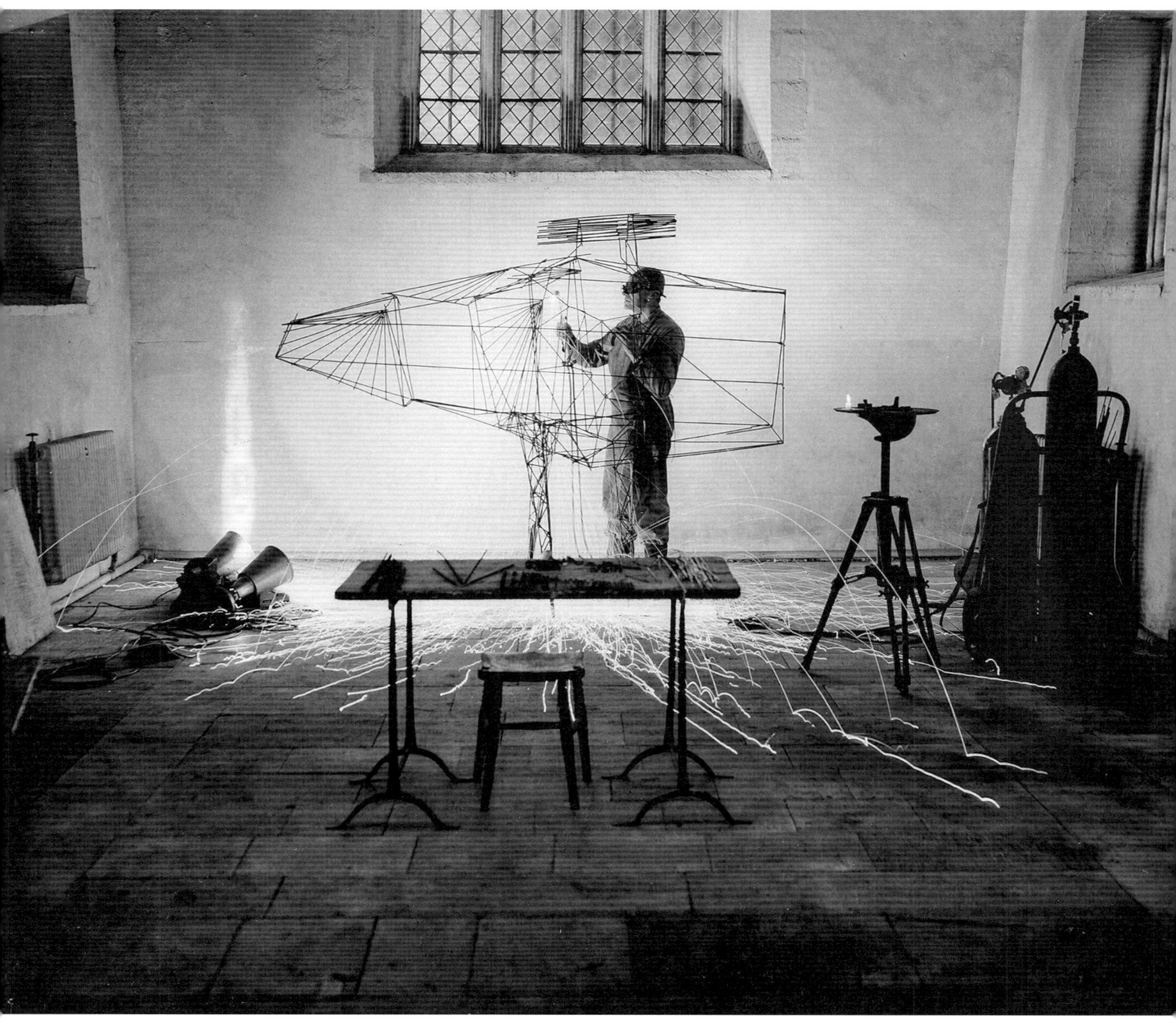

Zur Grammatik einer skulpturalen Sprache – Lynn Chadwick als Zeichner

Elisa Tamaschke

Die „rolling hills", über die sich Lypiatt Parks in Gloucestershire erstreckt, waren verwildert, als Lynn Chadwick 1958 das Anwesen kaufte. Im Laufe der nachfolgenden Jahrzehnte verwandelte der Künstler sie in eine gestaltete Landschaft. Er stellte darin seine Skulpturen auf, ohne dass ein Wettstreit um Aufmerksamkeit zwischen Landschaft und Skulptur entstanden wäre. Beide Komponenten fügen sich zu einer Einheit in Lypiatt Park. Durch die Aufstellung im weitläufigen Anwesen sind den Skulpturen Bedeutungsbezüge eröffnet beziehungsweise diese verstärkt worden. Hoheitsvoll etwa steht „Stranger III" (1959, Abb. 1) auf einem Hügel und richtet seinen Blick auf das Herrenhaus in der Ferne. Hier kann die Figur ihre Ambivalenz entfalten, wenn ihr titelgebendes Fremdsein beklemmend und melancholisch zugleich ist und ihre Deutung sich zudem nach dem Standort des Betrachters richtet: danach, ob er vom Haus auf sie schaut oder aber mit ihr auf das Haus. Lypiatt Park ist somit Teil des Bedeutungshorizonts der Skulpturen und folglich Teil von Chadwicks Schaffen.[1]

Nicht nur das Wechselspiel zwischen Landschaft und Skulptur ist in Lypiatt kunstvoll, der Park für sich genommen ist es ebenfalls. Am Rande des Anwesens hat Chadwick Bäume pflanzen lassen – auf dem gesamten Gelände waren es rund 28.000 – und diese baumschulenartig in strengen diagonalen Reihen angeordnet. Selbstverständlich verstand er dies nicht als eigenständigen künstlerischen Akt, schließlich haben die Bäume einen Nutzen: Über die Jahre werden sie ausgedünnt und als Feuerholz, für leichte Baukonstruktionen oder für den Bau von Möbeln verwendet, bis letztlich ein Dutzend aus dem ursprünglich großen Areal als kleiner Park übrig bleibt.[2] Doch der Reiz dieser überraschenden Linienkomposition, die nur dann ersichtlich ist, wenn man in exakter Verlängerung der Diagonalen steht, und die andernfalls den Eindruck eines natürlich gewachsenen Waldes erweckt, mag als Übersetzung der sich aus Konstruktion und Kreatürlichkeit zusammensetzenden Skulpturen Chadwicks in eine Baumlandschaft verstanden werden.

„Konstruktion" ist im Arbeitsprozess und Werk Chadwicks Bedingung für seine Kreaturen. Als ausgebildeter technischer Zeichner war er bis Ende der 1940er-Jahre in verschiedenen Architekturbüros sowie freiberuflich tätig, hat Hausentwürfe und Messestände gezeichnet („terribly boring"[3], wie Chadwick sagte) und schließlich auch Textildesigns und Möbel entworfen. In dieser Zeit begann Chadwick erste Mobiles, zuerst im Auftrag seiner Arbeitgeber, dann nach eigenen Vorstellungen, zu gestalten. Mit dem Besuch eines Schweißkurses 1950 legte er schließlich das handwerkliche Fundament für sein künstlerisches Schaffen, das sich, abgesehen von diesem Unterricht, autodidaktisch entwickelte. Wie Jon Wood herausgearbeitet hat, betonte Chadwick, keine künstlerische Ausbildung zu haben, und so heißt es in einem Ausstellungskatalog aus dem Jahr 1957: „[...] he worked as an architectural draughtsman until the war and was not trained as a sculptor [...]."[4]

Abb. 1
Lynn Chadwick mit „Stranger III" in der Kapelle von Lypiatt (Lynn Chadwick with Stranger III in the chapel of Lypiatt), 1958, Foto: David Farrell

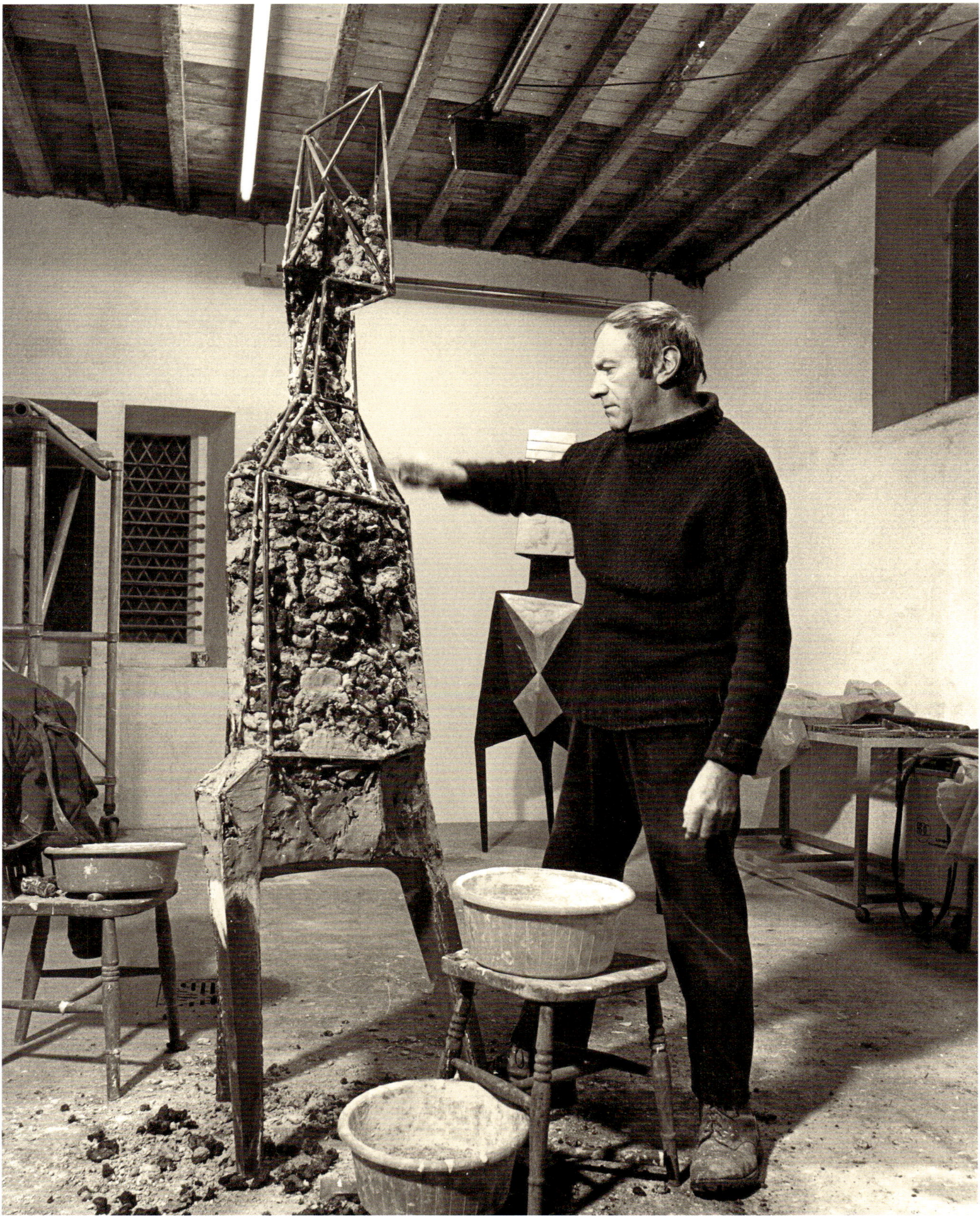

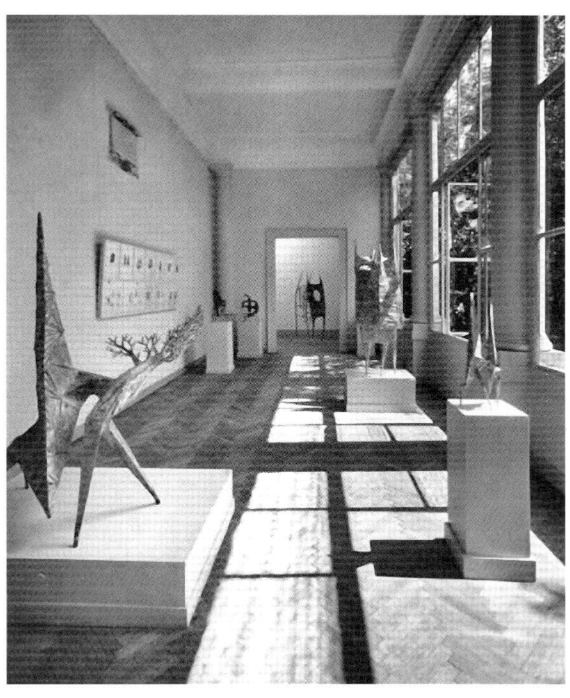

Sein Zugang zur Dreidimensionalität erfolgte allerdings nicht über das ihm vertraute Medium der Zeichnung, sondern über die tatkräftige improvisierende Auseinandersetzung mit dem Material. Formal auf den fächerartigen Raumkonstruktionen der Mobiles basierend, schweißte Chadwick in der Folge Eisenstäbe zu figuralen Gerüsten zusammen. Die von einem Fixpunkt ausgehende und sich von dort auffächernde Struktur der Mobiles zeigte sich auch hier in der Gestaltung von Rümpfen und Brustkörben. Die Enden der Eisenstäbe ließ der Künstler in Andeutungen von Hälsen, Armstumpfen und schmalen Beinen münden. Entscheidend für den Ausdruck seiner Figuren sind deren Körpergerüste oder -skelette, die er in einem weiteren Arbeitsschritt mit einer Zementmasse und Kohle, zum Teil auch mit Papier ausfüllte: Die räumliche „Zeichnung" aus Metallstäben wurde so zu einer soliden Figur (Abb. 2). Michael Bird führte aus, dass es Chadwicks originäre Erfindung war, die Zementmasse, „Stolit" genannt, als bildnerisches Material zu verwenden. Sie besteht aus Gips und Eisen und wird eigentlich als Basis für schwere Maschinen sowie für die Herstellung von Gussmodellen benutzt.[5] Wohl gerade weil Chadwick keine traditionelle Ausbildung an einer Kunsthochschule durchlaufen hat, sondern aus der Architektur und der damit verbundenen Baubranche kam, konnte er sich frei diesen Materialien zuwenden – und damit eine neue Formensprache in der Bildhauerei der Nachkriegszeit mitentwickeln, die sich in Großbritannien als bewusstes Gegenüber zu den weichen Formen der Protagonisten einer älteren Bildhauergeneration, angeführt von Barbara Hepworth und Henry Moore, behauptete.

Den Prozess seiner Motivfindung hat Chadwick mit „composing it as I do"[6] umschrieben. Mit dem Brenner in der Hand und schon Stäbe schweißend, habe er gewartet, bis er fühle, welche Form er letztendlich gestalten wolle.[7] Diesem intuitiven Arbeiten geht, wohl selbstverständlich, keine Ideenskizze voraus. Zeichnungen gehören dessen ungeachtet trotzdem als wichtiger Bestandteil zum Gesamtwerk des Künstlers. Sie sind von der Forschung bisher nicht systematisch bearbeitet worden, doch hat Rungwe Kingdon, der Bronzegießer Chadwicks, bereits auf deren Bedeutung aufmerksam gemacht, indem er darauf hinwies, dass auf der Biennale in Venedig 1956, die Chadwicks internationalen Durchbruch bedeutete, ebenso viele Zeichnungen wie Skulpturen des Künstlers ausgestellt waren (Abb. 3).[8]

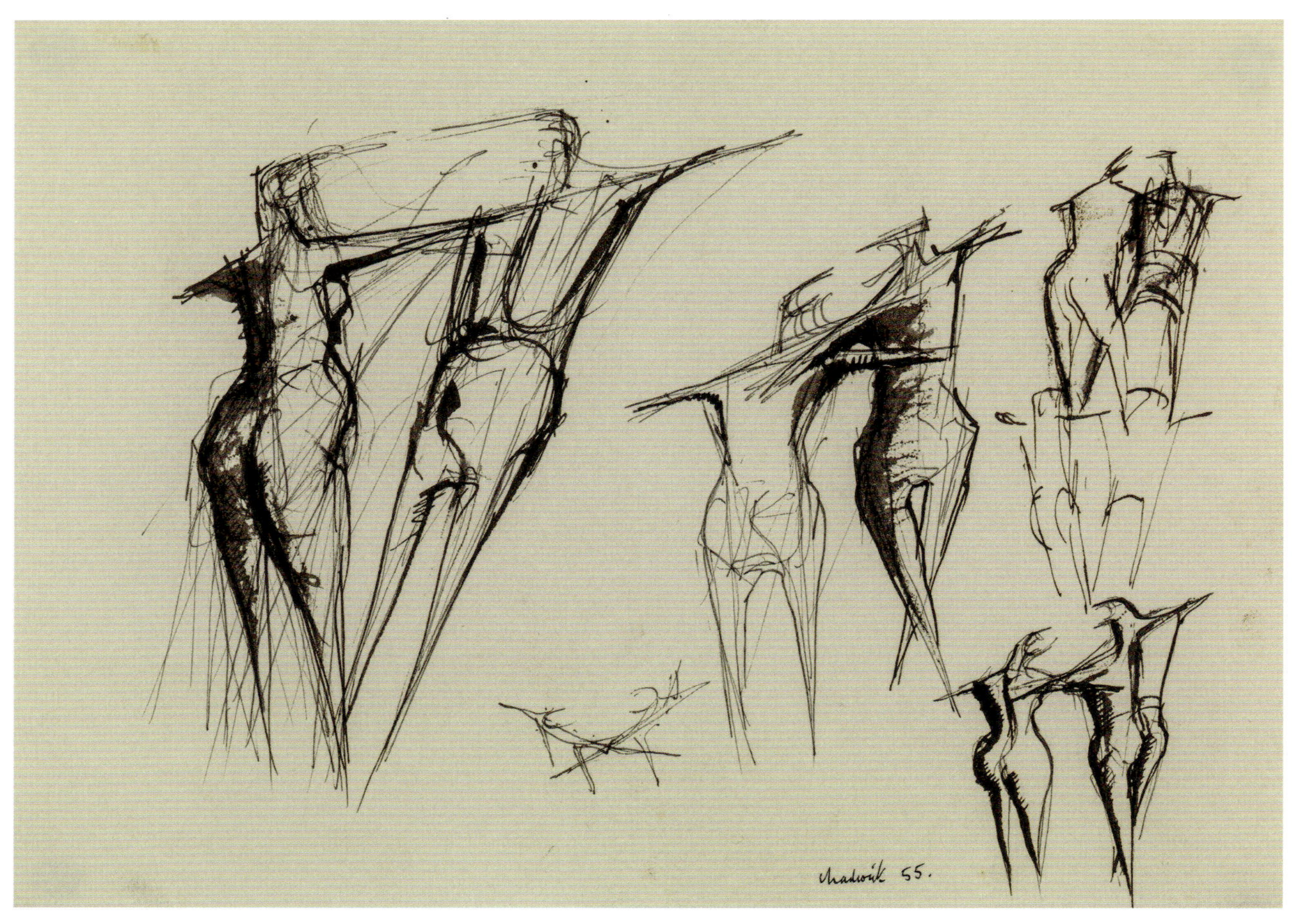

Abb. 4
Untitled, 1955
26 x 36 cm
Tinte auf Papier (ink on paper)

Motivisch basiert die überwiegende Zahl der Zeichnungen, die sich im Nachlass erhalten haben, auf den Skulpturen. Die Biester, die stehenden und tanzenden Paare, die Einzelfiguren begegnen dem Betrachter hier nun als „Nachzeichnung" in der Zweidimensionalität. Kingdon erläutert, dass Chadwick durch dieses Abzeichnen der Skulpturen überprüfen konnte, was er zuvor durch einen instinktiven Prozess dreidimensional erreicht hat, und er führt über die Zeichnungen weiter aus: „This visual thinking is different from verbal-based thought; it means that line, angle, stance, texture, shape, rhythm, weight and movement can all be considered, compared and explored in a simple, direct and image-based way. In effect, Chadwick was exploring the grammar of his own sculptural language."[9]

Die Grammatik seiner skulpturalen Sprache wird in den überwiegend mit Feder gezeichneten Blättern in Tintengerüsten ausgedrückt. Einige von ihnen sind koloriert, andere kommen ohne Farbe und allein mit sicher schraffierten Federlinien aus. Eine Auswahl dieser Zeichnungen seien hier vorgestellt: Als sich Chadwick Mitte der 1950er-Jahre menschlichen Kreaturen zuwandte, ließ er diese einander tänzerisch begegnen. Die Bewegungen der „Dancing Figures" variierte der Künstler, doch immer hat er nach einem Moment ihrer gegenseitigen Berührung und damit nach einem Ausdruck für ihre Kommunikation gesucht. Eine Zeichnung kann diese Beobachtungen belegen (Abb. 4): Auf dem Blatt sind sechs Varianten von immer gleich gestalteten Tanzenden dargestellt. Ihre Körper wenden sich einander zu, der weibliche unterscheidet sich durch die Darstellung von Brüsten vom männlichen. Die Köpfe sind nur maulartige Andeutungen, die Rümpfe und Hinterteile sind voluminös, die Arme zeichnen die dünnen Linien der Eisenstäbe nach, und die Beine münden

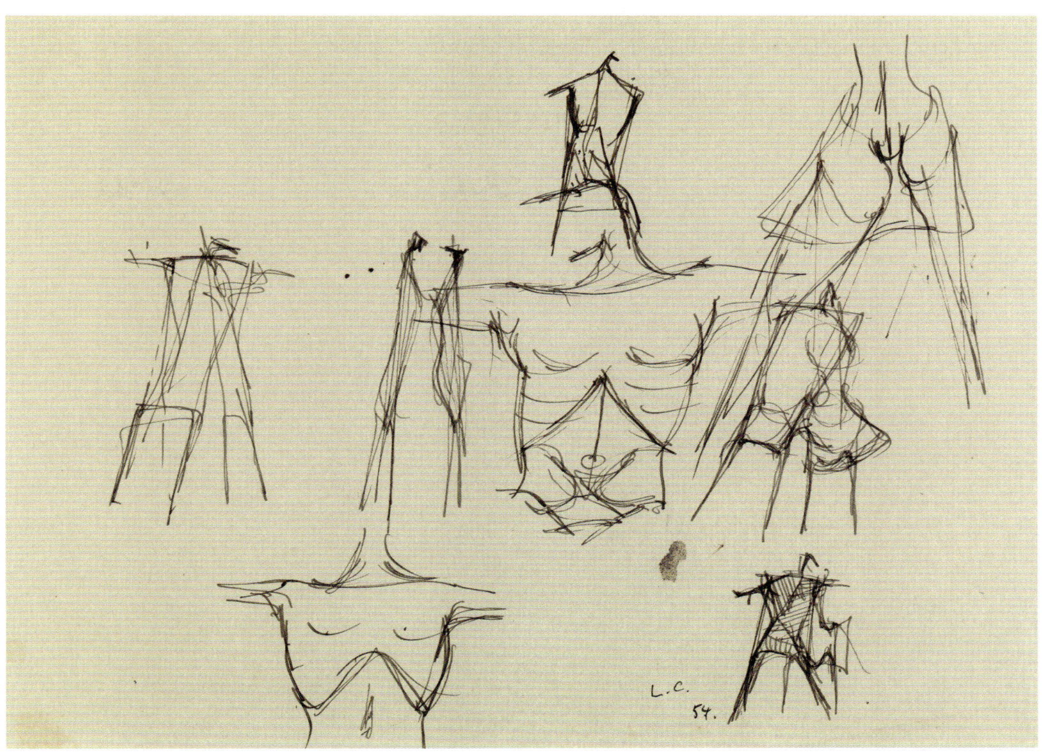

in die typischen, spitz zulaufenden Stelzen. Das Miteinander der Figuren erschöpft sich nicht darin, dass ihre „Maulköpfe" zueinander zeigen. Geschickt überkreuzt Chadwick ihre Körper: Mal verschränken sich die Enden der Beine, mal die Oberschenkel oder die ausgestreckten Arme. Auf dem Zeichnungsblatt zeugt eine Draufsicht der überkreuzten Arme von Chadwicks formalem Ansinnen einer körperlichen Verschränkung. Bei diesen „klassischen Chadwick-Körpern" handelt es sich selbstverständlich um Abstraktionen, doch ihre Bewegungen sind aufmerksam nach der Natur beobachtet. Es ist bemerkenswert, dass allein durch Körperhaltung und -bewegung, die in den Skulpturen und ebenso in den Nachzeichnungen festgehalten sind, die emotionale Zuwendung der Kreaturen zueinander, ja, eine regelrechte Zärtlichkeit und berührende Intimität zwischen ihnen deutlich wird. Chadwick benötigt dafür keine Gesichter als Übermittler von Emotionen. Auch der Betrachter benötigt keine Gesichter, um empathisch zu erkennen, dass in diesen archetypischen Kreaturen ein menschliches Grundbedürfnis nach Berührung dargestellt ist. Der in den Zeichnungen zum Ausdruck gebrachte menschliche Charakter der Figuren geht damit über die allein formale Untersuchung des Skulpturalen hinaus.

Auf einem weiteren Blatt untersucht Chadwick nicht Wesenhaftes, sondern Anatomisches (Abb. 5). Die fächerartigen Eisenstäbe, aus denen die Oberkörper der Figuren bestehen, erinnern an das Konstruktionsprinzip des menschlichen Knochengerüstes des Brustkorbs. In der besagten Zeichnung ist dessen Darstellung nun deutlicher nach der Natur formuliert. Da gibt es Rippenbögen, einen Bauchnabel, Andeutungen von Bauchmuskeln. Es wird hier deutlich, dass die Eisenstäbe der Skulpturen nicht allein konstruktionsbedingt sind, sondern durchaus die räumliche Nachzeichnung von Rippen bedeuten. Die Zeichnung erlaubt, Chadwicks formale Auseinandersetzung mit der natürlichen Gestalt des menschlichen Körpers nachzuvollziehen, auch wenn er sie abstrahierter in die Dreidimensionalität übersetzte. Rungwe Kingdon konnte dies bereits für die Skulptur „Inner Eye" und die dazugehörigen Zeichnungen nachweisen: Deren formale Grundlage ist die anatomische Darstellung des Augeninnern in einem bekannten englischen Schulbuch.[10]

Abb. 5
Untitled, undatiert (undated)
28,5 x 44 cm
Tinte auf Papier (ink on paper)

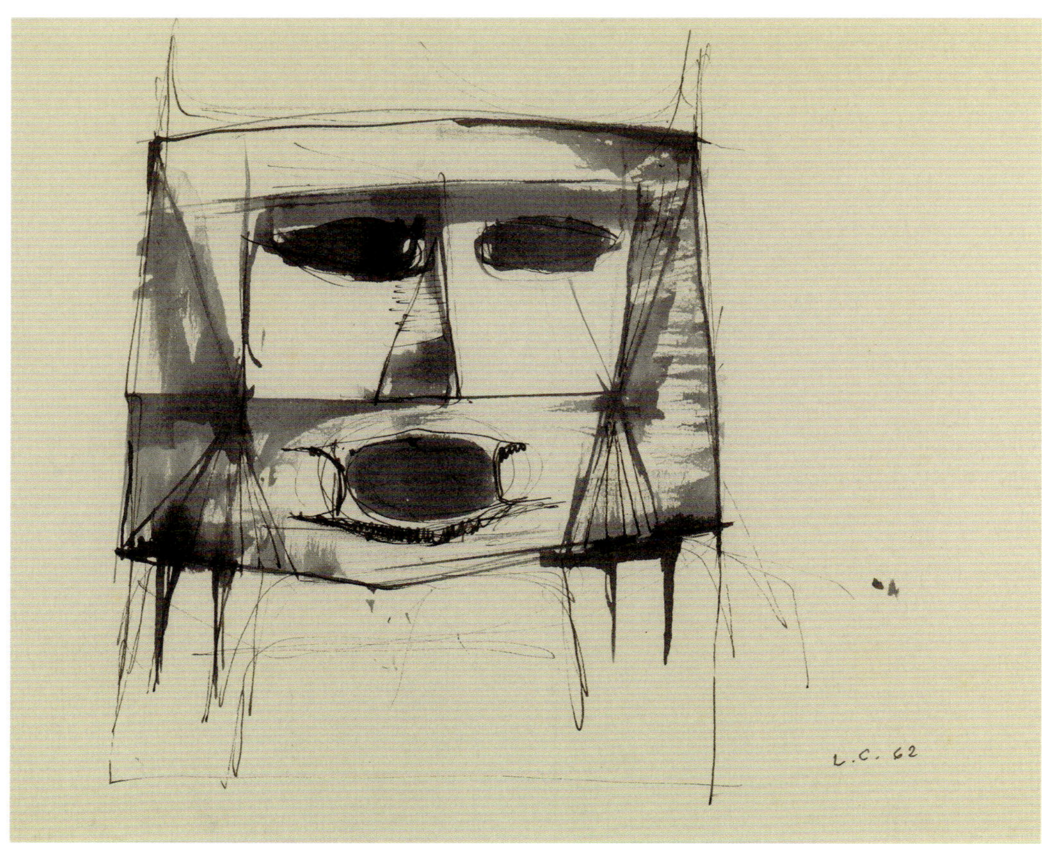

Linke Seite / left page:
Abb. 6
Untitled, 1962
25 x 33 cm
Tinte auf Papier (ink on paper)

Rechte Seite / right page:
Abb. 7
Untitled, 1954
33 x 25 cm
Tinte auf Papier (ink on paper)

Schließlich finden sich Zeichnungen, in denen Gesichter auftauchen. Wie bereits gezeigt wurde, sind die dreidimensionalen Figuren auf Körpersein konzentriert und haben anstelle von Köpfen oben erwähnte Mäuler oder Stumpfe, die aus den Enden der Eisenstäbe resultieren. Später unterschied Chadwick die Geschlechter seiner Figuren auch mithilfe unterschiedlicher Kopfformen: Den männlichen ordnete er Rechtecke, den Frauen Dreiecke zu. Niemals aber erscheinen auf diesen Kopfsymbolen Gesichter. 1962 zeichnete Chadwick – scheinbar ohne Anbindung im skulpturalen Werk und deshalb umso verblüffender – Variationen von Gesichtern, die zum Teil regelrecht körperliche Gestalt annehmen. In einen kubischen Körper, der die Köpfe der „Watchers" formal aufgreift, sind dunkle Augenhöhlen, eine aufgesperrte Mundhöhle und ein Nasenflügel gezeichnet (Abb. 6). Mit dünnen Strichen wurden Eisenstäbe angedeutet, die, formal bedingt durch den Arbeitsprozess, Teil von Chadwicks Formensprache geworden sind und hier wieder die Beine des Kubus andeuten. Antennenartig ragen sie auch am oberen Rand des Körpers heraus. Einen Röhrenfernseher hier zu assoziieren liegt wohl auf der Hand. Das Gesicht wird in diesem Kontext symbolisch: Ein unpersönliches, technoid unheimliches Wesen spricht zu einem Gegenüber, das Fernsehprogramm zum Zuschauer. Auf Chadwicks Humor ist andernorts schon hingewiesen worden. Hier meint man ihn als feine Ironie zu spüren. Deutlicher noch wird dies in einer grotesken Zeichnung aus dem Jahr 1954 (Abb. 7), in der er den männlichen Teil eines Paares scheinbar erschrocken die Arme hochreißen lässt und ihm einen totenschädelähnlichen Kopf verpasst – angesichts eines grauenhaft insektenartigen, aber mit Rock bekleideten weiblichen Gegenübers.

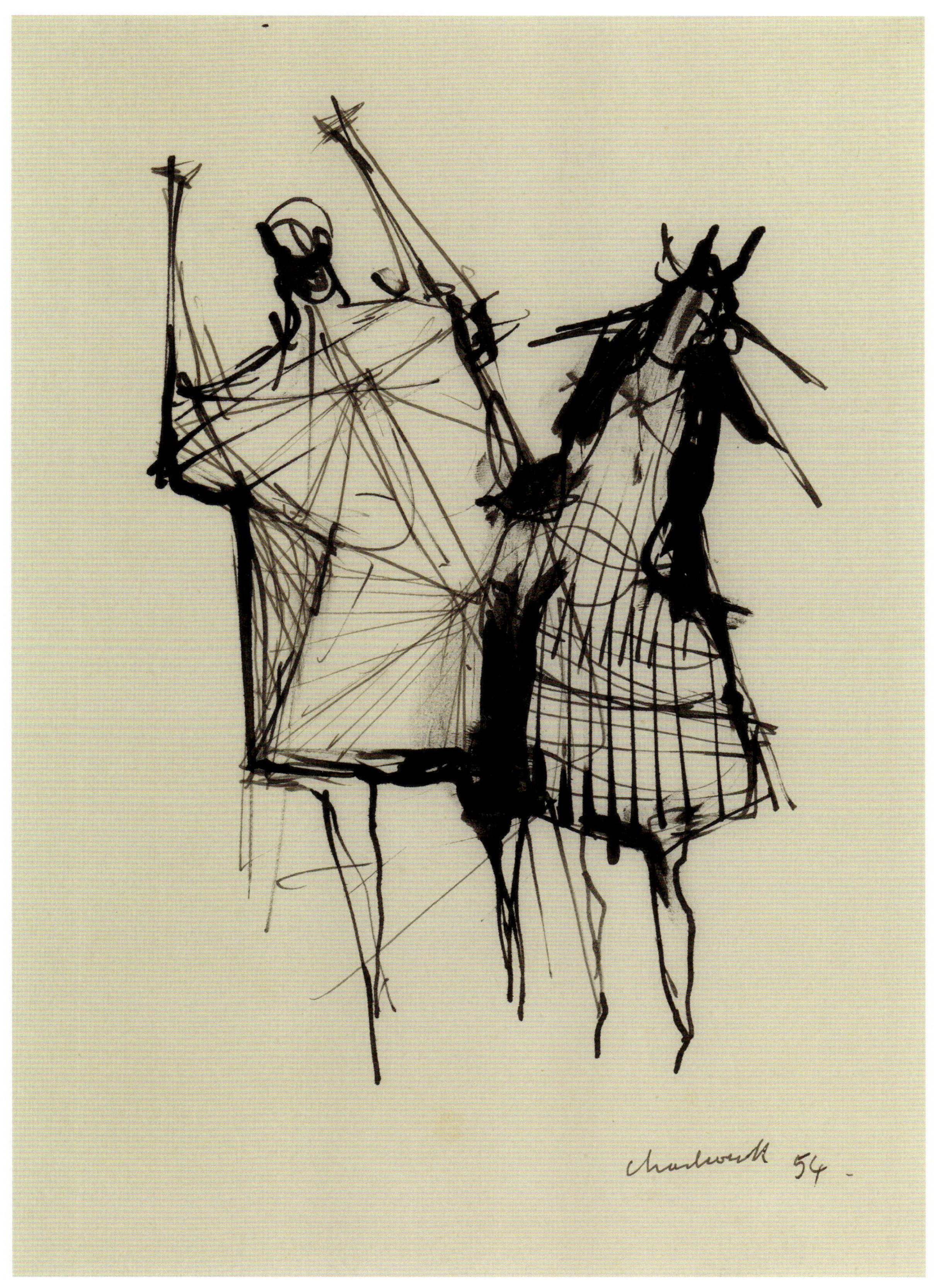

Chadwick 54

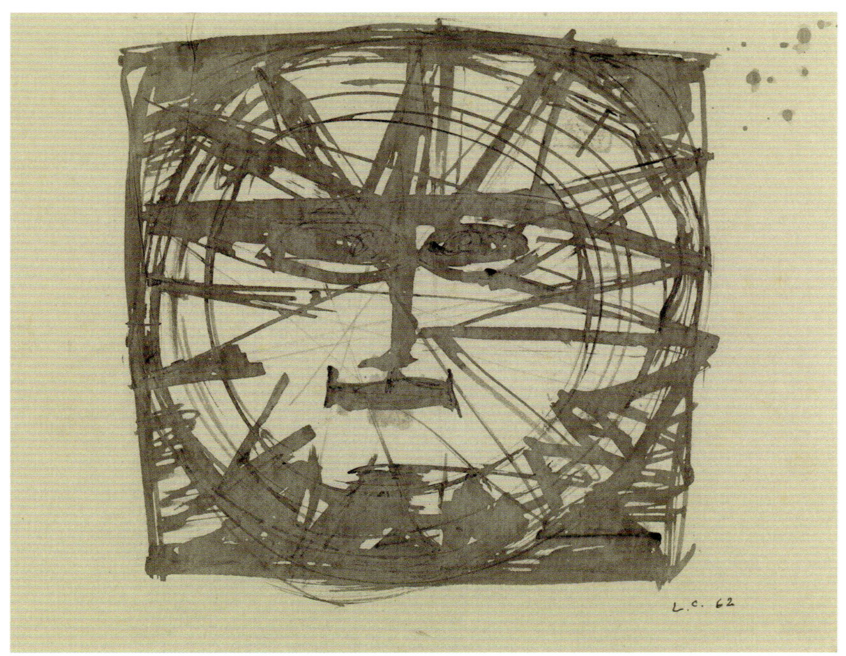

Assoziativ technoide Züge trägt auch ein Gesicht, das Chadwick 1962 zeichnete: Einge-
fügt in ein Quadrat, blickt es recht freundlich aus dem Strahlenkranz einer Sonne (Abb. 8).
Mit dem Wissen um die Fliegererfahrung des Künstlers während des Zweiten Weltkriegs
scheint in das Antlitz die Draufsicht eines Flugzeuges integriert zu sein. Womöglich ist diese Assoziation zu frei, als dass sie verallgemeinerbar wäre. Chadwick hätte ihr wohl wi-
dersprochen.[11] Doch hat der Betrachter einmal den breiten geraden Mund als Höhenru-
der und -flosse, die Strahlen auf Augenhöhe des Gesichts als Flügel sowie das Dreieck in
Verlängerung der Nase als Flugzeugspitze gesehen, ist das Wiedererkennen unumkehr-
bar. Motivbedingt wird in den Nachzeichnungen der Vogelskulpturen ein formaler Ver-
gleich zu Flugzeugen schließlich aber eindeutig möglich (Abb. 9). 1963 / 64 hat der Bildhauer für die Außenwand des Williamson Building in Manchester eine runde Reliefplastik
geschaffen.[12] Die Zeichnungen des Sonnenmotivs und anderer in Kreisen eingelassener
Gesichter sind formal in diesen Kontext einzuordnen. In diesem Fall handelt es sich bei den
Zeichnungen also ausnahms-, aber notwendigerweise um Vorstudien für die Arbeit im öf-
fentlichen Raum, die ohne die Studien nicht umsetzbar gewesen wäre.[13]

Viele der Federzeichnungen sind Vorarbeiten zu, häufig farbigen, Lithografien. Über
sein erstes Ausprobieren (Abb. 10) dieser Technik berichtete Chadwick in einem langen
Interview mit Cathy Courtney: „I'd never been faced with a lithographic stone before, and
having to draw on it was terrifying for me, because it's so definite, [...] you can't rub it out
[...], it's awful! And anyway, I don't know the technique, so it was rather frightening. And
then they showed me the various things you could do to make it interesting. It was all right."
Doch letztlich merkte er kritisch an: „[...] I was never very satisfied with this sort of thing.
[...] If it's anything to do with drawing at all, I like it to be spontaneous, and just do it quickly,
and that's the end of it. But you have to think very carefully, ‚What am I going to draw on
this piece of stone?', [it] is not very agreeable for me."[14] Auf den intuitiven künstlerischen
Akt mithilfe seiner Werkzeuge konnte Chadwick also auch auf dem Papier nicht verzichten.
Neben Lithografien entstanden Stempeldrucke und Linolschnitte. Gerade in den Stempel-
drucken macht er das wohl aus der eigenen Architekturerfahrung stammende System, mit
der Form des stabilen Dreiecks die Körper seiner Figuren zu konstruieren, zum eigentlichen
Motiv (Abb. 11).

Linke Seite / left page:
Abb. 8
Untitled, 1962
25 x 33 cm
Tinte auf Papier (ink on paper)

Rechte Seite / right page:
Abb. 9
Untitled, 1955/56
44,5 x 26,5 cm
Tinte auf Papier (ink on paper)

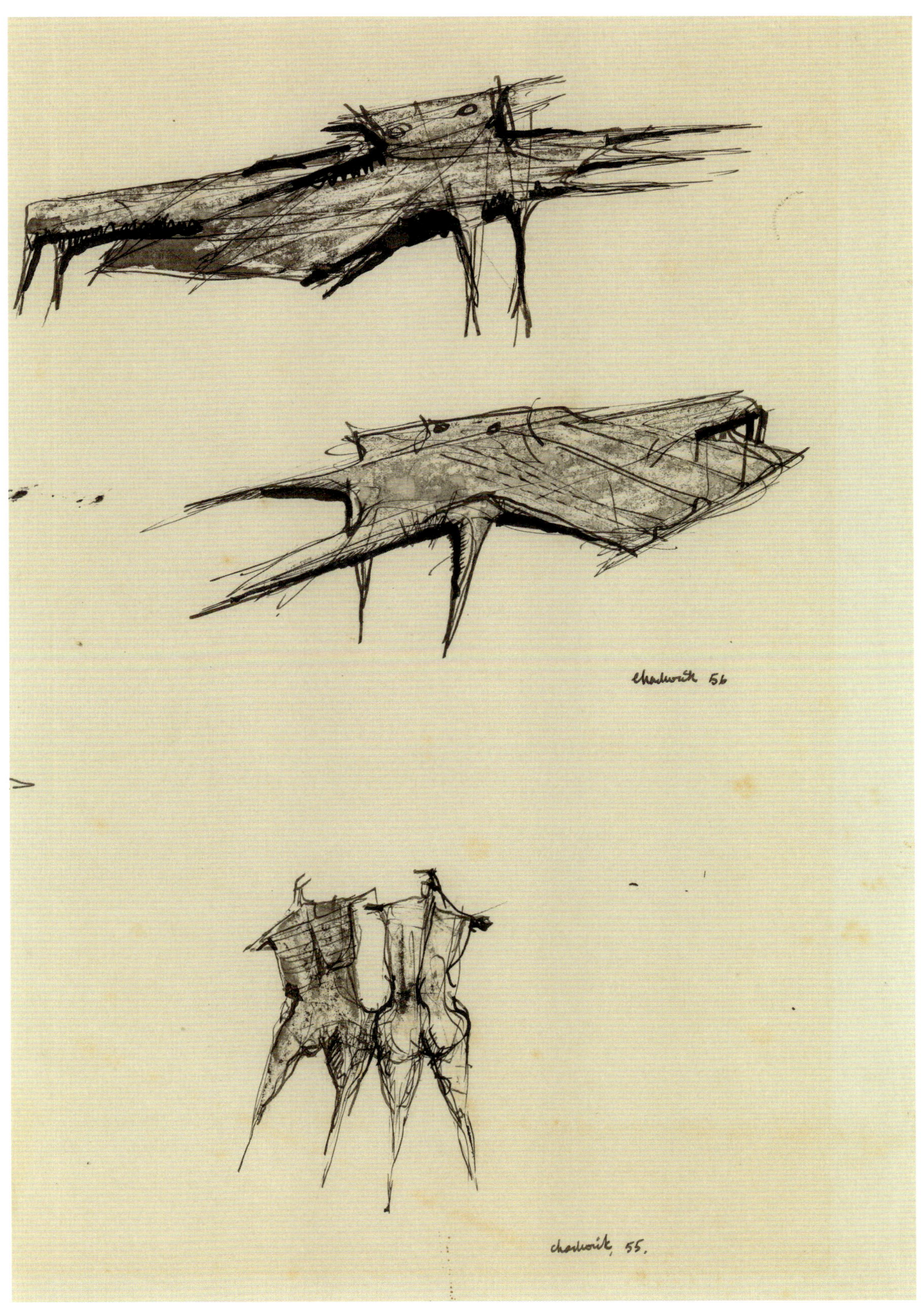

chadwick 56
chadwick, 55.

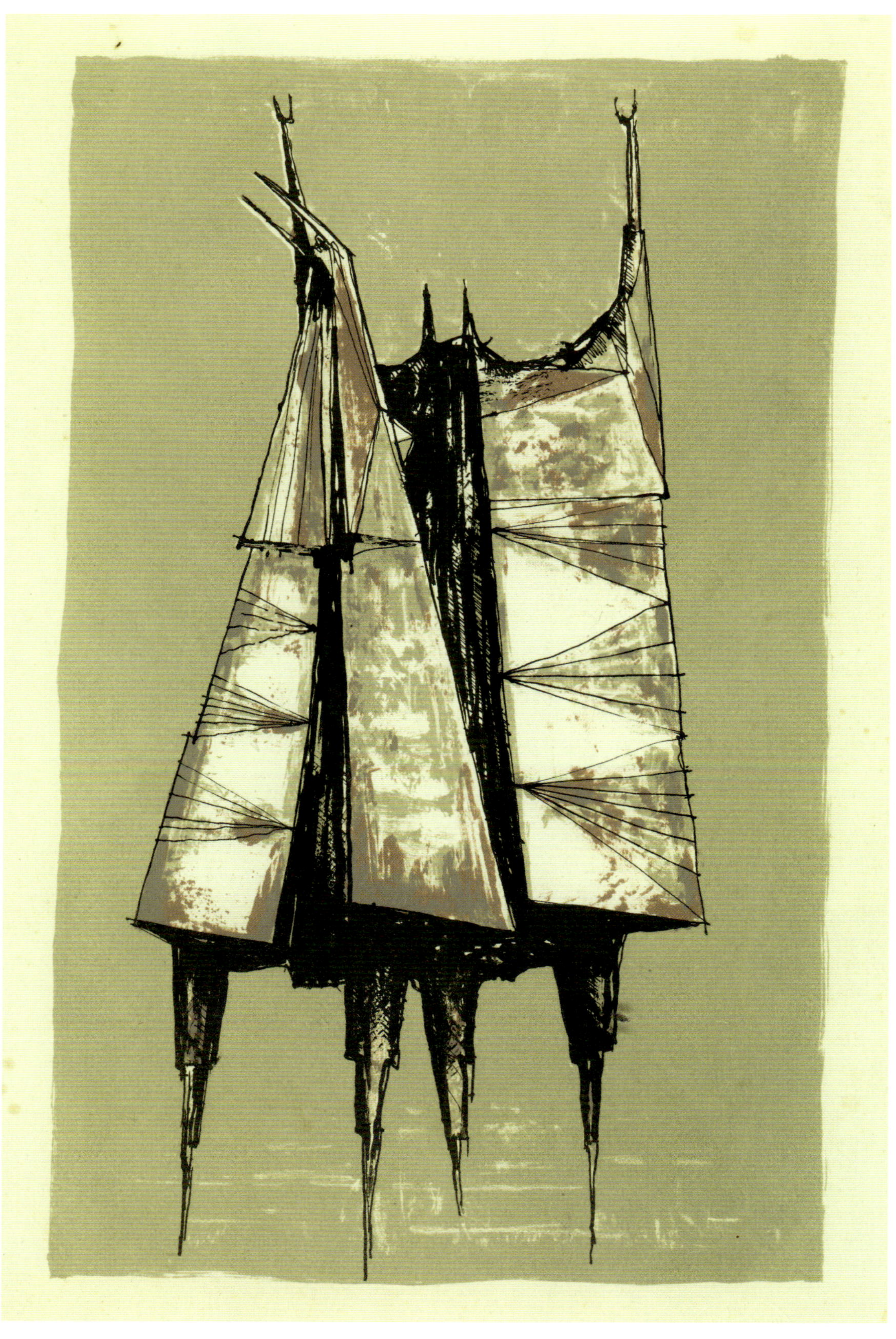

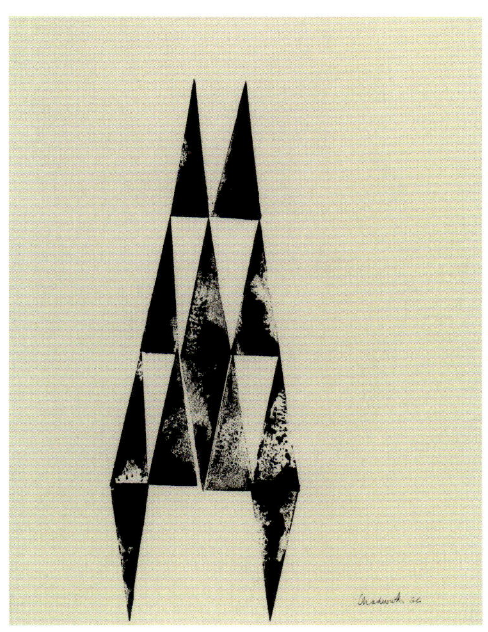

Die Zeichnungen für Architekturbüros sowie seine Entwürfe für Textilien sollen hier vernachlässigt werden, da sie vor Chadwicks Schritt ins freie Kunstschaffen entstanden sind. Erwähnt werden müssen aber die wichtigen dokumentarischen Skizzen ganz ohne eigenen Werkcharakter, die er, mit dem Frühwerk beginnend, systematisch in fortlaufende Hefte eines handschriftlichen Œuvrekatalogs einfügte: Schnelle, aber präzise Skizzen, die die Konstruktionsideen jeder einzelnen seiner Skulpturen erläutern und neben denen auch Maße, Produktionsinformationen, Ausstellungsorte und Besitzer festgehalten sind. Chadwick sagte über sie: „They're usually things I put in this notebook, just as a list of things I had made, only for that reason [...]. [...] I didn't do drawings in order to make them into sculpture, I always did the drawings afterwards. [...] As a record, just a record of what I'd done [...]."[15]
Über den rein dokumentarischen Zweck geht hinaus, dass Chadwick die Mehrzahl seiner Zeichnungen signierte und datierte. Mit der Signatur „Chadwick" oder „L. C." sowie der Jahreszahl authentifizierte der Künstler die Blätter und machte sie damit für den Kunstmarkt tauglich. Tatsächlich lässt sich anhand zahlreicher früherer Ausstellungen[16] aufzeigen, dass sie – allerdings ohne in ein Zeichnungsverzeichnis eingetragen zu sein, anders als die Skulpturen – in größeren Mengen verkauft wurden. Auch die Produktion von Lithografien bediente den Markt, wie Chadwick selbst berichtete.[17]

Das Verhältnis des Künstlers zum Medium Zeichnung war ambivalent. Von der Mutter als Kind angeregt zu zeichnen[18], bedeutete es einen ersten Zugang zu kreativer Beschäftigung, die er als junger Mann auch in Öl malend fortführte. Gänzlich unkreativ war schließlich aber das technische Zeichnen in den Architekturbüros. Als Befreiung empfand Chadwick den Weg vom Rechteck des Zeichenblattes hin zur räumlichen Gestaltung von Skulpturen. Der Akt des Aufbauens, des schweißenden Konstruierens entsprach seiner nicht intellektuell-reflektierenden Arbeitsweise, die sich nicht an der Geschichte der Kunst abarbeiten musste. Chadwicks Skulpturen sind, so wie die Landschaft in Lypiatt und das Innere des Herrenhauses, unmittelbarer Ausdruck seiner – auch ganz körperlich zu verstehenden – Schaffenskraft. Die nach den Skulpturen entstandenen Zeichnungen bleiben letztlich Assistenzblätter, auch wenn sie manches Mal über die Skulpturen hinausweisen. 1995, als der inzwischen 81-jährige Chadwick für die von der British Library organisierten Reihe „National Life Stories" interviewt wurde, sagte er trocken: „I don't draw now, actually. I can't bear it."[19]

1   In Bezug auf das Herrenhaus hat Michael Bird festgehalten: „Lypiatt was Chadwick", in: Michael Bird: Lynn Chadwick, Farnham 2014, S. 13.

2   Ich danke Lawrence Birkin für diese Auskunft.

3   Lynn Chadwick im Interview mit Cathy Courtney, geführt für die Reihe „National Life Stories in Partnership with British Library", Lypiatt Park 1995, Transkription S. 73.

4   Jon Wood: Looking at Modern sculpture. Lynn Chadwick at Cliveden, in: Lynn Chadwick at Cliveden, hrsg. von Blain | Southern unter Mitarbeit von Jess Fletcher (Ausst.-Kat. Cliveden, Maidenhead), London 2018, S. 15; Übersetzung: „[...] er arbeitete bis zum Krieg als technischer Zeichner und wurde nicht zum Bildhauer ausgebildet [...]."

5   Bird 2014, S. 68. Im Laufe der Jahrzehnte veränderte Chadwick seine Arbeitsweise. Aufgrund der problematischen Konservierung des „Stolit" ließ er die „working models" fortan in Bronze gießen. Ab den späten 1980er-Jahren wandte er sich dem Material Stahl zu; siehe Dennis Farr, Éva Chadwick: Lynn Chadwick – Sculptor. With a Complete Illustrated Catalogue 1947–2003, Farnham 2014, S. 62.

6   Zit. nach Bird 2014, S. 8.

7   Ebd., S. 7.

8   Rungwe Kingdon: Lynn Chadwick. Draughtsman (Ausst.-Kat. Gallery Pangolin, Chalford), Chalford / Stroud 2015, unpaginiert. Im Werkverzeichnis (S. 40) werden sogar 21 Zeichnungen gegenüber 19 Skulpturen angegeben. Immer wieder wurden bereits in den 1950er-Jahren Zeichnungen Chadwicks in Ausstellungen integriert, so auch u. a. in Duisburg mit neun Zeichnungen: Bildhauer-Zeichnungen des 20. Jahrhunderts (Ausst.-Kat. Städtisches Kunstmuseum, Duisburg), Duisburg 1958. Siehe auch den Artikel von Walter John Strachan: The sculptor and his drawing, in: The connoisseur, H. 186, 1974, S. 280–285.

9   Kingdon 2015, unpaginiert; Übersetzung: „Dieses visuelle Denken unterscheidet sich vom verbalen Denken. Das bedeutet, dass Linie, Winkel, Haltung, Textur, Form, Rhythmus, Gewicht und Bewegung auf einfache, direkte und bildbasierte Weise betrachtet, verglichen und untersucht werden können. In der Tat erforschte Chadwick die Grammatik seiner eigenen skulpturalen Sprache."

10   Ich danke Rungwe Kingdon für den Hinweis; siehe auch Kingdon 2015.

11   Bird 2014, S. 31.

12   Siehe Farr / Chadwick 2014, Werkkatalog-Nr. 419–422, S. 216.

13   Allerdings hatte sich Chadwick mit dem Sonnenmotiv bereits schon einige Jahre zuvor beschäftigt, siehe Werkkatalog-Nr. 178, S. 123: „Maquette for Apollo" und Werkkatalog-Nr. 257, S. 161: „Sun".

14   Interview 1995, Transkription S. 313 f.; Übersetzung: „Ich war noch nie zuvor mit einem Lithografiestein konfrontiert, und es war für mich erschreckend, darauf zu zeichnen, weil es so eine endgültige Sache ist, [...] du kannst nichts wegreiben [...], das ist schrecklich! Und überhaupt, ich kenne die Technik nicht, also war es ziemlich beängstigend. Und dann zeigte man mir die verschiedenen Dinge, die man tun kann, um es interessant zu machen. Es war in Ordnung. " Und: „[...] Ich war mit so was nie sehr zufrieden. [...] Was das Zeichnen an sich betrifft, so mag ich es, spontan zu sein, es schnell zu machen, und das ist es dann. Aber man muss sehr genau überlegen: ‚Was werde ich auf dieses Stück Stein zeichnen?', es ist nichts für mich."

15   Ebd., Transkription S. 275; Übersetzung: „Das sind normalerweise Dinge, die ich in dieses Notizbuch zeichne, als eine reine Übersicht von Dingen, die ich gemacht habe, nur aus diesem Grund [...].[...]Ich habe keine Zeichnungen gemacht, um Skulpturen daraus zu machen, ich habe die Zeichnungen immer hinterher gemacht. [...] Als Aufzeichnung, nur eine Aufzeichnung dessen, was ich getan habe [...]."

16   Eine Auswahl: 1952 Ausstellung bei Gimpel Fils, London, mit sieben Zeichnungen und 14 Skulpturen; La Gravure: Exhibition of lithographs, engravings, mobiles by Lynn Chadwick (Ausst.-Kat. Heffer Gallery, Cambridge), Cambridge 1952; 1959 Ausstellung bei Daniel Cordier, Frankfurt a. M.; Lynn Chadwick at J.P.L.: Sculpture, Drawings etc. (Ausst.-Kat. J.P.L. Fine Arts, London), London 1976. Im Interview 1995 berichtete er auch: „It's only when I've asked to do drawings for an exhibition or something", Transkription S. 84; Übersetzung: „Nur wenn ich gebeten habe, Zeichnungen für eine Ausstellung oder etwas Dergleichen zu machen".

17   Interview 1995, Transkription S. 316.

18   Ebd., Transkription S. 29.

19   Ebd., Transkription S. 84; Übersetzung: „Ich zeichne jetzt eigentlich nicht. Ich kann es nicht ausstehen." Dies bedeutete allerdings nicht, dass Chadwick in seinen letzten Lebensjahren nicht auf Papier gearbeitet hätte. Kingdon weist 2015 auf späte Aquarelle hin: Stillleben und Ansichten von Lypiatt.

Elisa Tamaschke

On the Grammar of a Sculptural Language – Lynn Chadwick as Draughtsman

The rolling hills stretching across Lypiatt Park in Gloucestershire were overgrown when Lynn Chadwick purchased the property in 1958. Over the following decades, the artist transformed them into a designed landscape. He installed his sculptures on the grounds, but in a way that did not give rise to a competition between landscape and sculpture. Both components come together to form a unit in Lypiatt Park. The act of placing the sculptures on the expansive grounds opens up new semantic references or heightens existing ones, respectively. 'Stranger III' (1959), for example, stands majestically on a hill, focusing its gaze on the manor house off in the distance (fig. 1). The figure whose title suggesting alienation simultaneously conveys a sense of melancholy and oppressiveness unfolds its ambivalence here in the park, where its interpretation is dependent on the standpoint of the viewers, that is, whether they observe the piece from the house or from a position on the other side of the sculpture with the house in the background. Lypiatt Park is thus a part of the sculptures' horizon of meaning and consequently a part of Chadwick's work.[1]

The interaction between landscape and sculpture is not the sole creative artistic feature at Lypiatt, this is also true of the park itself. Chadwick had trees planted along the outer boundaries of the property – he would plant about 28,000 of them across the whole of the property – which he arranged in strict diagonal rows like at an arboretum. He very naturally did not understand this as an autonomous artistic act because other benefits could be derived from the planting of trees. Over time, they are cut down and used as firewood as well as for lightweight construction and the manufacturing of furniture, until a dozen from the original large areal remained standing as a small park.[2] However, the appeal of this surprising linear composition, which is only apparent when one stands precisely lined up with the diagonals and otherwise makes the impression of a natural forest, might be viewed as a translation of Chadwick's sculptures comprising construction and creatureliness into an landscape with trees.

'Construction' is the fundamental element behind Chadwick's work and working method. As a trained technical draughtsman, he occupied himself with houses and trade-fair stands (an activity he described as 'terribly boring'[3]) for architectural firms and as a freelancer until the late 1940s, ultimately expanding his range of activity to include designing textiles and furniture. Chadwick began making his first mobiles at this time, first on behalf of his employer, later based on his own ideas. In 1950, he attended a welding course at which he acquired the basic technical knowledge required for his own development as an artist, which, with the exception of these lessons, was that of an autodidact. As Jon Wood discussed in detail, Chadwick emphasised the fact that he had no artistic training; accordingly, a 1957 exhibition catalogue noted: '[...] he worked as an architectural draughtsman until the war and was not trained as a sculptor [...].'[4]

His approach to three-dimensionality, however, did not proceed by way of the medium of drawing, with which he was familiar, but rather through energetically improvisational dealings with certain materials. Based in formal terms on the fanlike spatial construction of the mobiles, Chadwick subsequently welded iron rods together to construct figural armatures. The structure of the mobiles that fan out from a fixed point is also evident here in the shaping of torsos and rib cages while the ends of the iron rods suggest throats, arm stumps and slender legs. The framework or skeleton of the bodies that he filled in a subsequent step with cement and charcoal, in part also with paper, decisively contributed to the expression of the figures – the three-dimensional 'drawing' made from metal rods became a solid figure in this way (fig. 2). Michael Bird notes that Chadwick discovered the use of 'Stolit' as an artistic material. An industrial stone compound of gypsum and iron filings, it originally served as the basis for heavy machinery as well as for the production of cast models.[5] Chadwick probably felt free to turn to such unconventional materials for his art precisely because he did not enjoy a traditional academic education, coming to art instead from the field of architecture and the associated building industry – thus contributing to his development of a new post-war sculptural language of form that would take its place in British art as a conscious counterpart to the softer forms produced by the protagonists of an older generation of sculptors headed by Barbara Hepworth and Henry Moore.

Chadwick described the process with which he conceived his motifs as 'composing it as I do'.[6] Holding a blowtorch in his hand while welding rods, he held back until he felt he knew the form he ultimately wanted to obtain.[7] While this intuitive working process very naturally precluded the use of preliminary sketches, drawings are nevertheless an important element in the artist's oeuvre. Scholarship has yet to systematically study Chadwick's drawings, but his bronze founder Rungwe Kingdon has already indicated their importance by calling attention to the fact that just as many of his drawings were exhibited at his 1956 show at the Venice Biennale – which represented his international breakthrough – as examples of his sculpture (fig. 3).[8]

In terms of motif, most of the drawings preserved in the artist's estate are based on his sculptures. The beasts, the standing and dancing couples as well as the individual figures can be found here as subsequent two-dimensional translations of the sculptures. Kingdon explains that Chadwick used these drawings to reassess what he had previously achieved three-dimensionally by means of an instinctive working process. Kingdon additionally notes: 'This visual thinking is different from verbal-based thought; it means that line, angle, stance, texture, shape, rhythm, weight and movement can all be considered, compared and explored in a simple, direct and image-based way. In effect, Chadwick was exploring the grammar of his own sculptural language.'[9]

The artist also expressed this sculptural grammar in the structures of his drawings made primarily with pen and ink. Several of them are coloured, others, which manage without any colours, consist solely of hatched ink lines drawn with a sure hand. Here is a selection of these drawings: When Chadwick turned to human creatures in the mid 1950s, he presented them encountering each other in a dance-like manner. While the artist varied the movements of the 'Dancing Figures', he always sought a moment in which they touched and hence an expression of their reciprocal communication. These observations are visible in the case of a drawing (fig. 4) showing six variations of the same dancing couple, a man and woman. The heads of the figures that turn their bodies to each other are suggested solely by means of mouth-like forms; the torsos and rumps are voluminous while the arms trace the thin lines of the iron rods and the legs end in typical tapered stilts. The contact between the figures does not exhaust itself in the fact that their 'mouth heads' face each other. Chadwick skilfully intersects their bodies; sometimes the ends of their legs are interlocked, sometimes the thighs or the extended arms. A top view of the crossed arms on the drawing paper testifies to Chadwick's formal requirements regarding physical entanglement. While these 'classic Chadwick bodies' are very obviously abstractions, their movements are carefully observed from life. It is remarkable that in the sculptures as well as in the drawings made after them, the artist manages to clearly convey a sense of emotional attachment between the creatures, indeed true tenderness and touching intimacy, solely through the poses and movements of the bodies. Chadwick does not require faces to convey emotions. Nor does the viewer require faces in order to empathetically recognise that a basic human need for physical contact is depicted in these archetypical creatures. As such, the human character of the figures expressed in the drawings extends beyond a mere formal examination of the works' sculptural quality.

In another one of his drawings, Chadwick explores the anatomical instead of the intrinsic (fig. 5). The fan-like iron rods that make up the upper bodies of the figures recall the construction principle behind the skeletal frame of the human rib cage. The depiction in the aforementioned drawing is now more obviously formulated after nature – we see costal arches, a navel and suggestions of abdominal muscles. It becomes evident here that the iron rods not only serve construction purposes but also represent a spatial graphic rendering of ribs. The drawing makes it possible to comprehend Chadwick's occupation with the natural formal aspects of the human body, even though his translation of it into the third dimension is even more abstract. Rungwe Kingdon already demonstrated this aspect based on the sculpture 'Inner Eye' and the accompanying drawings, the underlying formal foundation of which derives from the anatomical diagrams of the inside of the eye taken from a well known British school book.[10]

In conclusion, there are also drawings in which faces emerge. As has already been shown, the three-dimensional figures concentrate on corporality and have the above-mentioned mouths instead of heads or stumps formed by the ends of the iron rods. Chadwick later used different types of heads to differentiate between the gender of his figures, giving the rectangular heads to the males and triangular heads to the females. Faces, however, never appear on these head symbols. In 1962, Chadwick – apparently without a counterpart in his sculptural oeuvre and therefore even more intriguing – drew variations of faces that in part assume an absolutely corporal form. Dark eye sockets, an open oral cavity and a nasal wing are drawn on a cubic body that in formal terms takes up the heads of the 'Watchers' (fig. 6). The iron rods are suggested by thin dashes that, attributable to the working method, became a part of Chadwick's formal language and again serve to indicate the legs of the cube here, protruding like antennas from the upper edge of the body. The association with a tube television set is obvious. The face becomes symbolic in this context: An uncanny impersonal technological being addresses an opposite number, the television programme to the viewer. Reference has been made elsewhere to Chadwick's humour that can be sensed in the shape of subtle irony. It is more overt in a grotesque drawing of a couple made

by the artist in 1954 (fig. 7) in which the male partner with a skull-like head seemingly throws his hands up in the air in the face of a gruesome insect-like female counterpart dressed in a skirt.

A face drawn by Chadwick in 1962 likewise features technological associations. Integrated into a square, it gazes quite pleasantly from the corona of a sun (fig. 8). Knowing that the artist served as a pilot during the Second World War, it can perhaps be surmised that the artist incorporated the top view of an airplane into the facial features here. Chadwick would probably have taken issue with this possibly too free association,[11] but it is difficult to disregard this interpretation after having seen the broad straight mouth as a pitch elevator and slab trims, the rays at the eyelevel of the face as wings as well as the triangle extending from the nose as the nose cone of an airplane. Because of the motif involved, a formal comparison to airplanes is finally also clearly possible in the drawings made by the artist after his bird sculptures (fig. 9). In 1963/64, Chadwick produced a relief sculpture for the facade of the Williamson Building in Manchester.[12] The drawings of the solar motif and other faces inscribed in circles can be seen in terms of form in this context. In this case, however, the drawings are necessary exceptions to his normal artistic practice to the extent that it would have been impossible for him to realise a major piece of this sort for a public space without such preliminary studies.[13]

Many of the pen and ink drawings are preparatory works for prints, often coloured lithographs. In an extensive interview with Cathy Courtney, Chadwick discussed his first experiment (fig. 10) with this technique: 'I'd never been faced with a lithographic stone before, and having to draw on it was terrifying for me, because it's so definite, you see, you can't rub it out or anything, it's awful! And anyway, I don't know the technique, so it was rather frightening. And then they showed me the various things you could do to make it interesting. It was all right.' But in the end, he noted critically: '[...] I was never very satisfied with this sort of thing. [...] If it's anything to do with drawing at all, I like it to be spontaneous, and just do it quickly, and that's the end of it. But you have to think very carefully, "What am I going to draw on this piece of stone?", is not very agreeable for me.'[14] But even when he worked on paper, Chadwick could not forego the intuitive artistic act carried out with the help of his equipment. Aside from lithographs, the artist produced block prints and linocuts. Particularly in the case of the block prints, he makes the system of constructing the bodies of his figures with the form of the stable triangle based on his own architectural experience into the true motif (fig. 11).

Chadwick's drawings for architectural firms as well as his textile designs can be ignored here because he made them before taking the step of becoming an independent artist. Mention should be made, however, to the important documentary sketches without an autonomous artistic character of their own that he made from the outset of his career and systematically kept in a successive series of notebooks. Together, these rapid but exact sketches make up a handwritten catalogue raisonné of his oeuvre in which he describes the construction ideas behind each and every sculpture along with dimensions, product information, exhibition venues and owners. In Chadwick's own words, 'They're usually things I put in this notebook, just as a list of things I had made, only for that reason [...]. They weren't things. I didn't do drawings in order to make them into sculpture, I always did the drawings afterwards. [...] As a record, just a record of what I'd done [...].'[15]

Over and above purely documentary purposes, Chadwick signed and dated most of his drawings. With his signature 'Chadwick' or 'L.C.' as well as the year, the artist authenticated each drawing, making them suitable for the art market. As can be shown based on numerous early exhibitions[16], it can in fact be demonstrated that large numbers of them were sold, which, unlike the sculptures, were not entered into a catalogue of drawings. As Chadwick himself discussed, he likewise served the art market with the production of lithographs.[17]

The artist had an ambivalent relationship to the medium of drawing. Encouraged by his mother to draw while still a child,[18] it represented his first creative occupation. Later, as a young man, he additionally painted in oil. Entirely uncreative, however, was his work as a technical draughtsman for architectural firms. Chadwick found the path away from the rectangle of the drawing paper to the three-dimensional shaping of sculptures to be a liberating experience. The act of building, constructing with the use of a blowtorch, corresponded to his reflective, unintellectual working method that did not feel the need to compete with art historical precedents. Like the landscape at Lypiatt and the interior of the manor house, Chadwick's sculptures are an immediate and direct expression of his – very physical – creative energy. In the end, however, the drawings made after the sculptures remain ancillary works, even though some of them point beyond the sculptures. In 1995, when the 81-year-old Chadwick was interviewed for the 'National Life Stories' organised by the British Library, he dryly noted, 'I don't draw now, actually. I can't bear it.'[19]

1   As regards the manor house, Michael Bird noted, 'Lypiatt was Chadwick', in Michael Bird, Lynn Chadwick (Farnham, 2014), p. 13.

2   I am grateful to Lawrence Birkin for this information.

3   Lynn Chadwick in an interview by Cathy Courtney for the National Life Stories series in partnership with the British Library, Lypiatt Park 1995, transcription p. 73. [https://sounds.bl.uk/related-content/TRANSCRIPTS/0211-C0466X0028XX-ZZZZA0.pdf]

4   Jon Wood, 'Looking at Modern Sculpture. Lynn Chadwick at Cliveden,' in Lynn Chadwick at Cliveden, ed. by Jess Fletcher, exh. cat. Cliveden, Maidenhead (London, 2018), p. 15.

5   Bird 2014, p. 68. Chadwick altered his working method over the decades. Because the use of stolit led to conservation problems, he then instead began casting his 'working models' in bronze. In late 1980s, he then turned to steel as a material for his works; see Dennis Farr and Éva Chadwick, Lynn Chadwick – Sculptor. With a Complete Illustrated Catalogue 1947 – 2003 (Farnham, 2014), p. 62.

6   Cited from Bird 2014, p. 8.

7   Ibid., p. 7.

8   Rungwe Kingdon, 'Natural Draughtsman', in Lynn Chadwick. Draughtsman, exh. cat. Gallery Pangolin (Chalford / Stroud, 2015), n. p. Twenty-one drawings are even cited in the catalogue of his works (p. 40) as opposed to 19 sculptures. Chadwick's drawings have been integrated into his exhibitions since the 1950s; nine drawings, for example, were shown at the Duisburg exhibition. See Bildhauer-Zeichnungen des 20. Jahrhunderts, exh. cat. Städtisches Kunstmuseum Duisburg (Duisburg, 1958). See also Walter John Strachan, 'The Sculptor and his Drawing', in The Connoisseur, 186, 1974, pp. 280 – 285.

9   Kingdon 2015, n. p.

10   I am grateful to Rungwe Kingdon for this information; see also Kingdon 2015.

11   Bird 2014, p. 31.

12   See Farr and Chadwick 2014, catalogue no. 419 – 422, p. 216.

13   Chadwick did in fact work on the motif of the sun before: catalogue no. 178, p. 123: 'Maquette for Apollo' and catalogue no. 257, p. 161: 'Sun'.

14   National Life Stories 1995, pp. 313f.

15   Ibid., p. 275.

16   Here is a selection: 1952 exhibition at Gimpel Fils, London, with seven drawings and 14 sculptures; La Gravure: Exhibition of Lithographs, Engravings, Mobiles by Lynn Chadwick, exh. cat. Heffer Gallery Cambridge (Cambridge, 1952); 1959 exhibition at Daniel Cordier, Frankfurt a. M.; Lynn Chadwick at J.P.L.: Sculpture, Drawings etc., exh. cat. J.P.L. Fine Arts London (London, 1976). In National Life Stories 1995, he also states: 'It's only when I've asked to do drawings for an exhibition or something', p. 84.

17   National Life Stories 1995, p. 316.

18   Ibid., p. 29.

19   Ibid., p. 84. This does not mean, however, that Chadwick did not work on paper in his late years. In 2015, Kingdon pointed to late watercolours depicting still lifes and views of Lypiatt.

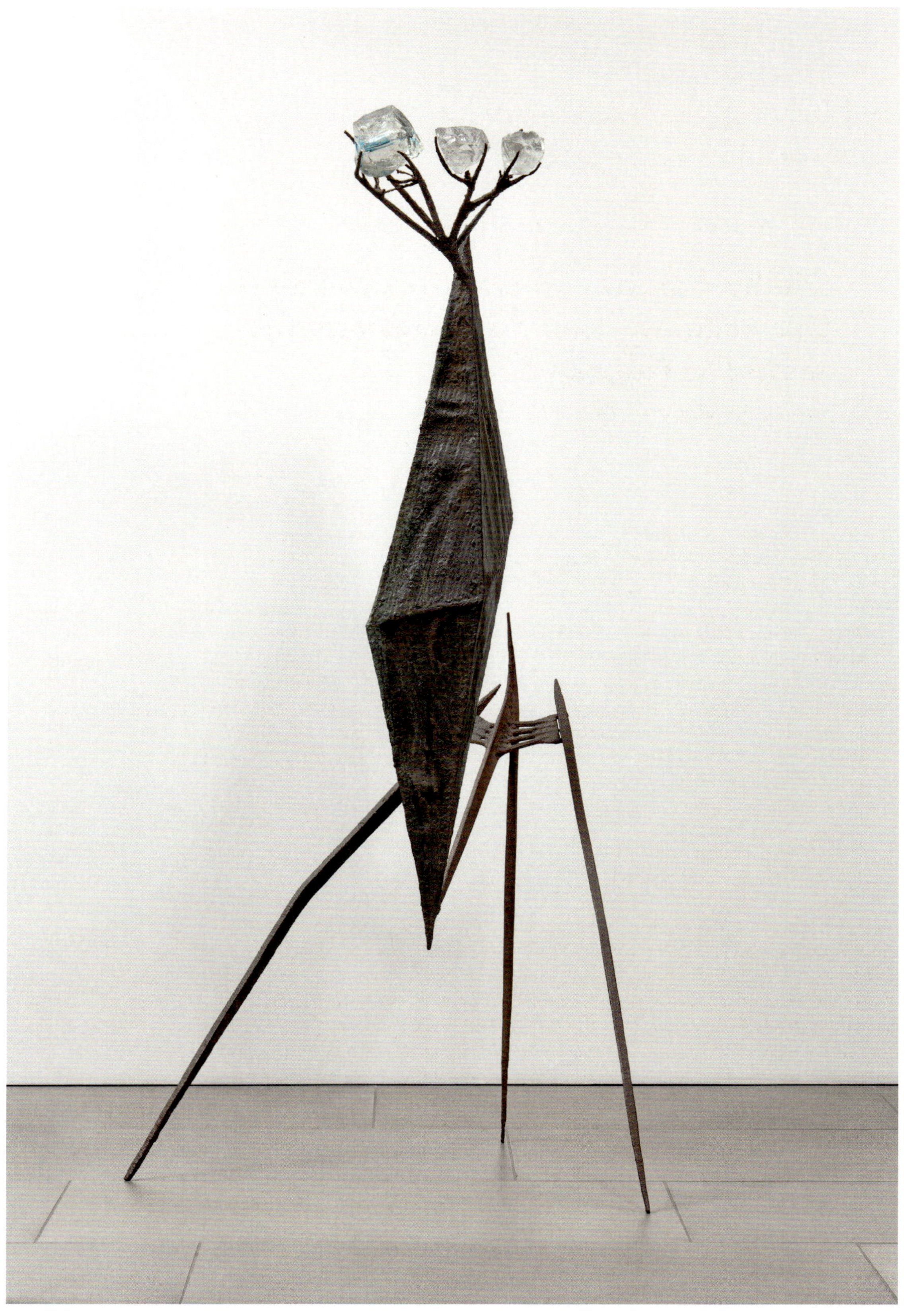

„Die Natur spricht die Sprache der Mathematik:

Katja
Blomberg

Die Buchstaben dieser Sprache sind Dreiecke, Kreise und andere mathematische Figuren.“

Galileo Galilei, 1564 – 1642 [1]

Sowohl für den Stahlbildhauer und Ingenieur Hans Uhlmann (1900 – 1975) als auch für den britischen Bildhauer und technischen Zeichner Lynn Chadwick (1914 – 2003) sowie die Philosophin und Bildhauerin Katja Strunz (*1970) scheinen Galileo Galileis Einsichten des frühen 17. Jahrhunderts prägend. Alle drei Künstler wurzeln mit ihren Werken tief in der naturwissenschaftlichen Forschungsgeschichte Europas. Als Universalgelehrter hatte Galileo nicht nur die Planetenbahnen neu bestimmt und Fallgeschwindigkeiten gemessen, sondern auch als Erster die Oberfläche des Mondes mit seinen Kratern und Schrunden beschrieben und über Energien nachgedacht, die auf der Erde auf jedes Objekt wirken. Die Überwindung der Schwerkraft, die Erkenntnis mathematischer Grundstrukturen der Natur und die Beobachtung ihrer Beschaffenheit stellen Gemeinsamkeiten im Werk von Lynn Chadwick, Hans Uhlmann und Katja Strunz im 20. und 21. Jahrhundert dar.

Hans Uhlmann als erster Stahlbildhauer in Deutschland

Der im Jahr 1900 in Berlin geborene Hans Uhlmann absolvierte nach dem Ersten Weltkrieg an der technischen Universität Berlin ein Studium mit dem Schwerpunkt mathematische und technisch-konstruktive Probleme. Gleichzeitig konnte er in Berlin Ausstellungen der internationalen Kunstavantgarde besuchen, allen voran der russischen Konstruktivisten Naum Gabo und Antoine Pevsner, deren „Realistisches Manifest“ in den 1920er-Jahren Maßstäbe einer radikal neuen Auffassung von Bildhauerei setzte. Uhlmann nahm die Ziele, die hier formuliert wurden, geradezu wörtlich: „Die Lotleine in der Hand, mit Augen, so genau wie ein Lineal, in einem Geiste, so gespannt wie ein Zirkel […] konstruieren wir unser Werk wie das Universum das seine, wie der Ingenieur seine Brücken, wie der Mathematiker seine Formel der Planetenbahnen. […] Wir verzichten auf das Volumen als Ausdruck des Raumes […]. Wir lehnen die feste Masse als bildhauerisches Element ab […]. Wir erklären, dass die Elemente der Kunst ihre Grundlage in einem dynamischen Rhythmus haben.“ [2]
    Während Uhlmann hauptberuflich eine Dozentur für Elektromechanik an der Technischen Universität Berlin innehatte, unternahm er Ende der 1920er-Jahre erste Schritte als Künstler. Nicht nur das „Realistische Manifest“, auch die naturwissenschaftlichen Forschungen früherer Generationen dürften ihm mit hoher Wahrscheinlichkeit bekannt gewesen sein.

Abb. 1
Lynn Chadwick
Beast, 1953
Höhe (height): 228 cm
Eisen und Glas
(welded iron and glass)

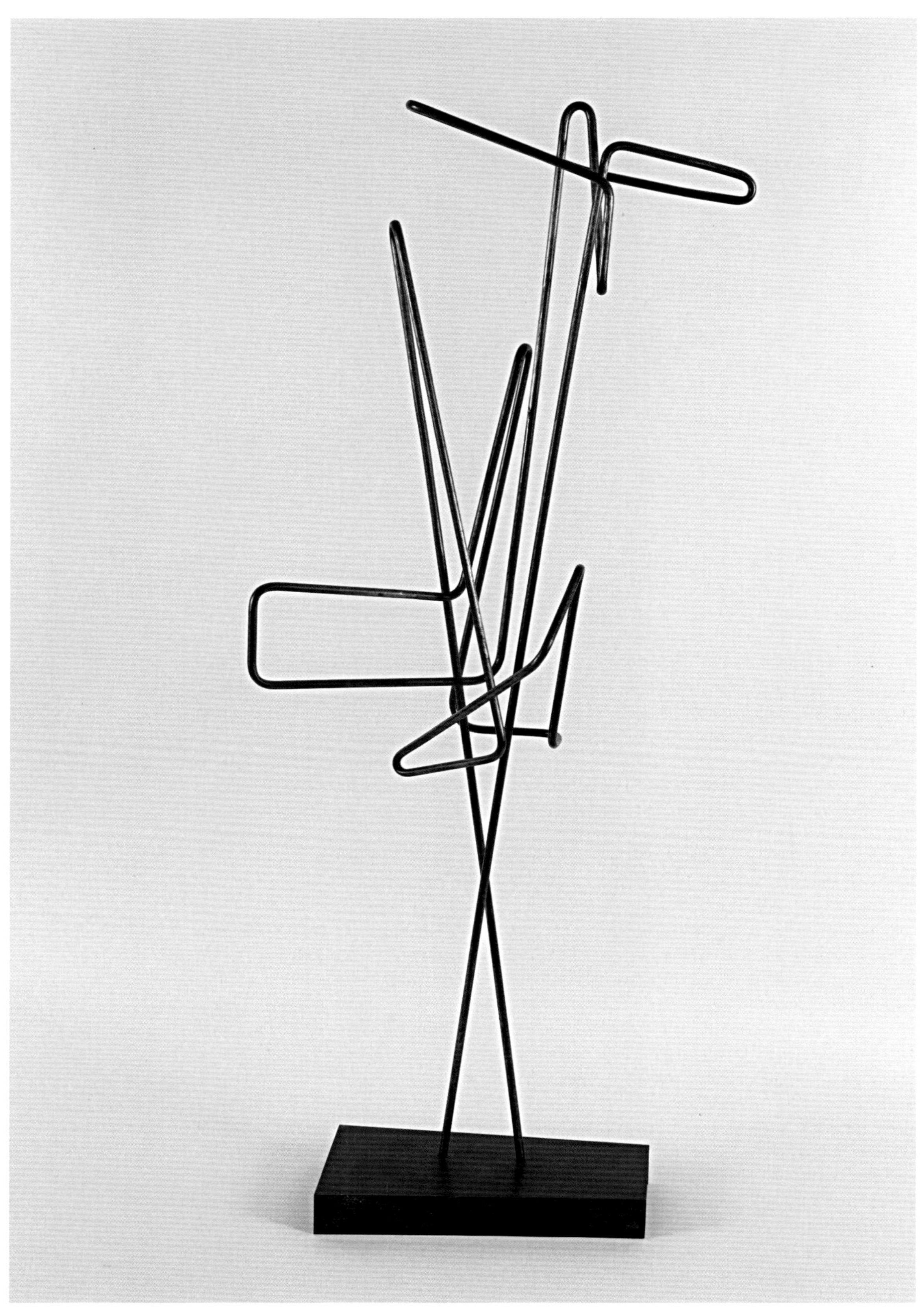

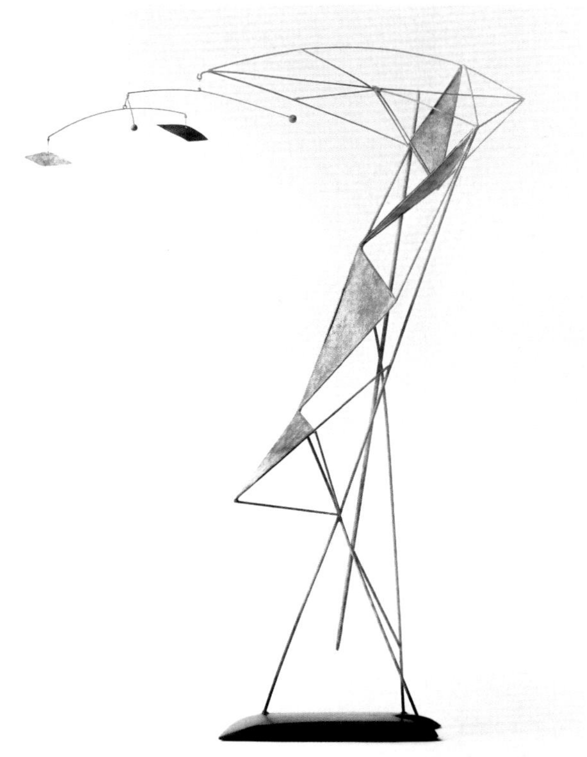

Eine erste Einzelausstellung mit käfigartigen Köpfen aus verlöteten Drahtstäben fand 1930 in der Galerie Gurlitt statt. Kurz nach der Machtergreifung der Nationalsozialisten verlor der mit den Kommunisten sympathisierende Uhlmann seine Dozentur. Bei einer Flugblattaktion im Herbst 1933 nahm ihn die Gestapo wegen angeblichen Hochverrats in Berlin-Tegel in Haft. Später arbeitete er bei der National Krupp in Neukölln an der Entwicklung einer Rechenmaschine, während im Verborgenen Zeichnungen und Plastiken ohne jede Aussicht auf Veröffentlichung entstanden.

Wenn wir die ausgestellten Arbeiten von Chadwick den Werken von Katja Strunz und Hans Uhlmann vergleichend gegenüberstellen, so wagen wir ein Experiment, dessen Ausgang auf die Bereitschaft des Betrachters setzt, sich sensibel auf Gemeinsamkeiten, Parallelitäten und Differenzen einzulassen. Im Haus am Waldsee treffen körperhaft-nervöse Bronzegebilde des Briten Chadwick auf luftige Drahtfiguren und geometrisch gebaute Metallschnittkonstruktionen von Hans Uhlmann sowie auf Metallfaltungen und Stelen der Zeitgenossin Katja Strunz.

Innen und außen – Uhlmann und Chadwick im Dialog

Am Anfang steht ein filigranes „Beast" von Chadwick aus dem Jahr 1953 (Abb. 1). Auf drei dünnen Beinen reckt es sich in die Vertikale. Wie eine Heuschrecke scheint es zum Luftsprung anzusetzen. Dem „Biest" steht ein „Vogelwesen" von Uhlmann gegenüber, das 1952 mit virtuoser Sicherheit aus biegbarem Stahlrohr in den Raum gezeichnet wurde. Die umrisshafte Gestalt entwickelt sich aus einer in sich selbst zurückkehrende Kurvatur. Die Beine berühren, wie bei Chadwick, den Boden nur punktuell. Die Überwindung der Schwerkraft scheint zum Greifen nahe. Stolz tritt das „Vogelwesen" (Abb. 2) in die Welt und lässt den Blick gelassen schweifen. Chadwicks „Beast" dagegen strahlt vibrierende Dynamik aus.

Linke Seite / left page:
Abb. 2
Hans Uhlmann
Vogelwesen, 1952
Höhe (height): 170 cm
Stahlrohr (steel tube)
Leihgabe des Instituts für Auslandsbeziehungen e. V., Stuttgart

Rechte Seite / right page:
Lynn Chadwick
Stabile with Mobile Elements, 1950
76,7 x 60 x 25 cm
Messing und bemaltes Kupfer
(brass rods and painted copper shapes)

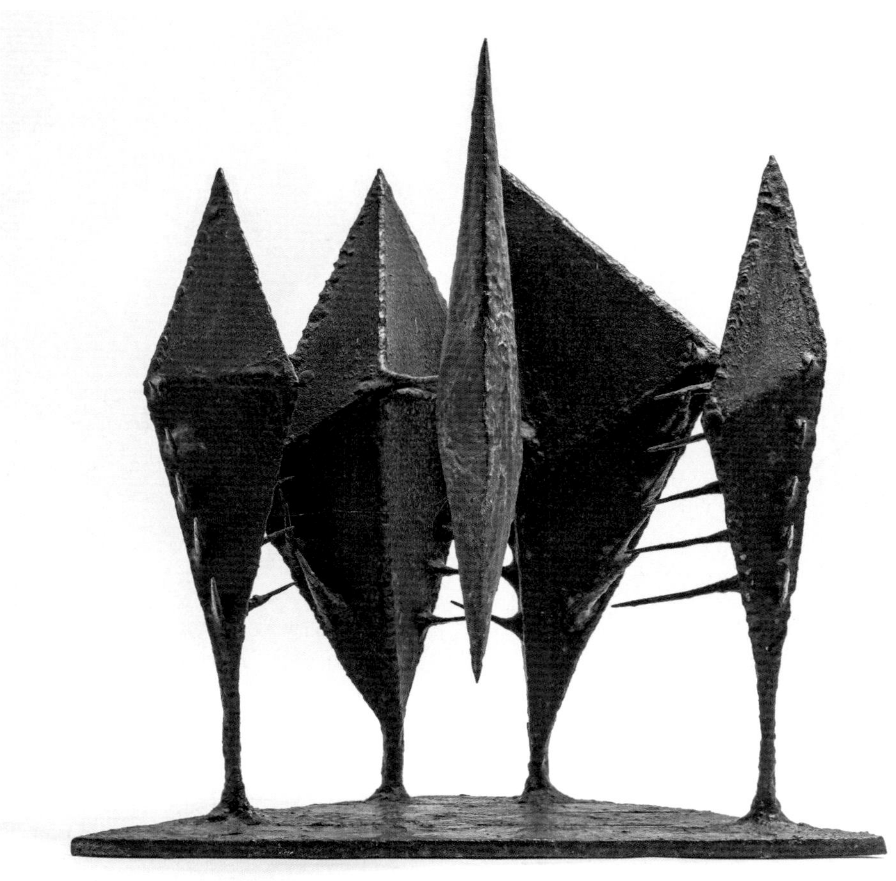

Bereits diese erste Gegenüberstellung zeigt strukturelle Gemeinsamkeiten, aber auch Unterschiede in Aufbau und Umgang mit plastischen Volumina. Chadwicks „Beast" lässt auf der Bronzeoberfläche eines kubisch abstrahierten Körpers den inneren Aufbau seines tragenden Gerüsts nachvollziehen. Dazwischen ergeben sich Flächen und Falten, die wie die Mondoberfläche rau und uneben mit Klüften und Kratern versehen sind.

Beim Betrachten meint man, die Hochspannung geradezu zu hören, unter der dieses Wesen witternd den nächsten Augenblick erwartet. Dagegen umreißt Uhlmanns transparentes „Vogelwesen" nur ein gedachtes Volumen. Er umschreibt einen figurativen Bewegungsfluss, der in sich selbst zurückkehrt. Will Grohmann bemerkt dazu Ende der 1940er-Jahre: „Während (aber) bisher alle bildhauer, die sich des drahtes als material bedienten, nichtfigurative arbeiten geschaffen haben [...], verbindet uhlmann diese periphärischen mittel, [...] mit figurativen vorstellungen. Es entstehen vögel und andere tiere, gestalten, tänzerische und akrobatische szenen, verwandlungen."[3]

Das Tiermotiv als Flügelwesen spielt als tradiertes Symbol von Gedankenfreiheit und Ideenreichtum bei Chadwick und Uhlmann vor allem im Frühwerk eine zentrale Rolle. Bemerkenswert erscheint dabei der Unterschied im plastischen Habitus, der für beide Werke bis zum Schluss kennzeichnend bleibt: Chadwick elektrisiert bei einer dünnhäutig, faltigen, geometrisch in Dreiecke strukturierten Oberfläche. Uhlmann tariert seine Arbeit harmonisch aus und zeigt keine Spuren von Alter, sondern Energien, die im Frühwerk auratisch zu Figurenumrissen und später mathematisch zu gebauten Verschachtelungen transformiert werden.

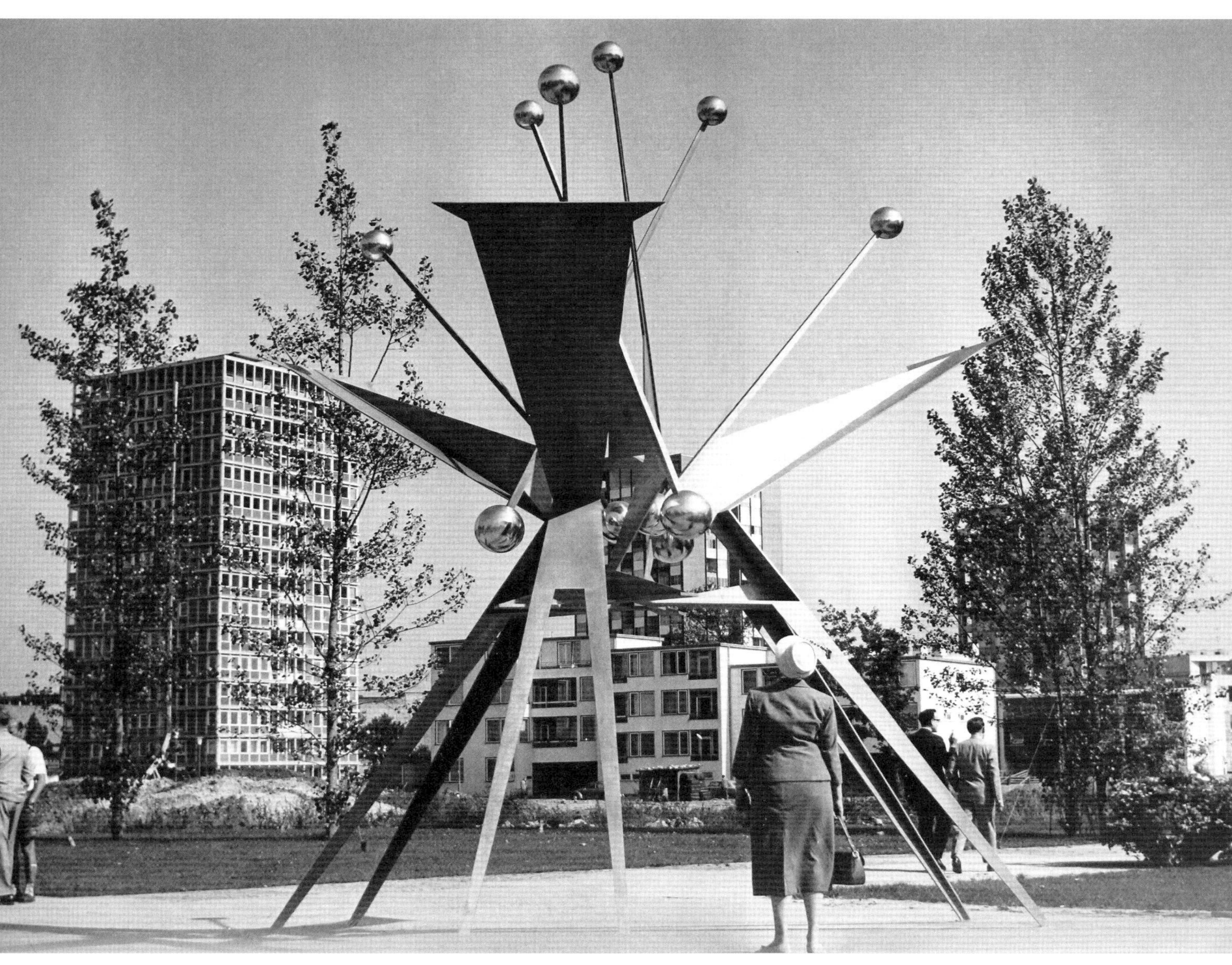

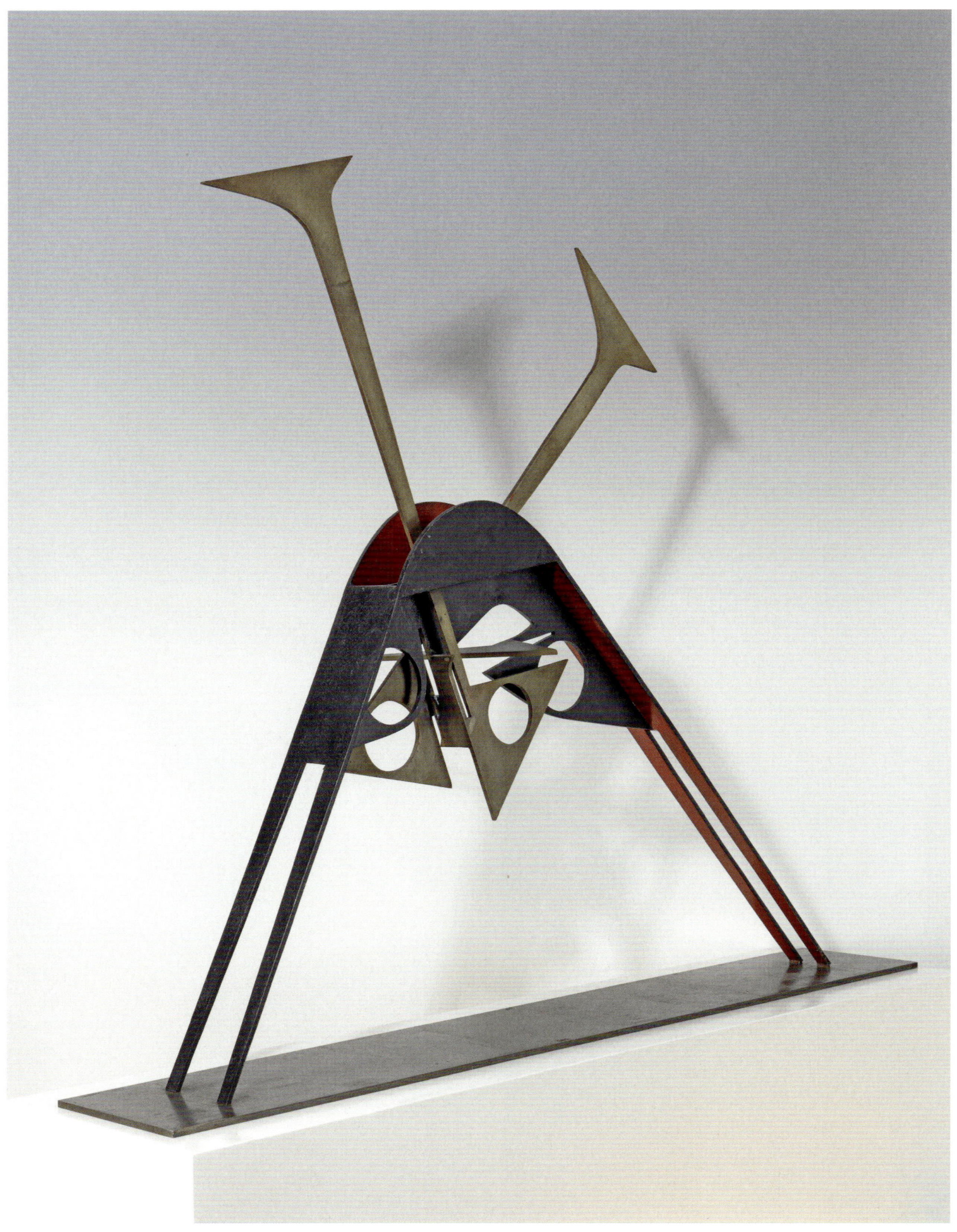

Zwei Bildhauer-Ingenieure auf dem Weg zum Erfolg

In Bezug auf ihren biografischen Hintergrund teilen beide Künstler die Erfahrung einer naturwissenschaftlich-mathematischen Ausbildung. Bis 1939 arbeitete Chadwick als technischer Zeichner in unterschiedlichen Londoner Architekturbüros. Nach einer Ausbildung zum Kriegspiloten flog er bis 1944 Einsätze für die Royal Navy. Noch bis 1952 entwarf er Stoffdesigns und jobbte weiter hier und da in Baubüros. Erst seit Ende der 1940er-Jahre schuf Chadwick plastische Arbeiten, und es entstanden zarte Mobiles aus Draht, die 1950 über die Galerie Gimpel Fils in London verkauft wurden. Als Künstler waren beide Autodidakten. In den Vorkriegsjahren haben sie die Kunstentwicklung in London und Berlin, aber auch in Paris auf höchstem Niveau verfolgt. Weder technisch noch inhaltlich gingen sie also naiv ans Werk, als sie Ende der 1940er-Jahre als Bildhauer-Ingenieure fast zeitgleich ihre Karrieren starteten und ihre Brotberufe aufgaben.

Spätestens ab 1953 gab es für Uhlmann und Chadwick genügend Gelegenheit, auf internationalem Parkett voneinander Kenntnis zu nehmen oder sich sogar zu begegnen. Gleich am Anfang ihrer Karrieren waren Uhlmann und Chadwick an dem ersten internationalen Bildhauerwettbewerb der Nachkriegszeit beteiligt, der 1952 vom Institute of Contemporary Art (ICA) in London für ein „Denkmal des unbekannten politischen Gefangenen" (Abb. 3) ausgeschrieben wurde. Der britische Diplomat und Kunstkritiker John Anthony Thwaites, der seit 1946 in Deutschland wirkte und sich maßgeblich für die britische und deutsche Nachkriegskunst einsetzte, hatte Uhlmann im März 1952 ausdrücklich zur Teilnahme aufgefordert. Über 3500 Bildhauer aus ganz Europa folgten. Für die Vorauswahl der deutschsprachigen Länder waren 262 Beiträge im Berliner Haus am Waldsee ausgestellt, darunter auch der prämierte Entwurf von Hans Uhlmann. Unter der Endauswahl von etwa 140 Werken, die in der Londoner Tate Gallery gezeigt wurden, befand sich auch der mit einem Preis ausgezeichnete Entwurf von Lynn Chadwick.

Zudem dürften sich die beiden Bildhauer ab 1952 auf den Biennalen in Venedig, auf der „documenta" (1955), „II. documenta" (1959) und „documenta III" (1964) in Kassel begegnet sein, wo sie jeweils vertreten waren – Uhlmann nahm darüber hinaus 1977 an der „documenta 6" teil. Zur Überraschung aller Beobachter hatte Chadwick 1956 den großen Preis der 28. Biennale von Venedig gewonnen. Dadurch wurde er mit einem Schlag zum international anerkannten Künstlerstar.

Erste gemeinsame Ausstellung

Nur wenige Jahre später tourte eine Doppelausstellung mit Werken von Chadwick und dessen britischem Künstlerfreund Kenneth Armitage durch Deutschland. Sie machte 1960 zunächst im Städtischen Kunstmuseum in Duisburg (heute Lehmbruck Museum) sowie im Haus am Waldsee Station. Der damalige Direktor der Kestner Gesellschaft in Hannover und Kurator der Schau, Werner Schmalenbach, analysiert im begleitenden Katalog Chadwicks noch junges Werk. Er hebt besonders dessen architektonischen Aufbau hervor: „Chadwicks Plastiken sind in ihrem Bereich etwa das, was man im Bereich der Architektur als Skelettbauten bezeichnet: Rahmenkonstruktionen mit Füllwerk."[4] Als Bildhauer sei Chadwick zwar kein „Tektoniker", doch weisen seine Plastiken in ihrem Entstehungsprozess konstruktive Eigenschaften auf, denn der Künstler fertigt, wie erwähnt, seine Werke so, dass die Unterkonstruktion aus Stahlstäben jeweils auf der Oberfläche sichtbar bleibt. Häufig strukturiert er den Verlauf zu Dreiecksformen. „Auch die Architektur", schreibt Schmalenbach weiter, „hat überdies in unserer Zeit nicht nur ‚tektonischen' Charakter. Man wagt in armiertem Beton die

Hans Uhlmann
Stahlplastik (Bogen), 1954
79,5 x 96 x 25,3 cm
Stahl, dreifarbig (coloured steel)
courtesy Galerie Michael Haas, Berlin

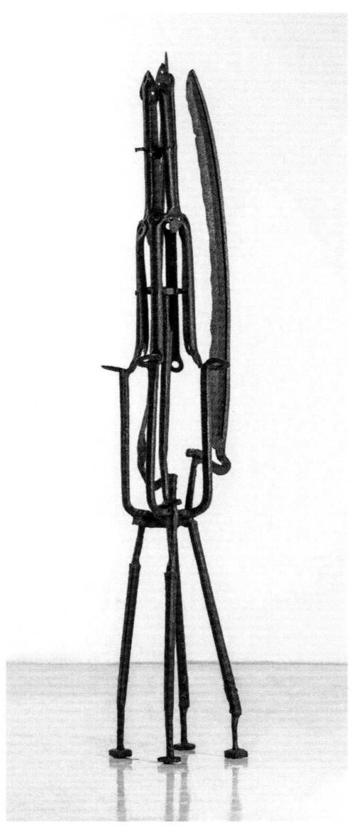

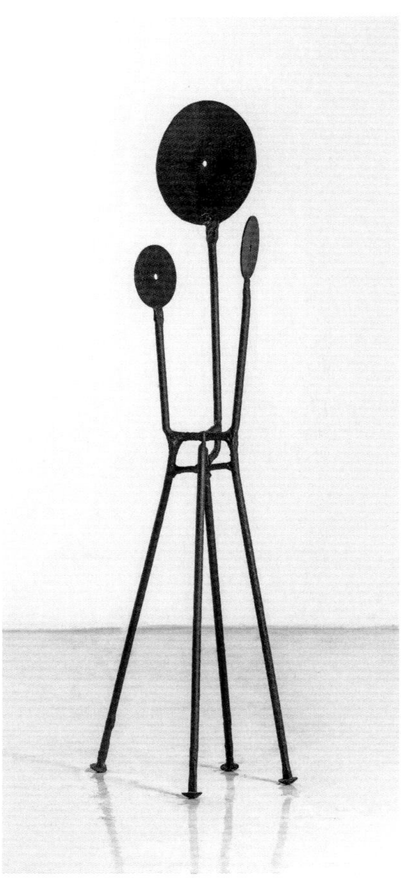

dynamischsten Konstruktionen."[5] Hier findet sich ein direkter Bezug zu Uhlmanns Werken, die aus der Dynamik der Linie und der Form heraus entstehen.

Auch der Dresdner Kunsthistoriker Will Grohmann betont 1954: „Da Uhlmann in der Kunst etwas Absolutes sieht und in der Natur nicht Rohstoff, sondern Gesetze, ist er auf sich selbst gestellt, und beginnt mit beweglicheren Materialien, die wie die des modernen Architekten das Absolute realisieren helfen."[6] Während Chadwick Architektur sichtbar ins Innere seiner Plastiken verlegt, macht Uhlmann das statische Gerüst selbst zum Thema. Der Brite sieht seine Werke als autarke Geschöpfe bevorzugt in der Landschaft. Dagegen sucht Uhlmann den unmittelbaren Bezug zur Architektur im Stadtraum. Im Zuge des Wiederaufbaus in Deutschland konnte der seit 1950 als Professor an der Berliner Kunstakademie wirkende Uhlmann zahlreiche Wettbewerbe im gesamten Bundesgebiet für sich entscheiden. Wie wichtig diese Kunst-am-Bau-Projekte für ihn waren – die im Gegensatz zu Chadwicks reproduzierbaren Bronzen immer als Unikate entstanden –, betont er im Gespräch mit seinem Biografen Werner Haftmann: „In der Erinnerung an die vielfältigen Situationen, mit denen ich konfrontiert war, muss ich meine Auftragsarbeiten zu meinen wichtigsten Realisierungen zählen [...]."[7] Später fasst die Kritikerin Camilla Blechen in einem Artikel in der Frankfurter Allgemeinen Zeitung zusammen, dass Uhlmann eigentlich nicht „Kunst am Bau" betreibe, sondern „Kunst mit dem Bau".[8] Der enge Kontakt mit den jeweiligen Architekten und das Eingehen auf den Gebrauch des Ortes war Uhlmann ein selbstverständliches Anliegen.

Anhand von zwei Projekten, die in der Ausstellung in Form von Modellen vorgestellt werden, lässt sich Uhlmanns Weg von der freien Raumdynamik zur flächig verschachtelten Raumfalte kurz skizzieren. Simultanität, Schwerelosigkeit und das Motiv von Splitterung und Faltung kommen, wie bei Chadwick und Strunz, dabei zentral zum Tragen.

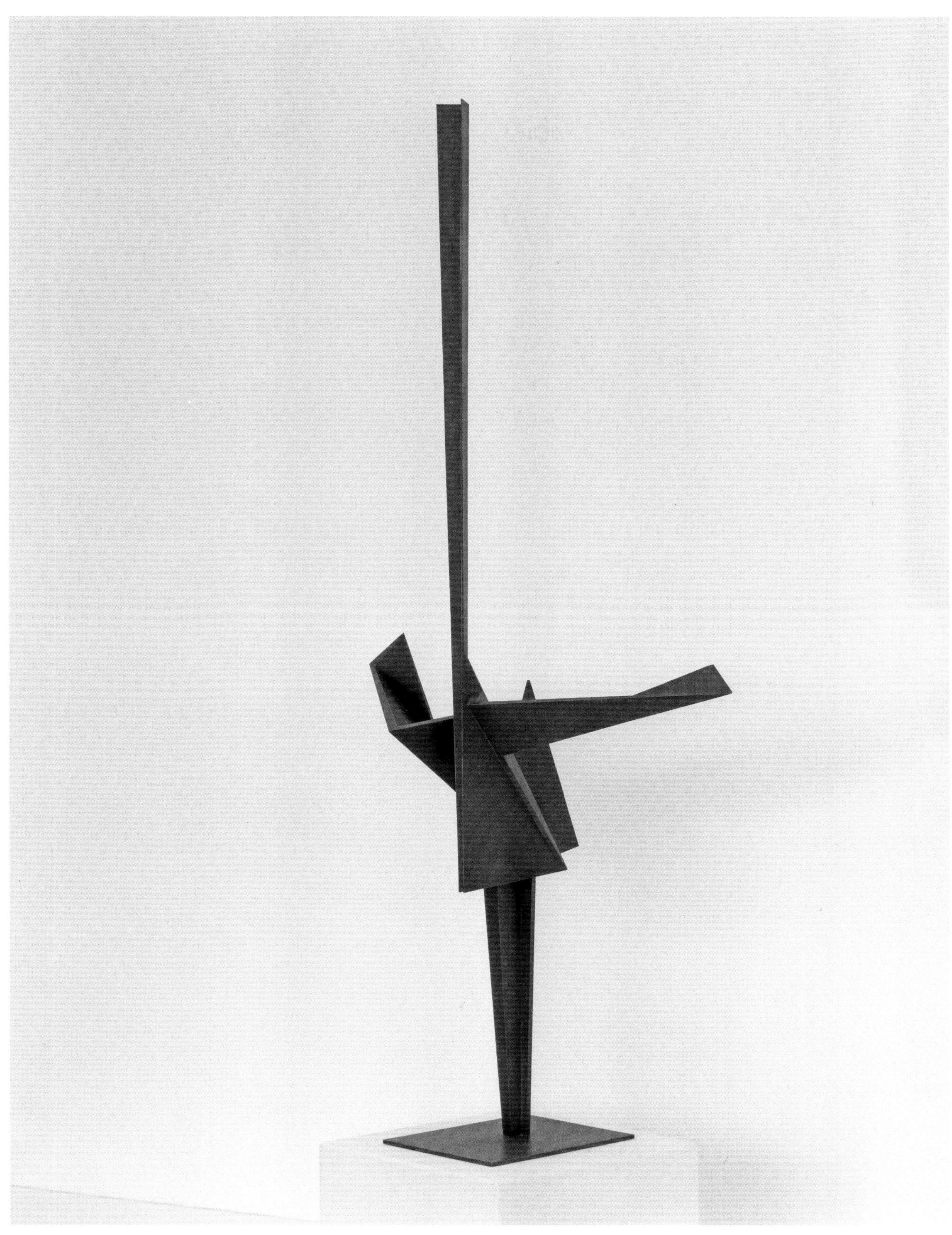

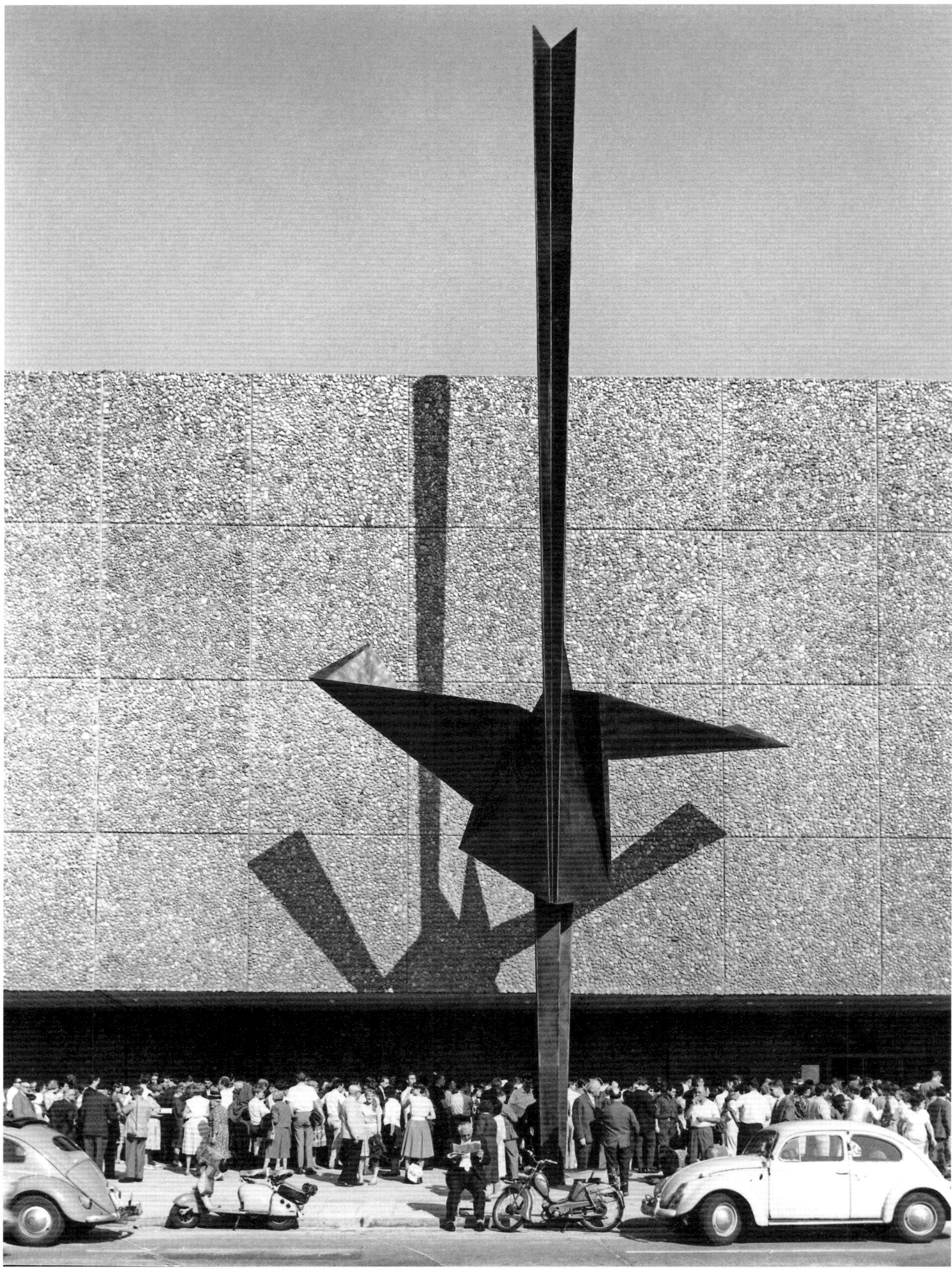

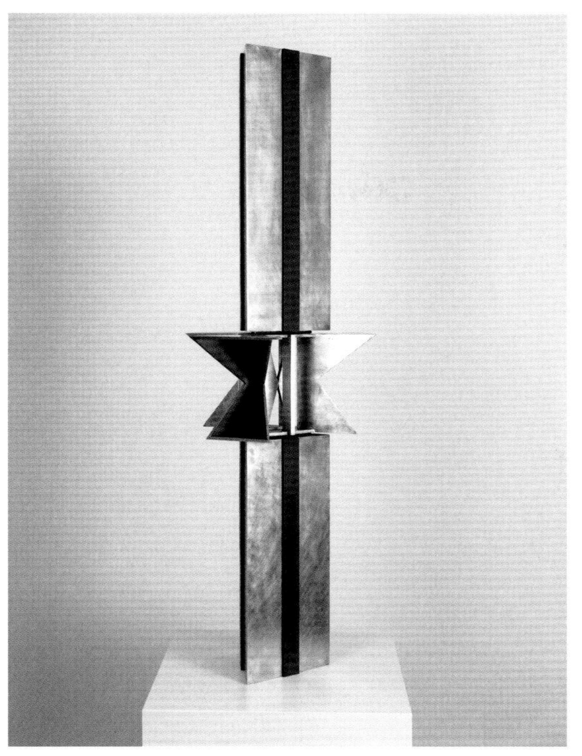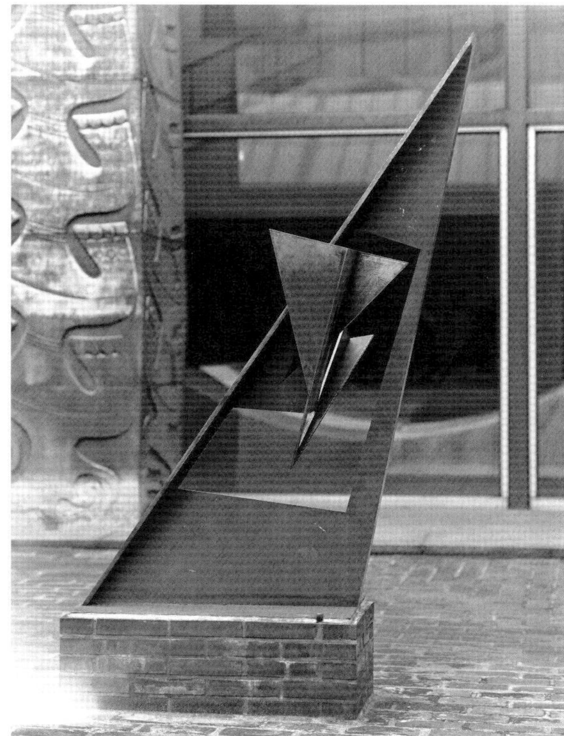

Zwei Arbeiten im öffentlichen Raum

Wie sehr Uhlmann den aktuellen Entwicklungen der Naturwissenschaft gegenüber aufge-schlossen blieb, wird in einem Auftrag deutlich, den er anlässlich der „Interbau 1957" für den Hansaplatz in Berlin gewonnen hatte. Uhlmann schuf eine fünf Meter hohe Standfigur aus Chromnickelstahl, die sich über drei weit gespreizten Doppelbeinen erhebt (Abb. 4). Dünne Stahlrohre mit polierten Stahlkugeln ragen dazwischen diagonal nach oben und unten und visualisieren den höchsten Punkt einer Pendelbewegung. Parallel zur 1958 in Brüssel veranstalteten Weltausstellung, mit ihrem markanten „Atomium", wirkt Uhlmanns Plastik auf dem Hansaplatz wie ein selbstbewusstes Gegenüber am Beginn des Weltraum- und Atomzeitalters.

Der Kunsthistoriker Will Grohmann zitiert angesichts der Arbeiten Uhlmanns Johann Wolfgang von Goethe: „das kunstwerk gleiche einer uhr mit durchsichtigem zifferblatt, die die stunden anzeige und verrate, wie es geschieht, indem sie zugleich das ganze räder-werk sehen lasse. So ist es hier. Die hülle ist weggezogen, wir sehen in das getriebe des werkes und erleben die plastischen mittel als eine tat der raum-zeit."[9] Uhlmann versucht mit der beeindruckenden Plastik auf dem Hansaplatz nicht zuletzt in diesem Sinne, Geometrie und Dynamik sowie kosmische Kräfte plastisch ins Bild zu setzen.

Nur zwei Jahre später entstand Uhlmanns prominenteste Arbeit vor der Deutschen Oper in Berlin (Abb. 5 und 6). Diesmal schuf er eine zwanzig Meter hohe Stahlstele mit einem weit ausladenden Faltmotiv. Der von Fritz Bornemann entworfene Neubau mit seiner 64 zu 14 Meter messenden Waschbetonfassade ohne Fenster bildet einen idea-len Hintergrund für Uhlmanns Faltmotiv, das wie ein gigantischer Origami-Vogel an der vertikalen Stele sitzt. Uhlmann ließ die 9 Tonnen schwere Plastik 1961 in einer Berliner Maschinenfabrik fertigen und zwischen Gebäude und Straße aufstellen. Das in sich ge-faltete Hauptmotiv ist streng symmetrisch und konstruktiv-geometrisch aufgebaut. Es spricht vom rhythmisierten Flügelschlag, der sich, wie der Klang, in den Himmel erhebt.

Linke Seite / left page:
Abb. 6
Die Skulptur vor der Deutschen Oper, 1961

Rechte Seite / right page:
Hans Uhlmann
Turm allseitiger Ausstrahlung, 1968
129 x 44 x 44 cm
Chrom-Nickel-Stahl, bemalt, mono-grammiert und datiert (painted stainless steel, monogrammed, dated)
Privatsammlung, courtesy Galerie Michael Haas, Berlin

Hans Uhlmann
Großes Dreieck, 1964
200 x 145 x 82 cm
Chrom-Nickel-Stahl (stainless steel)
Museum Ludwig, Köln
Schenkung 1974

Der Kritiker des Berliner Tagesspiegel, Heinz Ohff, lud den Künstler nach heftigen Protesten als Reaktion auf dessen Arbeit zu einem Statement ein: „Ich habe es [das Werk] in Beziehung gesetzt zu dem, was in dem Gebäude getan wird, also in Beziehung zur Musik: Entfaltung von Formen, die eine dynamische Konstruktion ergeben, deren Ordnung der Ordnung des musikalischen Materials entsprechen könnte. Da spielen keine illustrativen oder allegorische Elemente mit, deshalb hat die Plastik auch keinen Namen."[10] Das, was Kunst daran sei, ist für den Bildhauer die Überwindung der Technik mithilfe der Technik. Noch zugespitzter wird dieser Gedanke 1966 in der für die Stadt Bielefeld entstandene, schwarz getönte Chromnickelstahl-Plastik deutlich, die sich additiv aus Dreiecken und Romben aufbaut und sich vom Kern her wie eine künstliche Pflanze nach oben öffnet.

Tendenzen zu gefalteten Konstruktionen

So unterschiedlich sich die Karrieren der Ingenieur-Bildhauer Chadwick und Uhlmann gestalteten, so sehr begegneten sie sich in der konstruktiven Herangehensweise, die sich in beiden Werken am Ende immer mehr in prismatisch aufgefächerten Strukturen niederschlug. In seinen letzten Lebensjahren fand Chadwick in diesem Sinne zu geometrisch klar formulierten Gebilden im großen Format. In den 1990er-Jahren entstand seine letzte Reihe von „Biestern", die motivisch auf ältere Bronzen zurückgreift. In dem von ihm bis dahin kaum genutzten Chromnickelstahl unterzog Chadwick sie einer Verjüngungskur. Dieser Transformationsprozess führte zu Wesen mit dreieckigen, polygonal zersplitterten Oberflächen. Während Uhlmann schwarze Stahlscheiben konstruktiv verschachtelte, überspannte Chadwick seine Kreaturen mit einer geschlossenen Edelstahlhaut aus Dreiecksflächen. Im Sonnenlicht wirken diese Geschöpfe seltsam künstlich, als steckten die älteren Arbeiten gleicher Motive in gepanzerten Futteralen für den Start zum Mars bereit. Dem gegenüber steht Uhlmanns „Entfaltung" schwarz getönt wie ein konstruierter Kaktus aus einem anderen Universum.

1975 starb Uhlmann im Alter von 75 Jahren. Sein Werk reichte kaum über die Weltraumutopien der 1960er-Jahre hinaus. Künstlerisch führte er die Traditionslinie der Konstruktivisten Naum Gabo und Antoine Pevsner fort. Lynn Chadwick gelang es hingegen noch im hohen Alter von 80 Jahren, eine große Werkgruppe zu schaffen, deren Ästhetik die Zukunft vorauszuahnen schien. So wirken die in alle Richtungen beweglichen Oberflächen seiner letzten „Biester" wie aus 3D-Low-Poly-Oberflächen gefertigt, Faltungen, wie sie heute in der Mode, in der Architektur oder in der Medizin breite Verwendung finden.

Raum-Zeit-Gefüge von Katja Strunz

Mit Katja Strunz tritt in der Ausstellung eine bildhauerische Position unserer Gegenwart auf. Auch Strunz begann ihre Karriere nicht als Bildhauerin. Sie studierte zunächst Philosophie und Kunstgeschichte in Mainz und schloss erst dann ein vollständiges Kunststudium in Karlsruhe an. In ihrer freien Arbeit setzte sie sich seit den frühen 2000er-Jahren mit den konstruktiv-minimalistischen Tendenzen ihrer Vorgänger im 20. Jahrhundert auseinander. Dabei dekonstruierte sie Traditionslinien eher, als dass sie diese fortführte. Und doch spielen auch in ihren Metallplastiken Begriffe wie Schwerkraft, Raum-Zeit-Gefüge, Konstruktion, Splitterung, Schrumpfung oder Faltung eine zentrale Rolle.

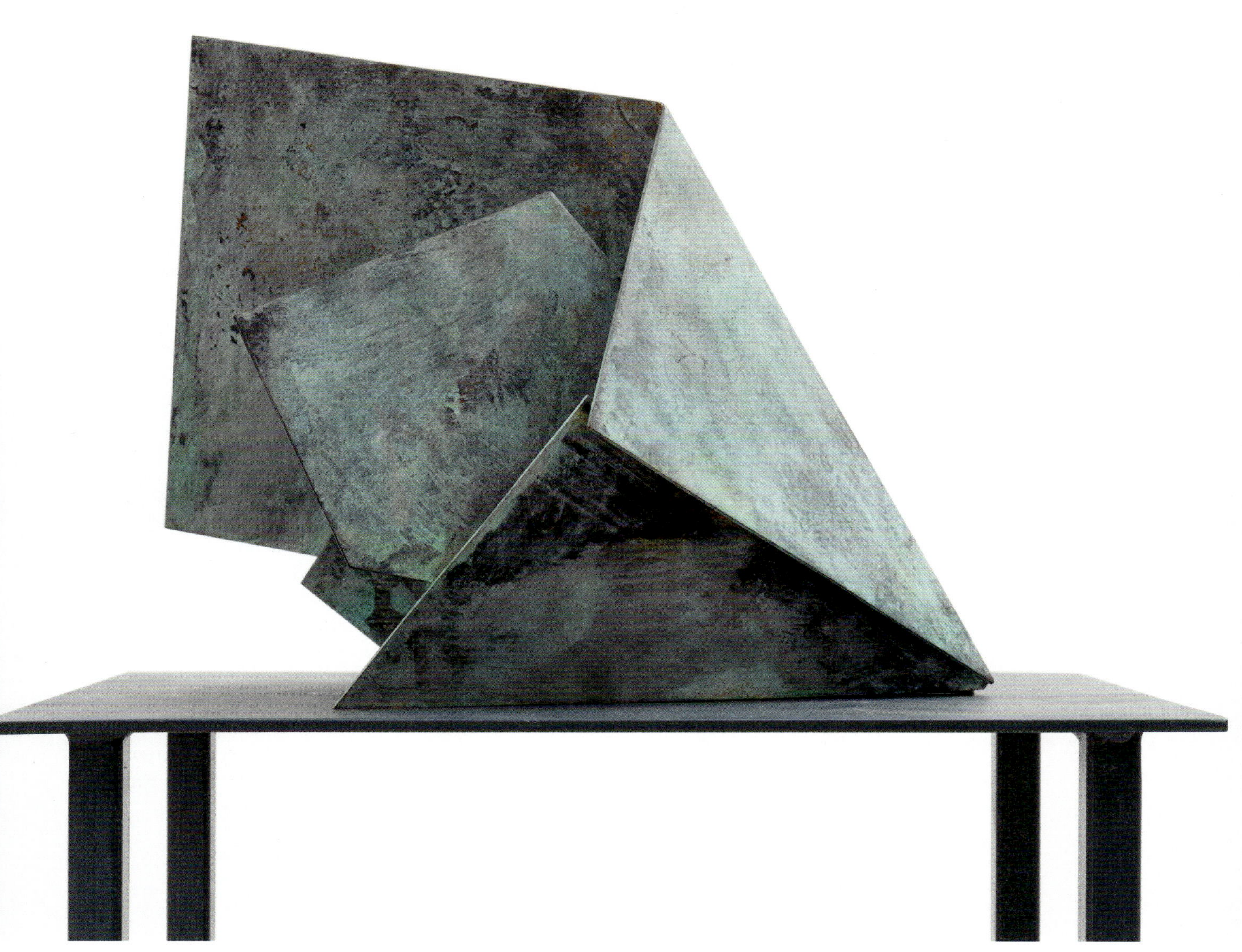

Katja Strunz
Unfolding Process I, Part B, 2013
132 x 44,5 x 31,5 cm
Patinierte Bronze, Stahl
(patinated bronze, steel)
ACT Art Collection, Berlin

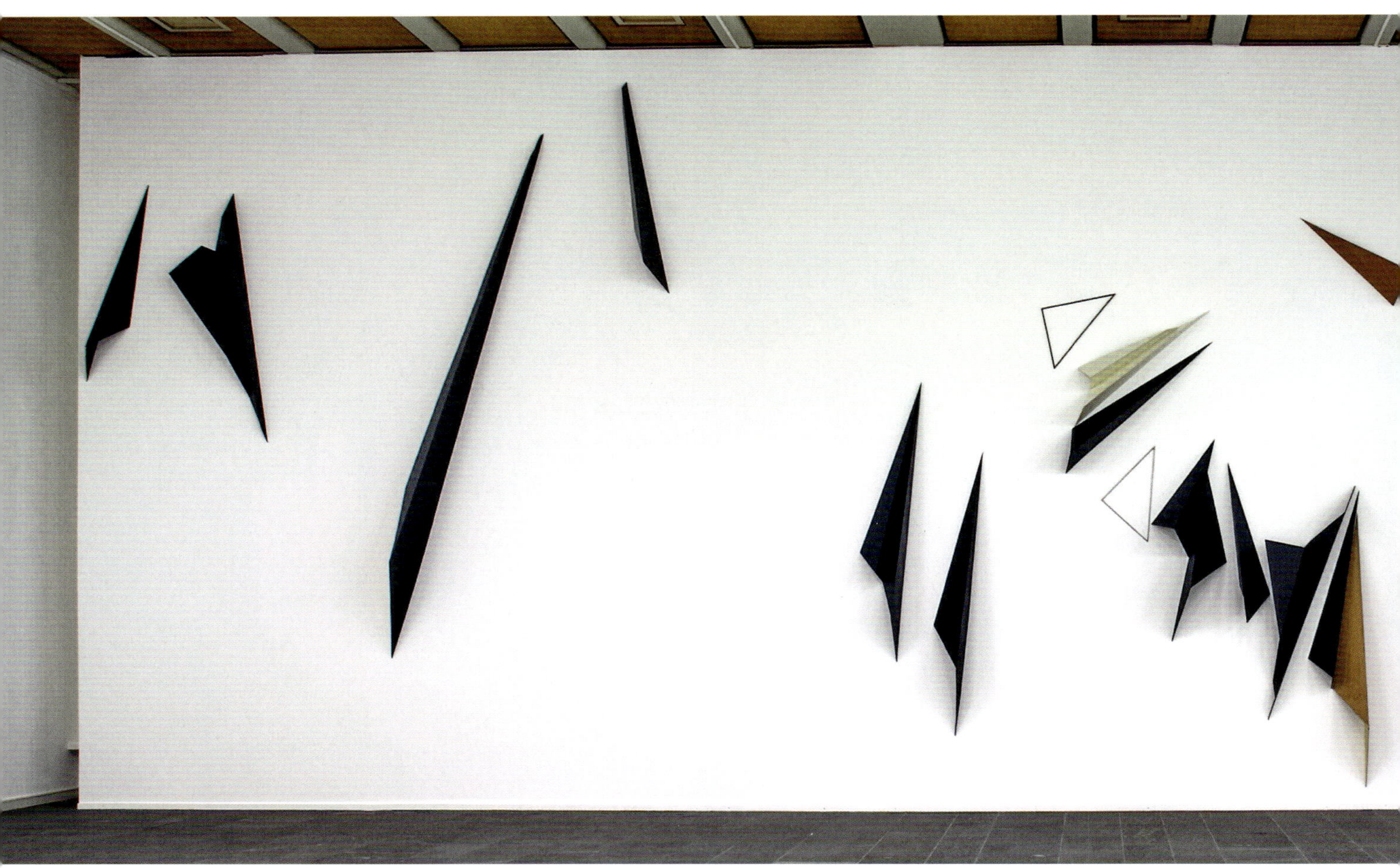

Bemerkenswert erscheint, dass Strunz das Moment der „Zeit" als traumatisierte Wiederholung begreift und „Form" als Fragmentierung eines auseinanderfallenden Ganzen sieht. Diese Auffassung hätte man einer kriegstraumatisierten Generation wie Chadwick und Uhlmann viel eher zugetraut. Ihre älteren Kollegen gingen bildhauerische Grundfragen bezüglich Zeit, Dynamik und Energie jedoch von der naturwissenschaftlichen, mathematisch-architektonischen Seite an, während Strunz sie von der begrifflich-geistigen Seite her betrachtet. Ihre dreidimensionalen Objekte, die formal zunächst mit den Werken von Chadwick und Uhlmann vergleichbar erscheinen, rufen vor dem Hintergrund unserer digitalisierten Gegenwart eher Themen der Vergänglichkeit auf, als dass sie für den Aufbruch in ein neues Zeitalter stehen würden.

Das Moment der formkonstituierenden Schwerkraft bearbeitet Strunz nicht im Sinne von Überwindung, sondern im Sinne von Fallen. Dabei verwendet sie gebrauchte Baumaterialien, Uhren oder Metall, um das Altern der vorhandenen Dinge haptisch sichtbar zu machen. Sie setzt sich damit bewusst von dem Hintergrund einer hochtechnisierten, medial und virtuell dominierten Gegenwart, die längst auch die Kunst bestimmt, ab. Wie Strunz selbst im Interview in diesem Katalog betont, arbeitet sie mit der Faltung im Sinne von Zufall, von Einfall oder sogar Unfall. Sie macht Zeit damit auch als Verfall sichtbar: „Die Faltung ist eine bewegte, dreidimensionale Formstruktur, die ein Davor und Danach beinhaltet. Der Prozess des Ein- und Ausfaltens lässt sich endlos fortführen, sodass immer wieder neue Formen entstehen."[11] Ihre große Faltarbeit, „Zeittraum #7" (2004), hat als fragmentierte Wandarbeit in diesem Sinne einen zentralen Stellenwert in der Ausstellung.

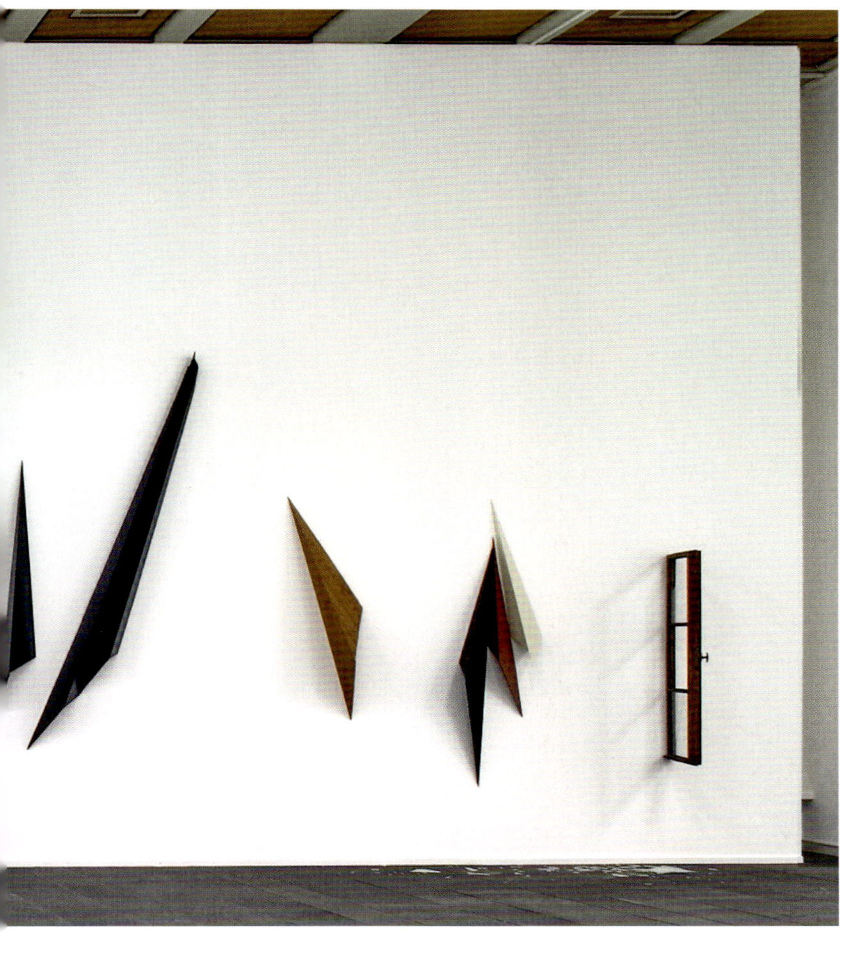

1   Le opere di Galileo Galilei, Band VI, Florenz 1933, S. 232; zit. nach https://sdtb.de/technikmuseum/ ausstellungen/2310/ [20.3.2019], Deutsches Technikmuseum Berlin.

2   Naum Gabo: Das Realistische Manifest, in: Naum Gabo: Sechzig Jahre Konstruktivismus, hrsg. von Steven A. Nash und Jörn Merkert, München, New York 1986, S. 203f.

3   Will Grohmann, Druckfahne für Katalog Gerd Rosen, 1947 / 48; hier zit. aus: Im Netzwerk der Moderne: Kirchner, Braque, Kandinsky, Klee, Richter, Bacon, Altenbourg und ihr Kritiker Will Grohmann (Ausst.-Kat. Staatliche Kunstsammlungen Dresden, Kunsthalle im Lipsiusbau), hrsg. von Konstanze Rudert, München 2012, S. 300.

4   Werner Schmalenbach im Katalog zur Wanderausstellung, „Kenneth Armitage, Lynn Chadwick", die von ihm als Direktor der Kestner Gesellschaft Hannover initiiert worden war und im Haus am Waldsee Station machte, Hannover 1960, S. 29.

5   Ebd.

6   Will Grohmann und Hans Uhlmann in: arti visive 1 (1954), hier zit. aus: Im Netzwerk der Moderne 2012, S. 300.

7   Hans Uhlmann, in: Werner Haftmann, Hans Uhlmann, Schriftenreihe der Akademie der Künste, Bd. 11, Berlin 1975, S. 69.

8   Camilla Blechen, in: Frankfurter Allgemeine Zeitung, 27.11.1970.

9   Will Grohmann in einem Manuskript für einen Katalog bei Gerd Rosen 1947 / 48, hier zit. aus: Im Netzwerk der Moderne 2012, S. 300.

10   Hans Uhlmann, in: Tagesspiegel, 21.10.1961.

11   Katja Strunz im Interview mit Natalie Weiland in diesem Katalog S. 89.

Katja Blomberg
Nature Speaks the Language of Mathematics

"[The universe] cannot be read until we have learnt the language and become familiar with the characters in which it is written. It is written in mathematical language, and the letters are triangles, circles and other geometrical figures, without which means it is humanly impossible to comprehend a single word."
Galileo Galilei, 1564 – 1642[1]

Galileo Galilei's insights from the early seventeenth century appear to be formative for the steel sculptor and engineer Hans Uhlmann (1900 – 1975) and the British sculptor and technical draftsman Lynn Chadwick (1914 – 2003) as well as the philosopher and sculptor Katja Strunz (*1970). All three artists and their works have deep roots in the European history of scientific research. The polymath Galileo did not only propose a new model of planetary orbits and speed of falling bodies but was the first to describe the surface of the moon with its craters and canyons and think about the energies affecting every object on Earth. Defying gravity, recognising mathematical structures in nature and observing its character represent commonalities of Galileo's works with those of Lynn Chadwick, Hans Uhlmann and Katja Strunz in the twentieth and twenty-first centuries.

Hans Uhlmann, the first steel sculptor in Germany

Hans Uhlmann was born in Berlin in the year 1900. After the end of World War I he completed a course at Technische Universität Berlin, which focused on mathematical and technical problems of construction. At the same time he was able to visit exhibitions of the international avant-garde in Berlin, particularly those of the Russian Constructivists Naum Gabo and Antoine Pevsner, who wrote the 'Realistic Manifesto', the benchmark for a radically new approach to sculpture in the 1920s. Uhlmann took the objectives formulated in the manifesto at face value, almost to the letter: 'The plumb line in hand, the look accurate as a ruler, the mind rigid as a compass, we are building our works as the universe builds. [...] We disown volume as a plastic form of space. [...]. We disown, in sculpture, mass as a sculptural element. [...]. We proclaim a new element in plastic arts: the kinetic rhythms, which are essential forms of our perception of real time ...'[2]

Towards the end of the 1920s, while lecturing full-time on electromechanics at Technische Universität Berlin, Uhlmann took his first steps as an artist. It is highly likely that he was familiar with both, the 'Realistic Manifesto' and the scientific research of earlier generations.

His first solo exhibition of cage-like, soldered wire sticks took place at Galerie Gurlitt in 1930. Shortly after the Nazis seized power, the communist sympathiser Uhlmann lost his lectureship. Leafleting in the autumn of 1933, he was arrested by the Gestapo and incarcerated for alleged treason at Berlin-Tegel prison. Later he worked at National Krupp in Neukölln on the development of a calculating machine, while drawing and sculpting in hiding without the slightest prospect of exhibiting his works.

If we compare the exhibited works by Chadwick with those of Katja Strunz and Hans Uhlmann, we venture into an experiment, which relies on the viewer's readiness to engage sensitively with their commonalities and parallels as well as their differences. At Haus am Waldsee corporeal, nervous bronze formations by Chadwick meet airy wire figures and constructions of geometrical metal cuts by Hans Uhlmann as well as folded metal and steles by our contemporary Katja Strunz.

Inside and outside – a dialogue between Uhlmann and Chadwick

At the outset, there is a filigree 'beast' by Chadwick from 1953 (fig. 1). On three spindly legs it cranes itself into the vertical direction. Like a grasshopper it seems poised to jump into the air. Opposite this 'beast' stands an 'avian creature' by Uhlmann from 1952, which was drawn into space with a virtuoso certainty using bendable steel pipes. The silhouetted shape unfurls from a recurring curvature. As with Chadwick the legs touch the ground only pointedly. Overcoming gravitation seems within reach. The 'avian creature' (fig. 2) proudly faces the world, calmly surveying its surroundings, whereas Chadwick's 'beast' radiates a vibrant dynamism.

This initial juxtaposition already demonstrates structural similarities but also differences in building and handling sculptural volumes. Chadwick's 'beast' allows us to track the internal makeup of its supporting frame on the bronze surface of a cubically abstracted body. In between the supporting frame there are planes and folds that are furnished, like the surface of the moon, with rough and uneven chasms and craters.

Looking at this sculpture we can imagine hearing the high-strung tension with which this creature senses and scents the imminent moment. By contrast, Uhlmann's transparent 'avian creature' traces merely a notional volume. He outlines a figurative, recurring fluidity of motion. Towards the end of the 1940s Will Grohmann observes: 'While all the sculptors, who have used wire as their material, have created non-figurative works [...] Uhlmann connects these peripheral means [...] with figurative representations. The results are birds and other animals, figures, scenes of dancing and acrobatics, metamorphoses.'[3]

The animal motif of a winged creature plays a central role particularly in the early works of Chadwick as a traditional symbol of freedom of thought and creativity. It appears remarkable, however, that the difference in sculptural habitus remains characteristic of both oeuvres until the very end: Chadwick electrifies with a thin-skinned, wrinkled surface structured by triangles, whereas Uhlmann achieves a harmonic balance that shows no signs of age but displays energies, which are transformed into auratic silhouettes in the early works and later into mathematically constructed interlacings.

Two sculptor-engineers on the path to success

In view of their biographical background, both artists have the experience of a mathematical, scientific education in common. Chadwick worked as a technical draftsman in various architectural offices until 1939. Having retrained as a pilot he flew missions for the Royal Navy until 1944. After the war he continued to design textiles and take jobs at architectural firms until 1952. Chadwick only began to make sculptures in the late 1940s, creating delicate mobiles from wire, which were sold by the London gallery Gimpel Fils in 1950. Both artists were self-taught. Before the war they followed the developments in art in London and Berlin, respectively, but also in Paris, at the highest stage. Therefore they did not get to work naively with regard to technique and content when they almost simultaneously gave up their day jobs and embarked on their careers as sculptor-engineers in the late 1940s. By 1953 at the latest, Uhlmann and Chadwick had ample opportunity to notice, or even meet each other on the stage of international art. At the very beginning of their careers, both artists took part in the first international sculpture competition after the war, the 1952 competition 'Monument to the Unknown Political Prisoner' (fig. 3) commissioned by the Institute of Contemporary Art (ICA) in London. In March 1952, the British diplomat and art critic John Anthony Thwaites, who had worked in Germany since 1946 and supported both British and German post-war art, had explicitly called on Uhlmann to take part in the competition. More than 3,500 sculptors from all over Europe answered the call for entries. For the pre-selection of the German-speaking countries, 262 entries were shown at the Berlin Haus am Waldsee, including the winning design by Hans Uhlmann. Among the final selection of around 140 works exhibited at the Tate Gallery in London was the entry by Lynn Chadwick, which received one of the prizes there.

Additionally, the artists are likely to have met after 1952 at the Venice Biennales, 'documenta' (1955), 'II. documenta' (1959) and 'documenta III' (1964) in Kassel, where they both had works on display, as well as at 'documenta 6' in 1977, in which Uhlmann participated. To the surprise of most observers, Chadwick won the International Prize for Sculpture at the 28th Venice Biennale in 1956. Overnight, that success turned him into a recognised star of the international art world.

Exhibiting together for the first time

Only a few years later, in 1960, a double exhibition with works by Chadwick and his British artist friend Kenneth Armitage toured through Germany. The show stopped at Städtisches Kunstmuseum in Duisburg (today called Wilhelm Lehmbruck Museum) and at Haus am Waldsee. Werner Schmalenbach, at the time director of the Kestner Gesellschaft in Hanover and curator of the exhibition, examines Chadwick's oeuvre – then still in its early stages – in the accompanying catalogue. In particular, he highlights his architectural composition: 'In their field Chadwick's sculptures are what is called a skeleton structure in architecture: a frame construction with padding.'[4] While Schmalenbach does not consider Chadwick a 'tectonic' sculptor, he nevertheless attributes constructive properties to the production process of the works because – as we saw above – the substructure made of steel bars remains visible on the surface. In many instances the artist works with devolution into triangular figures. 'Moreover, architecture', Schmalenbach continues, 'is in our time not only of "tectonic" character. In reinforced concrete, people venture all kinds of dynamic construction.'[5] Here lies an obvious connection to Uhlmann's works, which emerge directly from the dynamic of line and form.

The Dresden-based art historian Will Grohmann stresses in 1954: 'Since Uhlmann considers art to be something absolute – while nature is, for him, not raw material but laws – he is on his own und sets out with more malleable materials like a modern architect would use that assist him in realising the absolute.'[6] Chadwick transfers architecture visibly to the inside of his sculpture, whereas Uhlmann explicitly addresses the static framework as such. The British artist prefers to see his works in the landscape as the independent creations they are, while Uhlmann seeks the direct relationship to urban space. Over the course of Germany's reconstruction after the war, Uhlmann, who had been a professor at the Berlin art academy since 1950, won numerous competitions all over West Germany. In sharp contrast to Chadwick's reproducible bronze sculptures, Uhlmann considered his architecture-related projects, which were always unique, of singular importance, as he points out in a conversation with his biographer Werner Haftmann: 'Remembering all the various situations I was confronted with, I would have to count my commissioned works among the most important works I was able to realise [...].'[7] Later, the art critic Camilla Blechen concludes in an article in the Frankfurter Allgemeine Zeitung that Uhlmann was not actually engaging in 'art on the building' but in 'art with the building'.[8] Working in close contact with the respective architects and a site-specific practice came naturally to Uhlmann.

Two projects, which are presented in the exhibition in the form of models, sketch Uhlmann's journey from a free, spatial dynamism to a planar, interlaced fold of space. Simultaneity, weightlessness and the motifs of splintering and folding play a crucial role here, just like they do in the works of Chadwick and Strunz.

Two works in public space

Uhlmann's continued interest in the latest developments of the natural sciences is clearly demonstrated by a commission he won on the occasion of the exhibition 'Interbau 1957' for Hansaplatz in Berlin. Uhlmann created a five-metre-tall standing figure made of chromium-nickel steel that towers on three double legs spread wide (fig. 4). In between, thin steel pipes with polished steel balls rear diagonally upwards and downwards, marking the highest point of a pendular movement. Uhlmann's sculpture on Hansaplatz appears like a confident counterpart to the seminal 'Atomium' at the 1958 world fair in Brussels, a statement on the threshold of the space age and the nuclear age.

Regarding Uhlmann's works, Will Grohmann defers to Johann Wolfgang von Goethe: 'The work of art should be like a clock with a transparent face. It should tell the hours and reveal how that happens by displaying the entire clockwork at the same time. That is the case here. The shroud has been lifted. We see the gears and cogs and experience the sculptural devices as an act of space-time.'[9] And not least, Uhlmann attempts to visualise geometry, dynamics and cosmic forces by sculptural means in the impressive sculpture of Hansaplatz.

A mere two years later, Uhlmann created his most prominent work (fig. 5 und 6): in front of Deutsche Oper in Berlin he installed a twenty-metre-high stele of steel with an expansive fold motif. The new opera house was designed by Fritz Bornemann with a 64 by 14 metre façade of exposed aggregate concrete. It forms an ideal background to Uhlmann's fold motif, which sits on the vertical stele like a giant origami bird. The sculpture of nine metric tons was produced in Berlin engineering works in 1961. Uhlmann placed it between the street and the building. The main motif is folded back onto itself and as such strictly symmetric in geometric terms. It speaks of rhythmic wing beats taking to the sky like sound.

After harsh protests against the work, the art critic of the Berlin newspaper Der Tagesspiegel, Heinz Ohff, invited the artist to publish a statement: 'I have placed it [the work] in relation to what goes on inside the building, that is, in relation to music: unfolding forms that amount to a dynamic construction, the order of which might correspond to the order of the musical material. As such it contains no illustrative or allegorical elements. For that reason, the sculpture also does not have a name.'[10] It is art, according to the sculptor, because it has overcome technology by means of technology. The chromium-nickel, black-tinted sculpture of 1966 for the city of Bielefeld formulated that thought in an even more pointed manner. It is additively manufactured from triangles and rhombi, opening up from its core like an artificial plant.

Propensities to folded constructions

Irrespective of their many differences, the sculptor-engineers Chadwick and Uhlmann saw eye to eye in the constructivist approach, which resulted in structures that increasingly fan out prismatically. In the final years of his life, Chadwick found clearly formulated geometric shapes in large formats. In the 1990s, he created his last series of 'beasts', drawing on the motifs of the older bronze sculptures. Employing the material of chromium-nickel steel, which he had rarely used before, Chadwick rejuvenated the motif. This transformation process lead to creatures with triangular, polygonally fragmented surfaces. While Uhlmann interlaced black plates of steel, Chadwick covered his creations with a closed stainless steel skin made of triangular surfaces. In direct sunlight, these creatures appear strangely artificial, as if the older works of the same motif had been stuck in armoured casings in preparation of a flight to Mars. Opposite, Uhlmann's 'Entfaltung' (unfolding) stands tinted black like a construed cactus from another galaxy. Uhlmann died in 1975 at the age of seventy-five. His oeuvre hardly transcends the multi-faceted space utopia of the 1960s. Artistically, he continued the tradition of the Russian Constructivists Naum Gabo and Antoine Pevsner. Lynn Chadwick, by contrast, managed to produce, at the relatively advanced age of eighty years, a major group of works that seemingly anticipates a future aesthetic. The surfaces of his last 'beasts' appear to be 3D-low-poly and freely moveable in every direction. They are foldings such as those currently widely used in fashion, architecture or the medical professions.

The fabric of space and time according to Katja Strunz

Katja Strunz represents a sculptural position of the present. Strunz, too, did not begin her career as a sculptor. She studied philosophy and art history in Mainz before taking up an art degree course in Karlsruhe. Since the early 2000s, she has studied the constructivist-minimalist tendencies of her predecessors from the twentieth-century in her free time. In doing so she deconstructs traditions rather than continuing them. However, concepts such as gravity, the fabric of space-time, construction, fragmentation, shrinking or folding play a central role in her practice.

It seems remarkable that Strunz conceives of the moment of 'time' as a traumatised repetition and of 'form' as a fragmentation of a whole falling apart. It would seem more natural to expect this notion of a generation traumatised by war like that of Chadwick and Uhlmann. Yet her elder colleagues preferred to approach the basic questions of sculpture regarding time, dynamism and energy from a scientific, mathematical and architectural perspective, whereas Strunz views them from a conceptual-cognitive point of view. Her three-dimensional objects appear to be comparable to the works of Chadwick and Uhlmann at first glance. However, against the background of our digitalised present they evoke themes of transience rather than representing the beginning of a journey into a new age.

Strunz works with the moment of gravity, constituting form not in the sense of overcoming gravitation but in the sense of falling. To this end, she employs second-hand construction materials, clocks or metal to render the ageing process of existing things visible in a haptic manner. Thus she consciously removes herself from a present ruled by technology, media and virtual concerns, a tendency that also holds sway over the art world. In an interview in this catalogue, Strunz declares that she works with folding in the sense of coincidence, idea and even accident. This enables her to render time visible as decay: 'Folding is a three-dimensional, formal structure in motion. It entails a before and after. The process of folding and unfolding can be reiterated infinitely many times, resulting in new forms at every iteration.'[11] In precisely this sense, her great folding work 'Zeitraum #7' (2004), a fragmented wall work, takes centre-stage in the exhibition.

1   Galileo Galilei, Opere Il Saggiatore, p. 171.

2   Naum Gabo and Antoine Pevsner, Realist Manifesto, 1920, quoted from: http://www.terezakis.com/realist-manifesto.html (last accessed March 31, 2019).

3   Will Grohmann, 'Druckfahne für Katalog Gerd Rosen',1947 / 48, quoted from: Im Netzwerk der Moderne: Kirchner, Braque, Kandinsky, Klee, Richter, Bacon, Altenbourg und ihr Kritiker Will Grohmann (exh. cat. Staatliche Kunstsammlungen Dresden, Kunsthalle im Lipsiusbau), edited by Konstanze Rudert, Munich 2012, p.300.

4   Werner Schmalenbach in the catalogue accompanying the touring exhibition 'Kenneth Armitage, Lynn Chadwick', which he initiated as director of the Kestner Gesellschaft, Hanover, and which also travelled to Haus am Waldsee, Hanover 1960, p.29.

5   Ibid.

6   Will Grohmann and Hans Uhlmann in: arti visive 1 (1954), quoted from: Im Netzwerk der Moderne 2012, see note 2, p.300.

7   Hans Uhlmann, in: Werner Haftmann, Hans Uhlmann, Schriftenreihe der Akademie der Künste, vol. 11, Berlin 1975, p.69.

8   Camilla Blechen, in: Frankfurter Allgemeine Zeitung, November 27, 1970.

9   Will Grohmann in a catalogue manuscript for the gallery of Gerd Rosen, 1947 / 1948, quoted from: Im Netzwerk der Moderne 2012, see note 2, p.300.

10   Hans Uhlmann, in: Tagesspiegel, October 21, 1961.

11   Katja Strunz in an interview with Natalie Weiland in this catalogue, p.92.

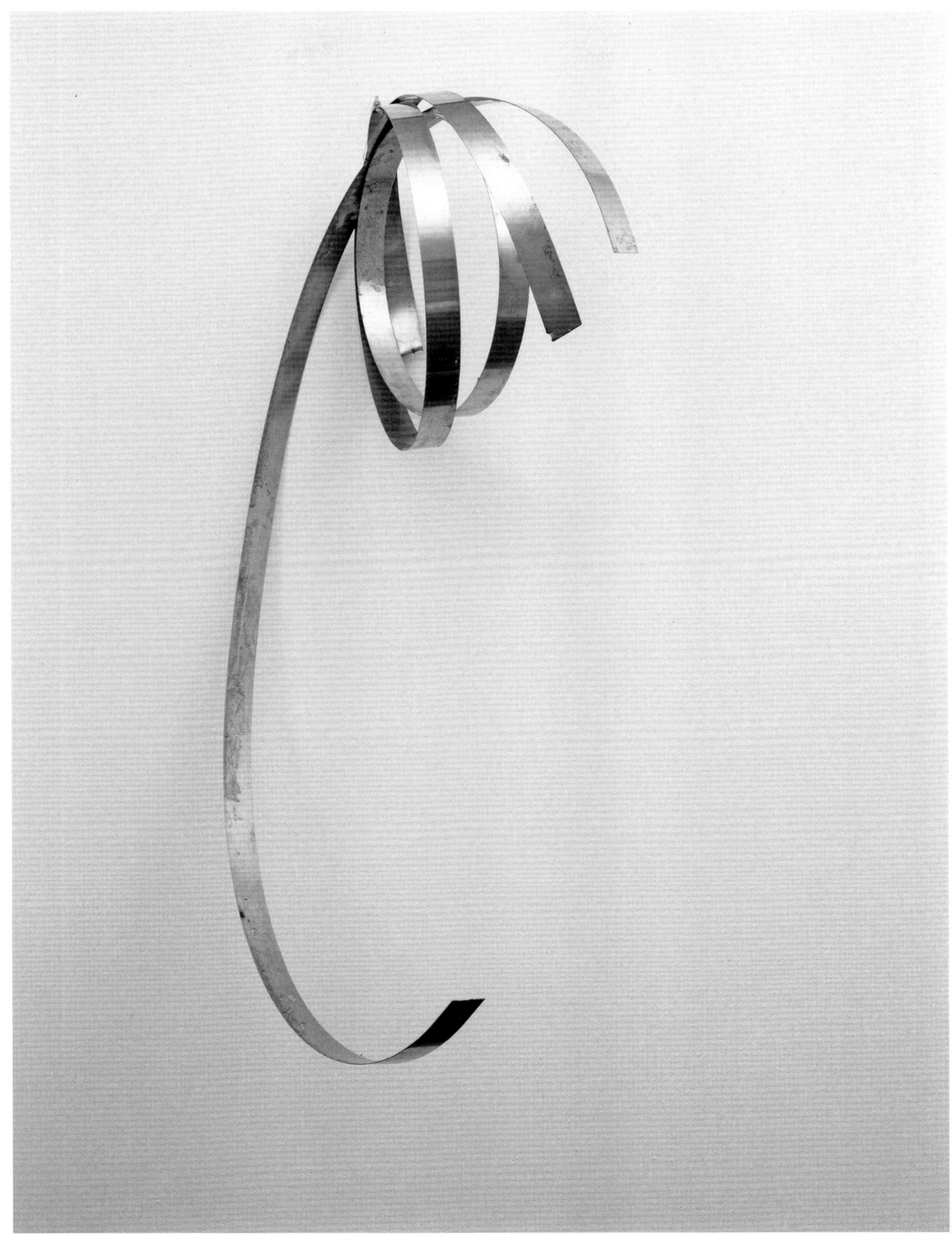

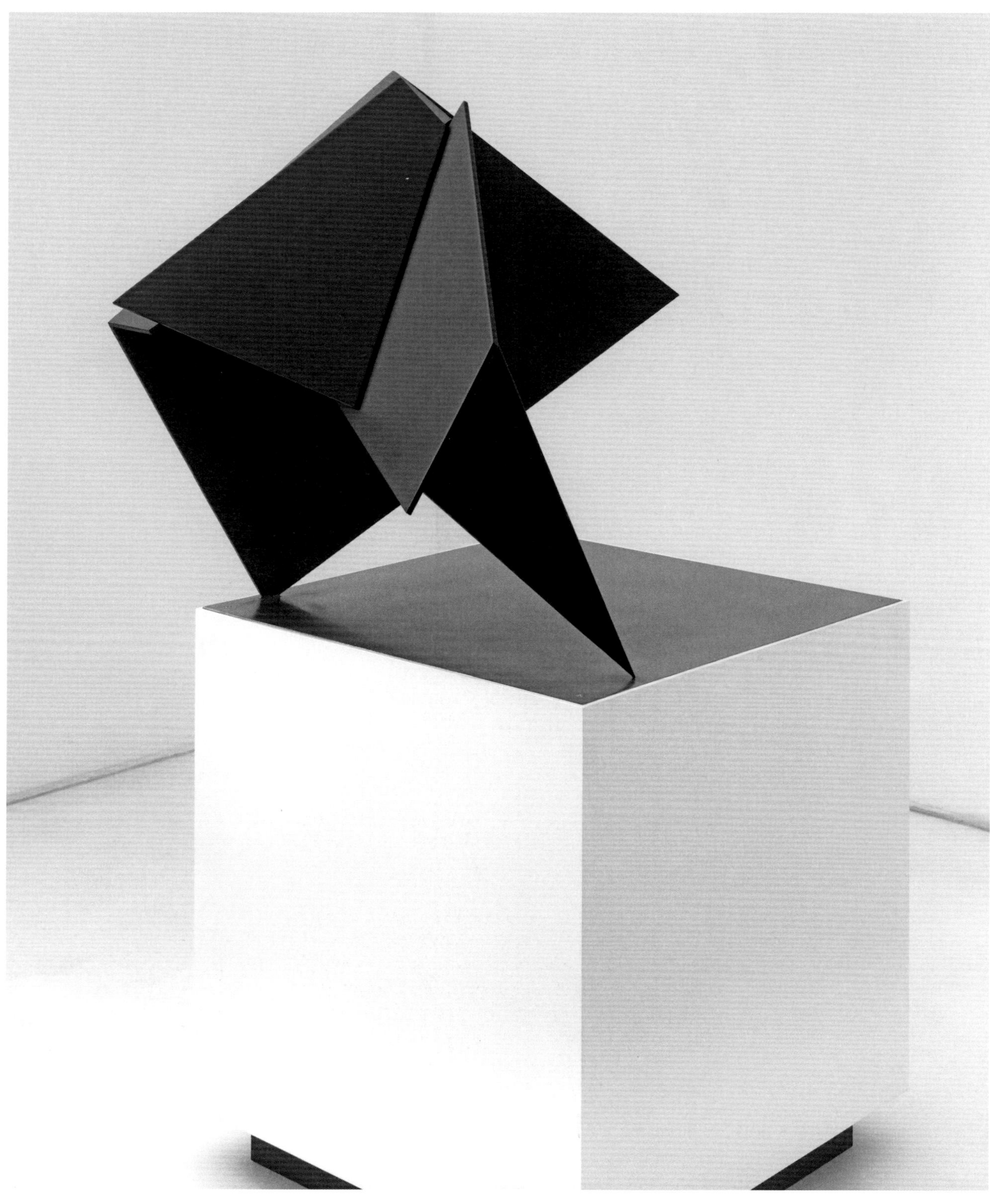

Kreatur des Einfalls
Die Bildhauerin Katja Strunz im Gespräch mit Natalie Weiland, 20. Februar 2019

Natalie Weiland: Im Haus am Waldsee zeigen wir Deine Arbeiten im Dialog mit denen von Lynn Chadwick und Hans Uhlmann. Ihr teilt eine gemeinsame Formensprache und die Verwendung von schwerem Material. Wie siehst Du Deine Verbindung zum Werk der beiden älteren Bildhauer?

Katja Strunz: Wie Du sehe ich eine Verbindung im Material und in der Formensprache. Sie manifestiert sich im Motiv der Faltung. Mein Arbeitsprozess ist offen – also wenn ich beginne etwas zu tun, weiß ich zunächst nicht, was am Ende dabei herauskommt. Und so ist es auch mit dieser Ausstellung. Ich begebe mich mit Intuition in den Prozess hinein und kann diesen erst viel später begreifen.

Die Arbeiten von Hans Uhlmann sind in Berlin im Außenraum präsent. Sie sind mir daher auch bekannt. Direkt habe ich mich aber nie auf ihn bezogen. Man ist in einem gemeinsamen Feld und benutzt eine ähnliche Formensprache – mehr ist es nicht.

Ich habe den Eindruck, dass Chadwick und Uhlmann einer ganz anderen Herangehensweise folgten als ich. Sie haben auch andere Hintergründe. Solche Differenzen können anhand von Ähnlichkeiten und Verbindungen vielleicht gerade gut hervortreten. Allgemein wird die Anschauung der Form, die Formensprache in heutigen Ausstellungen oft zu wenig thematisiert. Deswegen gefiel mir die Ausstellungsidee des Hauses am Waldsee. Der Betrachtende bekommt die Möglichkeit, in den Werken zu lesen – das Material und die Formen zu lesen, so wie man Buchstaben liest oder aus Buchstaben liest. Ohne dass mir ein Inhalt vorschreibt, was es zu lesen gibt …

NW: Mir scheint, dass das Moment der Zeit für Deine Arbeit eine besonders wichtige Rolle spielt. Wie würdest Du es beschreiben? Wird diese in Deinem Werk sichtbar?

KS: Ein Grund, warum ich mit Zeit arbeite, ist meine Suche nach und der spürbare Verlust von Gegenwart. Die Wahrnehmung von Gegenwart schrumpft, wenn Vergangenes nicht vergehen will oder die Zukunft schon vor der Tür steht. Es geht mir um ein Zuviel, aber auch um ein Zuwenig an Vergangenheit. Es interessiert mich, wie ich selbst Vergangenheit erfahre – als unabgeschlossen, als Konditionierung, als Schreck – also in Form einer traumatischen Wiederholung oder als Schatten im kulturellen Unterbewussten. Die Frage, wie ich das sichtbar machen kann, beantwortet sich durch das Motiv der Falte. Daneben gibt es aber auch Werke bei mir, die mit Fragmentierungen arbeiten, weil ein Ganzes auseinanderfällt. Auf diese Weise wird Zeitlichkeit sichtbar. Oder ich arbeite mit der Schwerkraft und mit Materialspuren, die Dinge gealtert wirken lassen können. Gegen Ende meines Studiums habe ich Uhren auf meine Werke gestellt und Zeiger eingearbeitet. Das waren für mich erste Schritte, mich konkret auf den Minimalismus zu beziehen.

Vorherige Seite / previous page:
Katja Strunz
Zitelosa, 2003
153 x 59 x 62 cm
Edelstahl (stainless steel)
HMT, Berlin

Linke Seite / left page:
Katja Strunz
Einfalt und Ort, 2011
160 x 99 x 71,5 cm
Pulverbeschichteter Stahl, Edelstahl, lackiertes Holz (powder coated steel, stainless steel, painted wood)

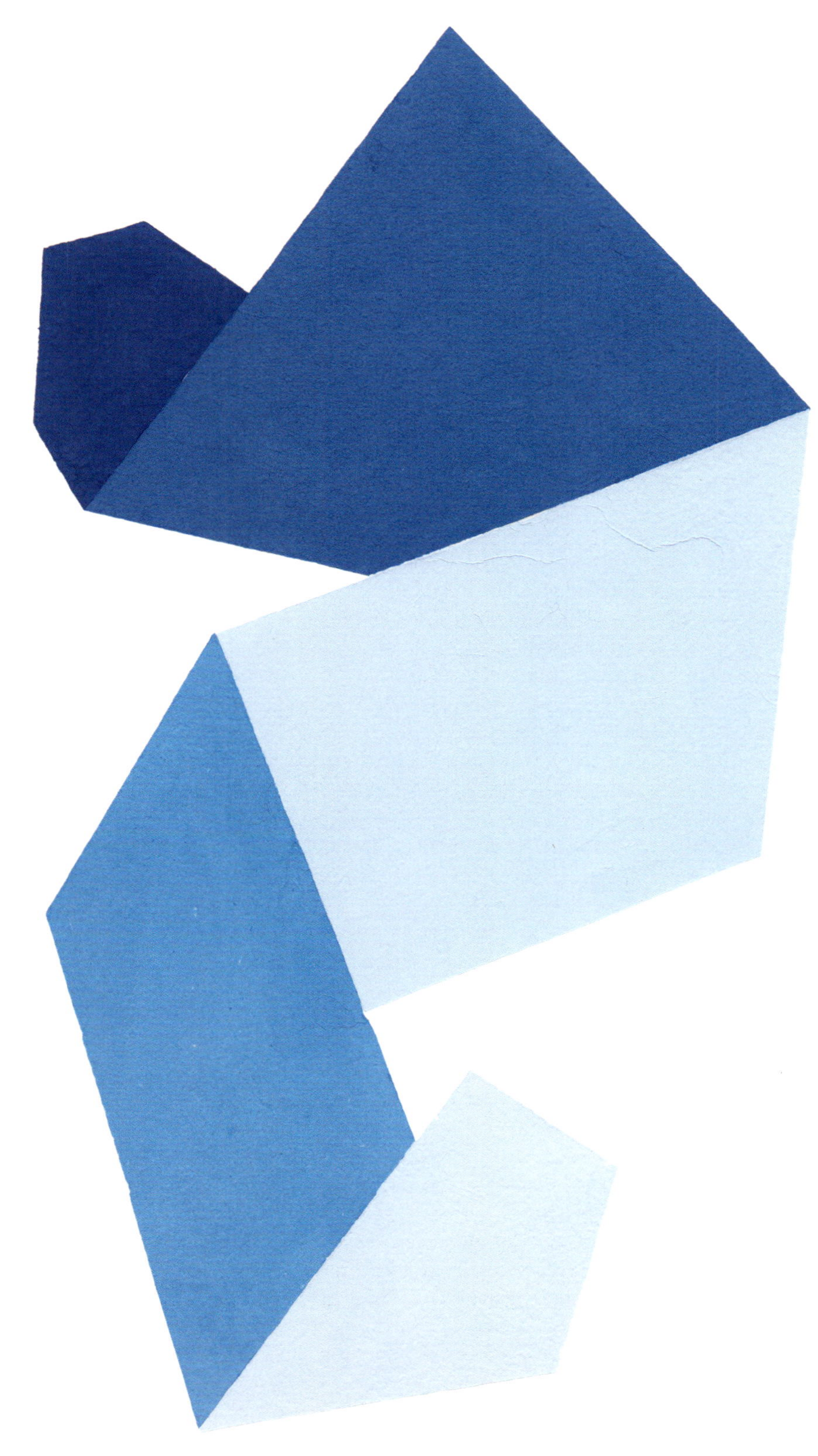

NW: In Deinen Skulpturen arbeitest Du oft mit Holz, Stahl oder sogar Bronze. Wie kommt es zu Deiner Materialwahl?

KS: In der Zeit, in der ich Kunst studiert habe, gab es einen explosionsartigen Einbruch der neuen Medien in den Alltag und damit auch in das Feld der Kunst. Es war abzusehen, dass diese Medialisierung eine wichtige Rolle spielen würde und dass die Welt zunehmend durch Medien repräsentiert wird. Dabei geht es um Auflösung, Immaterialisierung und Simulation. Um mich davon abzugrenzen, wollte ich haptische und materielle Objekte schaffen. Ich wollte mich voll und ganz auf das Schicksal des Objekts konzentrieren. Es war eine konzeptionelle Entscheidung zu sagen, dass mich der Widerstand und der Gegenstand interessieren – und nicht dessen mediale Relativierung oder Repräsentation. Daher benutze ich auch eher klassische und einfache Materialien, wie Holz, Papier oder Metall. Da ich ortsbezogen arbeite, bestimmt der Präsentationsort bis zu einem gewissen Grad die Materialwahl. Holz eignet sich für die Wand, da es leicht ist. Für Arbeiten im Außenraum verwende ich eher Metall.

NW: Du schaffst Skulpturen, die durch Drehung, Windung und Faltung die Schwere und das Massive des Materials aufzulösen scheinen. Wie geht diese Leichtigkeit einher mit der Haptik Deiner Materialien?

KS: Im Laufe der Zeit haben sich zwei Dynamiken entwickelt: der Fall und die Falte. Der Fall wird in der Dynamik der Schwerkraft verdeutlicht – dem Einfall, dem Zufall, Unfall. Es handelt sich um eine Grenzüberschreitung. Wenn etwas herunterfällt, dann fällt es genau hierhin und nicht dahin – und nicht irgendwann, sondern genau jetzt. Die Faltung ist eine bewegte, dreidimensionale Formstruktur, die ein Davor und Danach beinhaltet. Der Prozess des Auf- und Einfaltens lässt sich endlos fortführen, sodass immer wieder neue Formen entstehen.

Mein Arbeitsprozess spielt hierbei auch eine Rolle. Es gibt nicht nur das Endprodukt, sondern auch das Davor und das Danach. Aus den vielen Zustandsmöglichkeiten konkretisiert sich ein Fall – das Resultat meiner Arbeit. Das Zusammenspiel beider Dynamiken verbildlicht sozusagen eine Position in der Zeit oder eine Raum-Zeitlichkeit, die genau in diesem Fall eingetreten ist.

NW: In welcher Beziehung stehen Deine Arbeiten dann zum Raum? Wie reagierst Du auf Innen- und Außenraum?

KS: Hier geben meine Ausstellungstitel einen ersten Hinweis. Eine Werkschau, die 2008 bei Contemporary Fine Arts in Berlin zu sehen war, hieß „Einbruchstellen". Meine Arbeiten fallen in den Raum hinein, und damit durchbrechen sie seine Grenzen – oder thematisieren diese. Oder ... eine andere Reihe von Installationen, die sich auf den Raum beziehen, heißt „Zeittraum". Der Titel ist ein Wortspiel aus „Zeit" und „Traum" und „Zeit" und „Raum", bei dem ich mich auf das Eigenleben der Werke und Objekte sowie die Erfahrung einer traumatisierten Nachzeit beziehe. Hier fällt eine konditionierte Form aus der Vergangenheit in meine Gegenwart hinein. Wenn sozusagen der Druck der Vergangenheit zu groß wird, wird aus dem Zeitraum ein Zeittraum.

Katja Strunz
Pulp Paper V, 2014
201,5 x 144 x 3,5 cm
Pulp Painting
ACT Art Collection, Berlin

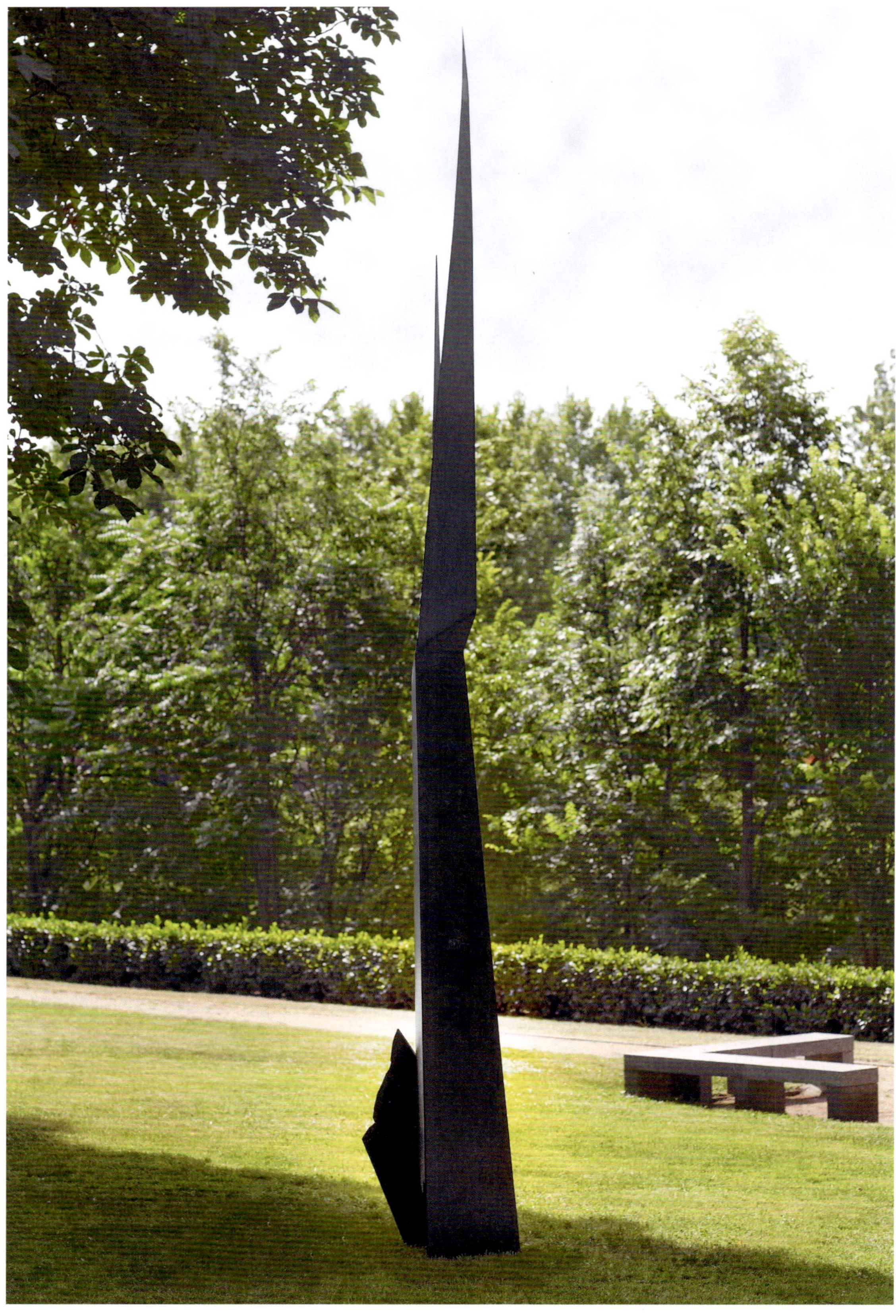

NW: Und wie sieht es dabei mit dem Außenraum aus?

KS: Ich mache da keinen Unterschied – für mich ist auch der Außenraum ein Innenraum.
Der Maßstab der Skulpturen ändert sich. Was da draußen ist, wissen wir nicht – vielleicht
endet der Raum genau dort, wo wir nicht mehr wissen, dass er weiterexistiert. Wenn ich
mich auf etwas beziehe, was außerhalb dessen liegt, was fassbar ist, dann würde ich es
das Formlose nennen. Als etwas, das alle Zustandswahrscheinlichkeiten dessen, was ist
und sein könnte, enthält.

NW: Neben skulpturalen Objekten gibt es in Deinem Werk auch
Papierarbeiten, die Du unter dem Oberbegriff Collage zusammen-
fasst. In welcher Beziehung stehen sie zu Deinen dreidimensionalen Arbeiten?

KS: Die Collagen sind eigenständige Arbeiten und manchmal auch Vorskizzen oder
Grundlage für mein skulpturales Werk. Ich arbeite mit Dreiecken, Splittern oder Frag-
menten, die sich wie zufällig zusammenfinden. Sie können dann ebenso wieder aus-
einanderfallen. Diese Splitter und Fragmente schneide ich aus gebrauchten Büchern
oder Bildbänden aus. Meist sind es die schwarzen Schatten. Anhand von Büchern kon-
struiere ich mir ein Bild von der Welt. Diesen Konstruktionsprozess nehme ich in meinen
Arbeiten auf.

NW: Einige Deiner Werke beziehen sich konkret auf Arbeiten des
russischen Konstruktivismus. Wie kommt es zu diesem Interesse,
und auf welche Weise integrierst Du sie in Dein eigenes Werk?

KS: Mich interessieren Prinzipien der Aneignung. Bereits während meines Studiums hat
mich dieses Prinzip beschäftigt. Die Frage war, wie stark Bilder prägen können, und dass
es schwer ist, sich davon zu lösen und für neue Eindrücke offen zu bleiben, für das, was
kommt, also für das Unvorhergesehene. Und ich hatte so eine Art Schlüsselmoment gegen
Ende meines Studiums während der Arbeit an einer kleinen Dokumentation zu einer Ausstellung: Mein Wohnungsboden lag voll mit zerschnittenen Bildern, Fotos und Papieren.
Mittendrin lag ein Papier, auf dem weitere Reste unabsichtlich durcheinanderlagen. Zu
meiner Überraschung erinnerte mich dieses Bild an ein historisches konstruktivistisches Ge-
mälde, so, wie ich es sicherlich schon mehrmals in Museen gesehen hatte. Dieses zufällige
Bild hatte sich also ohne mein Zutun – wie ein Echo – visuell reaktualisiert. Seitdem lasse
ich das Gespenst des Konstruktivismus durch meine Arbeit geistern.

NW: Es gibt von Lynn Chadwick Skulpturen, die er „Biester" nannte.
Du sprichst von dem Gespenst des Konstruktivismus. Was bedeutet für Dich der Titel der Ausstellung – „Biester der Zeit"?

KS: Ein Gespenst ist eine untote Gestalt, die durch die Zeiten wandelt. Sie entgrenzt Teil-
welten. Der Titel „Biester der Zeit" knüpft für mich hier an – es geht um Formen oder
Kreaturen, die sich reaktualisieren, also nicht zur Ruhe kommen. Es sind Kreaturen des Einfalls, der Invasion, der Konditionierung. Oder aber man könnte noch weitergehen und
Formen oder Kunstwerke an sich als „Biester der Zeit" verstehen, weil sie zeitlich und räum-
lich begrenzt sind, während die Sprache der Natur zeitlos ist.

Katja Strunz
Einfall, 2010
573 x 88 x 65,5 cm
Lackierter Stahl (coated steel)
Ausstellungsansicht Im Geviert,
Saarlandmuseum Saarbrücken 2010

Creature of ideas
Scultpor Katja Strunz interviewed by Natalie Weiland,
February 20, 2019

Natalie Weiland: We show your works at Haus am Waldsee in a dialogue with works by Lynn Chadwick and Hans Uhlmann. All three of you share a formal language as well as the use of heavy materials. How do you see your relation to the works of those two elder sculptors?

Katja Strunz: Like you I see the connection in the material and in the formal language. It manifests in the motif of folding. My work process is an open one. When I start something I normally do not know, at least initially, what the end result will be. That is also true of this exhibition. I enter a process intuitively and arrive at an understanding of it only much later.

Some works by Hans Uhlmann can be found outdoors in Berlin. That is how I know his pieces. I have never directly referenced him. We work in a common field, using a similar formal language – nothing more.

I get the impression that Chadwick and Uhlmann pursue a completely different approach to what I am doing. Our backgrounds are not the same, either. Perhaps such differences come to the fore even more when embedded in similarities and connections. In general, very few people address the intuition of form, the formal language in current exhibitions. That was the reason I liked the idea of the Haus am Waldsee show. The viewer is given the opportunity to read the works – to read the material and the forms as one would read letters or from letters, without some content determining what there is to read...

NW: It seems to me that the moment of time plays a particularly important role in your work. How would you describe it? Is time rendered visible in your work?

KS: One of the reasons I work with time is my search of, as well as the conspicuous loss of, the present. The perception of the present shrinks when the past proves unwilling to slide or the future is already at the door. My concern is both too much and too little of the past. I am interested in my own experience of the past – as something without closure, as a conditioning, as fear – that is, in the form of a traumatic repetition or as a shadow in the cultural subconscious. My response to the question of how I can render that visible lies in the motif of the fold. In addition I have made works that deal in fragmentation because a whole is falling apart. Thus temporality becomes visible. I also work with gravitation and material marks as well as traces, which cause an effect of ageing. Towards the end of my studies, I placed clocks on my pieces and worked hands into them. Those were my first steps towards making specific references to Minimalism.

NW: In your sculptures you often work with wood, steel or even bronze. How do you arrive at a selection of material?

KS: I studied art at a time of a phenomenal incursion of new media into every aspect of everyday life, including the field of the arts. It was not hard to predict that this mediatisation would assume such a significant role that, increasingly, the world is being represented by media. This is about dissolution, immaterialisation and simulation. In order to dissociate myself from this development I wanted to create haptic and material objects. I wanted to focus my entire concentration on the fate of the object. I took the conceptual decision to say that resistance and object is what interests me – not how they are relativised and represented in the media. That is the reason I employ classical and simple materials, such as wood, paper or metal. Because my work is site-specific, the location determines to a certain extent which material I select. Wood is well suited to walls since it is light. For outdoor works I prefer to use metal.

NW: You create sculptures that seem to dissolve the material's weight and mass by means of torsion, rotation and folding. How does this lightness sit with the haptic feel of your materials?

KS: Over time two dynamics have emerged: the fall and the fold. The fall is spelled out within the dynamics of gravitation – idea, coincidence and accident. It is a transgression of limits. When something drops it falls into a certain place and no other, not at some other time but precisely at that particular point in time. Folding is a three-dimensional, formal structure in motion. It entails a before and after. The process of folding and unfolding can be reiterated infinitely many times, resulting in new forms at every iteration.

My work process plays a role here. There is not just the end product but also the before and after. From the multitude of possible states a drop (an instance) coalesces – the result of my work. The interplay of both dynamics illustrates, as it were, a position in time or a point in space-time, which has eventuated in precisely this drop (instance).

NW: Then what is the relation of your works to space? How do you respond to interior spaces and outdoor spaces?

KS: The titles of my shows provide a clue. A 2008 retrospective at Contemporary Fine Arts in Berlin was called 'Einbruchstellen' (breaches). My works drop into space, breaching boundaries – or addressing them. Another series of installations relating to space is called 'Zeittraum' (a dream of time). The German title is a pun on 'time' and 'dream' as well as 'time period' and 'space'. I am referring to the fact that works and objects take on a life of their own. It also points to the experience of a time after traumatising events. In this case a conditioned form drops into my present from the past, the past breaching the present. If the pressure of the past is getting to great, then the period of time turns into a dream of time.

NW: And what about outdoors?

KS: I do not differentiate the two. For me external space is an interior, too. The scale of the sculptures varies. We do not know what is out there. Perhaps space ends precisely at the point where we no longer know it continues to exist. When I refer to something that lies beyond what we can grasp, I call it amorphous. Then it is something that encompasses all probable states of what is and what could be.

NW: In addition to sculptural objects your practice also comprises paper works, which you subsume under the term collage. What is their relation to your three-dimensional works?

KS: The collages are independent works. Sometimes they are preliminary sketches or the basis for my sculptural work. I employ triangles, splinters or fragments that seem to fall into place as if by accident. So they can just as easily disintegrate again. These splinters and fragments I cut from second hand books or illustrated books. Most of the time I use the black shadows. I construe an image of the world based on books. I integrate this process of construction into my works.

NW: Some of your works refer specifically to works of Russian Constructivism. How did this interest develop and how do you integrate them into your own works?

KS: I am interested in the principles of appropriation. Even in art school these principles fascinated me. The question was how strong images can be. It is difficult to detach oneself from it and keep an open mind for new impressions, for what is to come, for the unexpected. And I had some kind of key moment, a formative experience, in my time at art school as I was working on a small documentation of an exhibition: the floor of my apartment was covered in cut up pictures, photographs and papers. In the middle of all this lay a piece of paper with further scraps randomly strewn across it. To my surprise this view reminded me of an historical constructivist painting, an experience I have had many times in museums. So it was not my doing that this random image, like an echo, re-actualised itself visually. Ever since I let the ghost of constructivism roam my work.

NW: There are sculptures by Lynn Chadwick he called 'Beasts'. You talk of the ghost of constructivism. What does the title of the exhibition – 'Beasts of Time' – mean to you?

KS: A ghost is an undead being wandering through time. It dissolves the boundaries of partial worlds. The title 'Beasts of Time' ties me in here: it is about forms or creatures that re-actualise themselves. That is, they do not come to rest. They are creatures of ideas, creatures of invasion, of conditioning. We might even go a step further and conceive of forms and artworks as 'Beasts of Time' because they are limited spatially and temporally, while the language of nature is timeless.

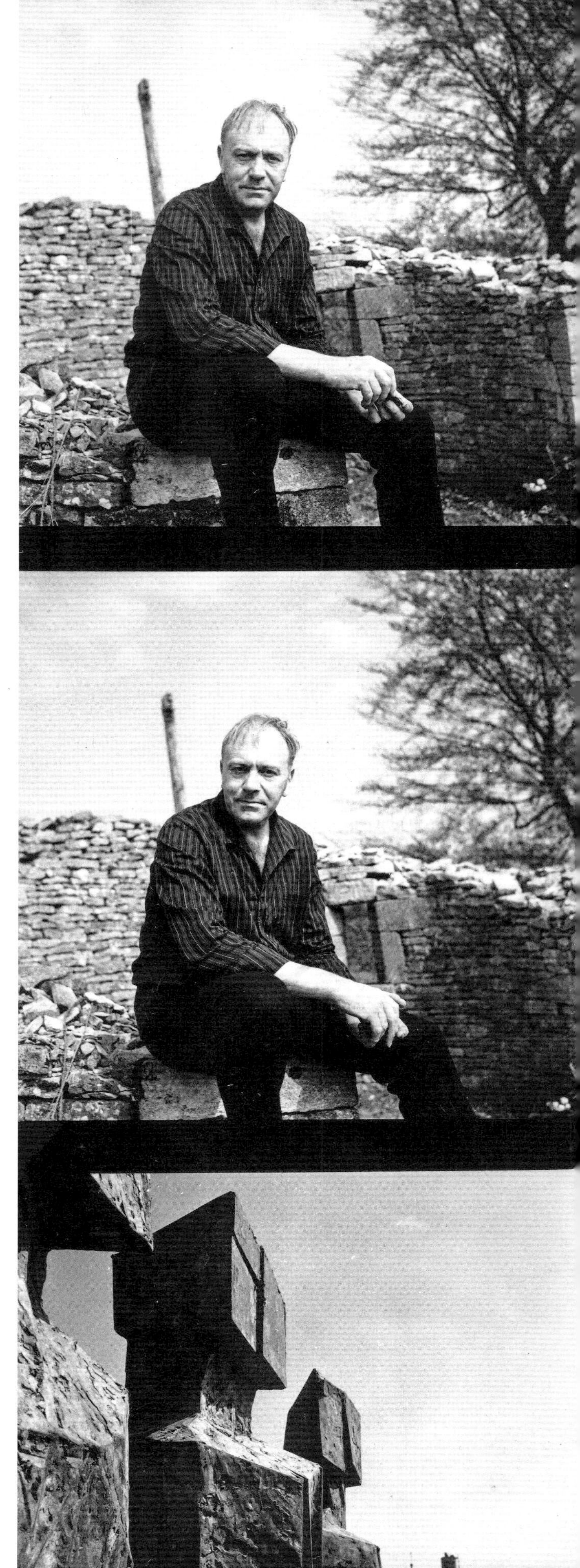

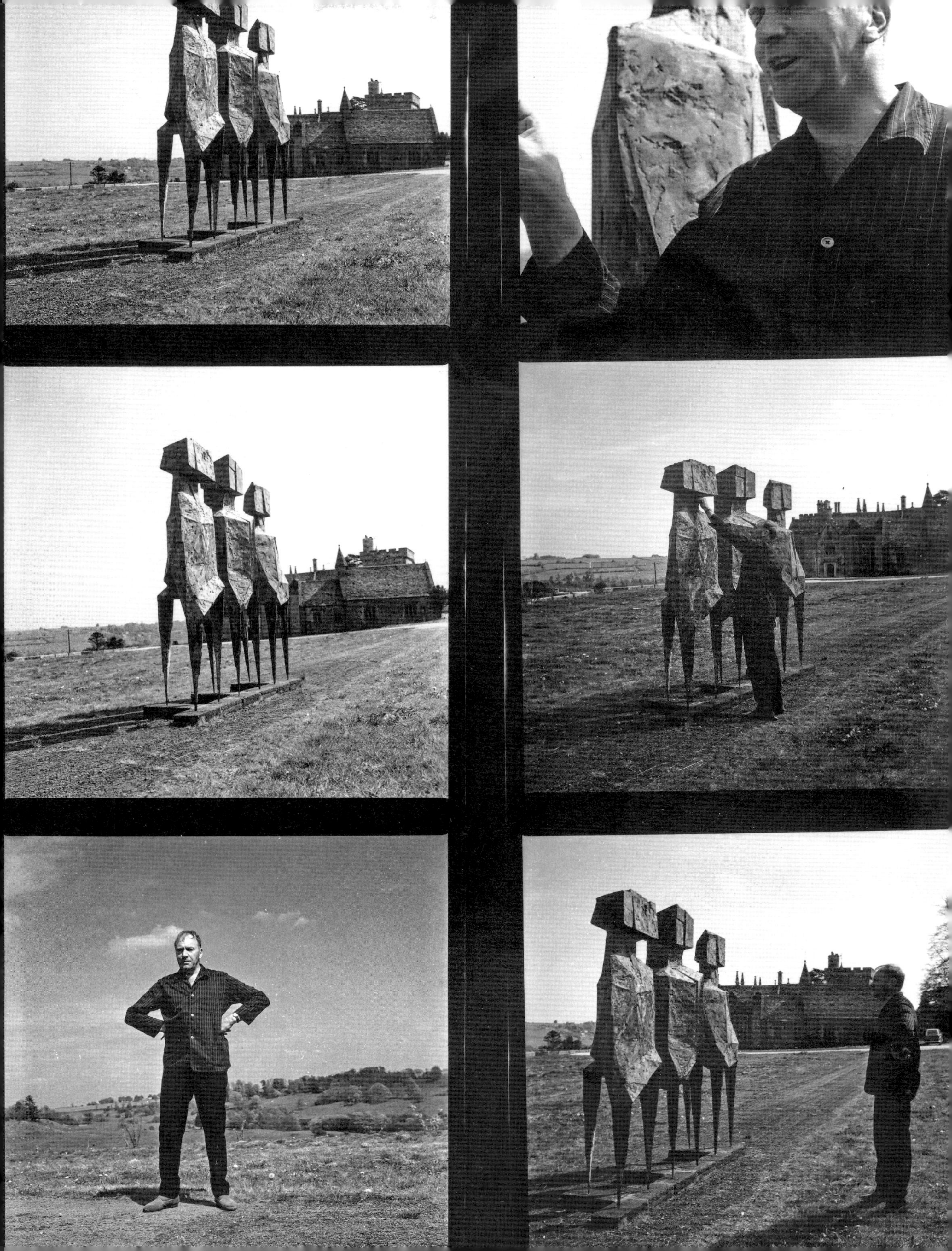

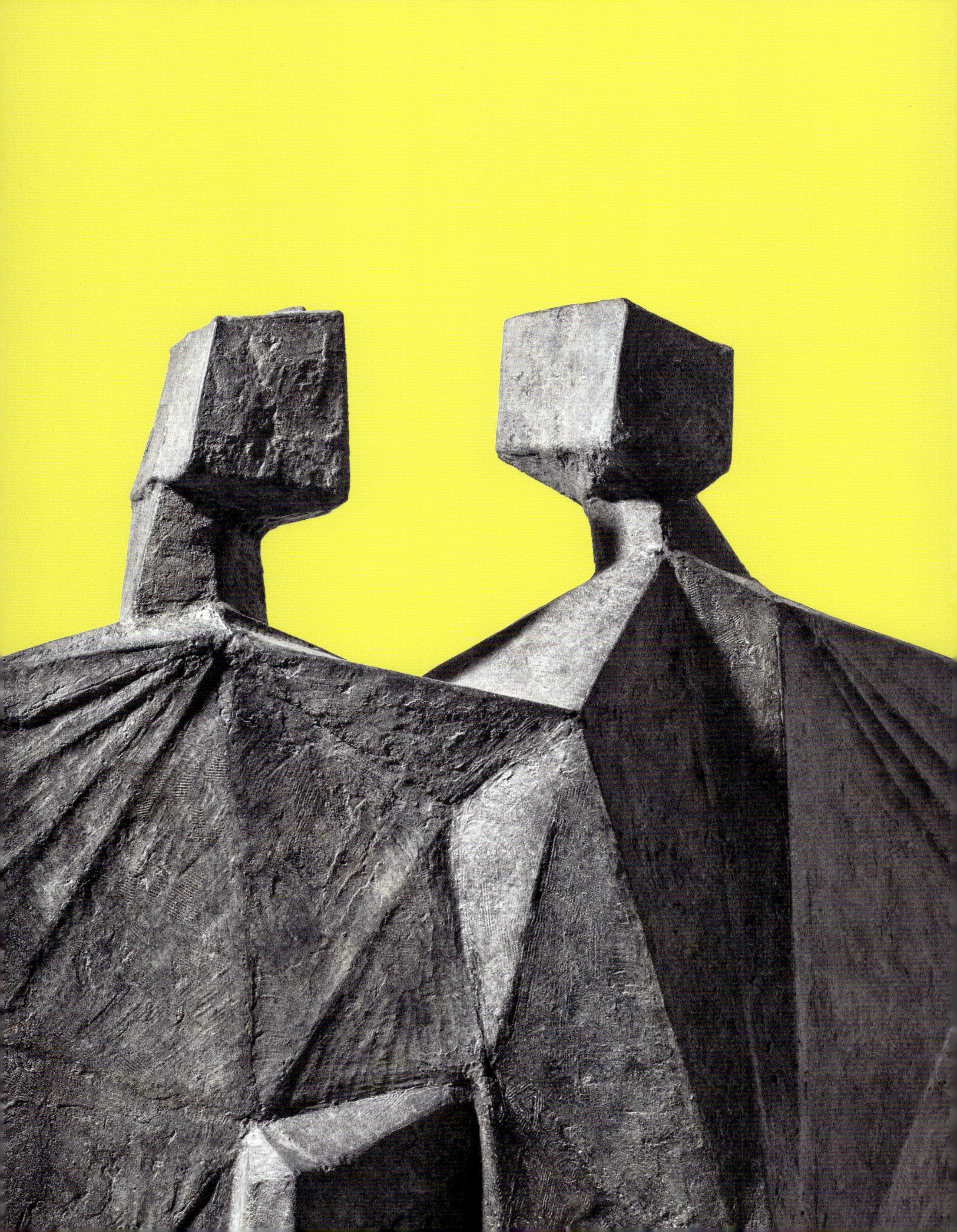

FIGUREN

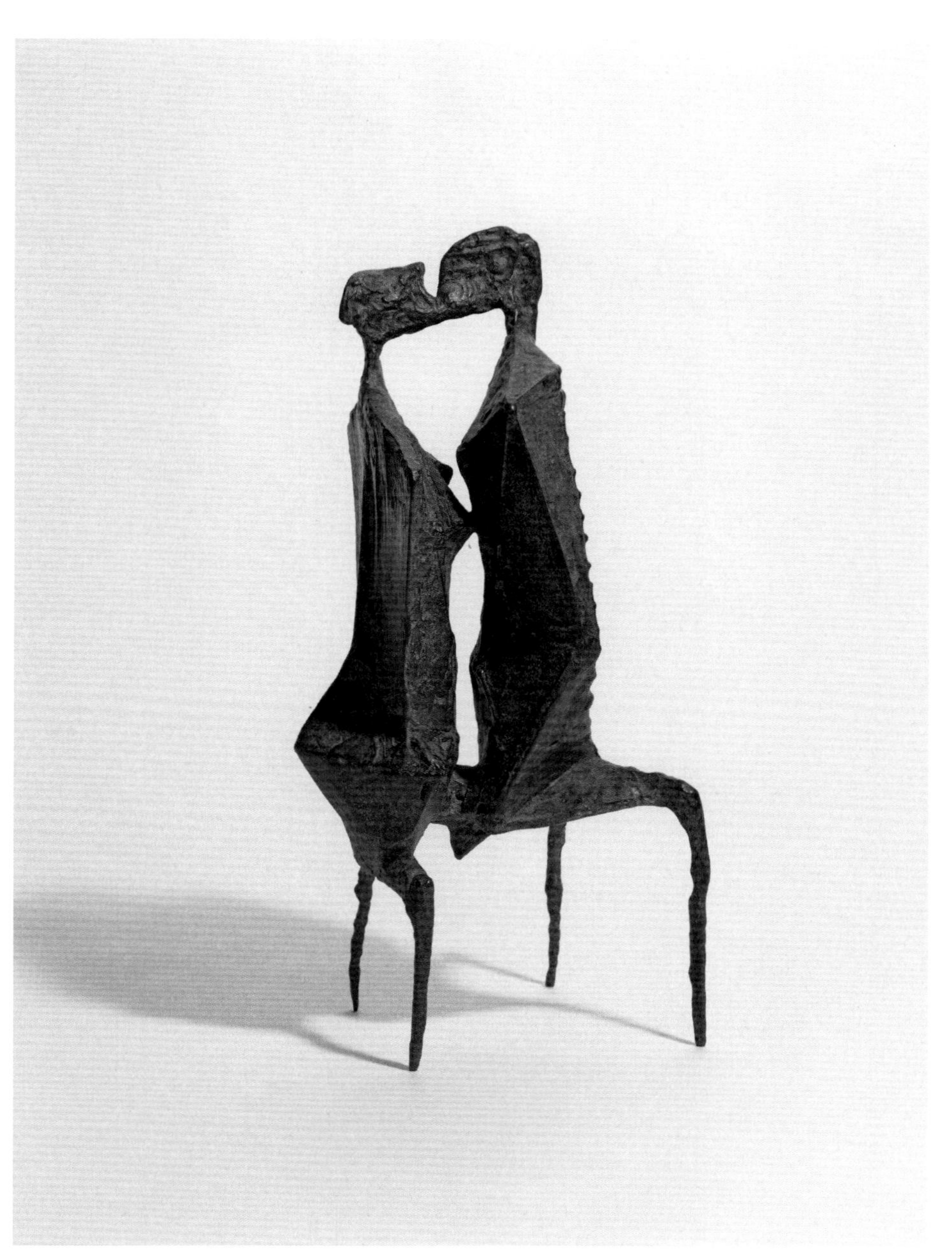

98   Two Figures, 1954 / 31 x 14 x 15 cm / Bronze

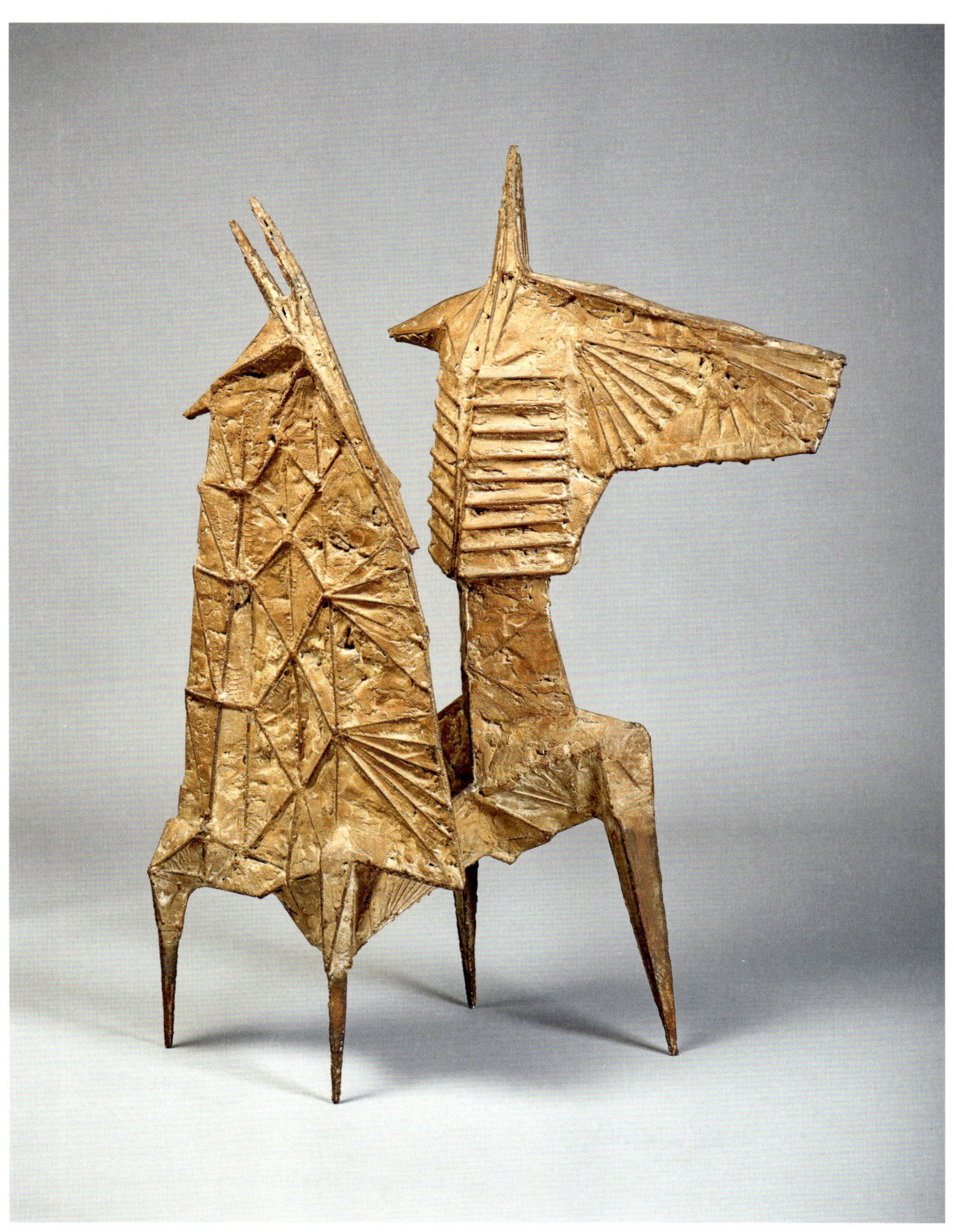

Dance V, 1955 / Höhe (height): 129 cm / Eisen und Zement (iron and composition) / Museum Folkwang, Essen

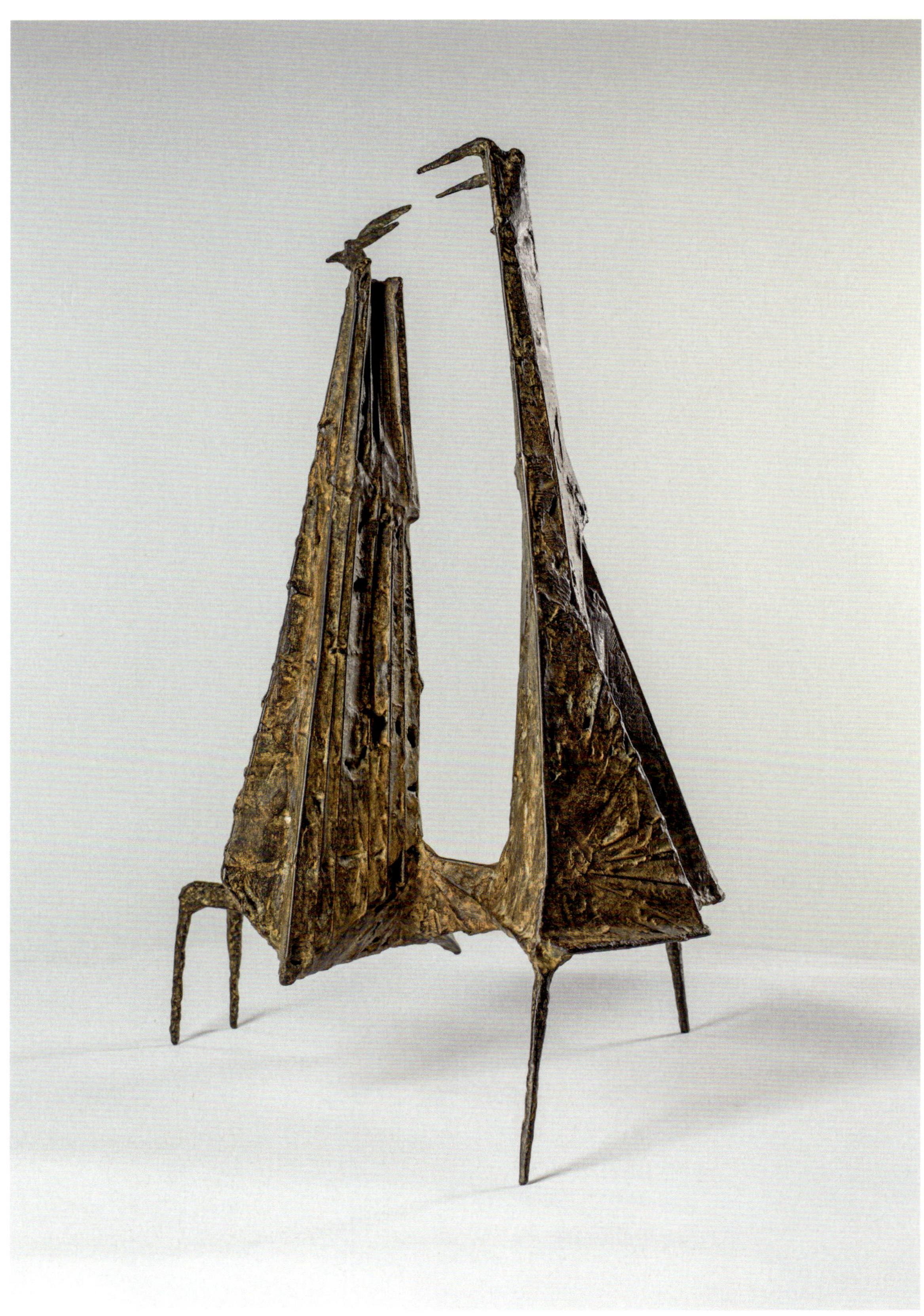

100   Dance III, 1955 / 185 x 65 x 55 cm / Bronze

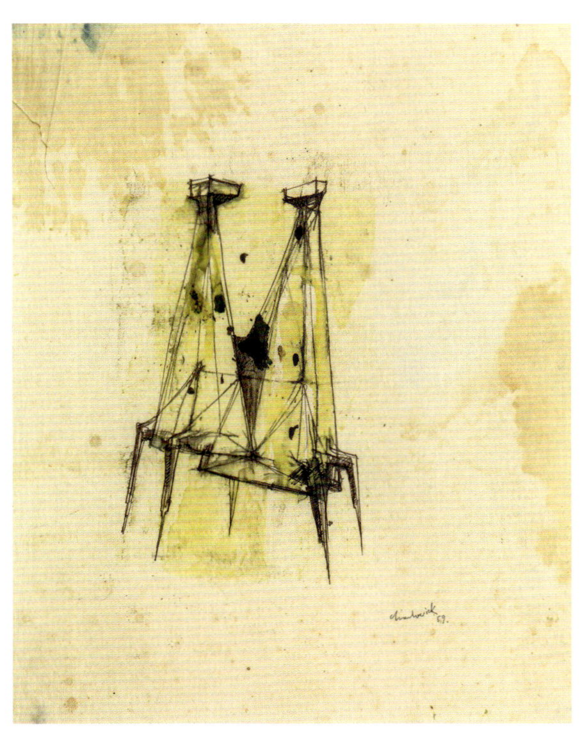

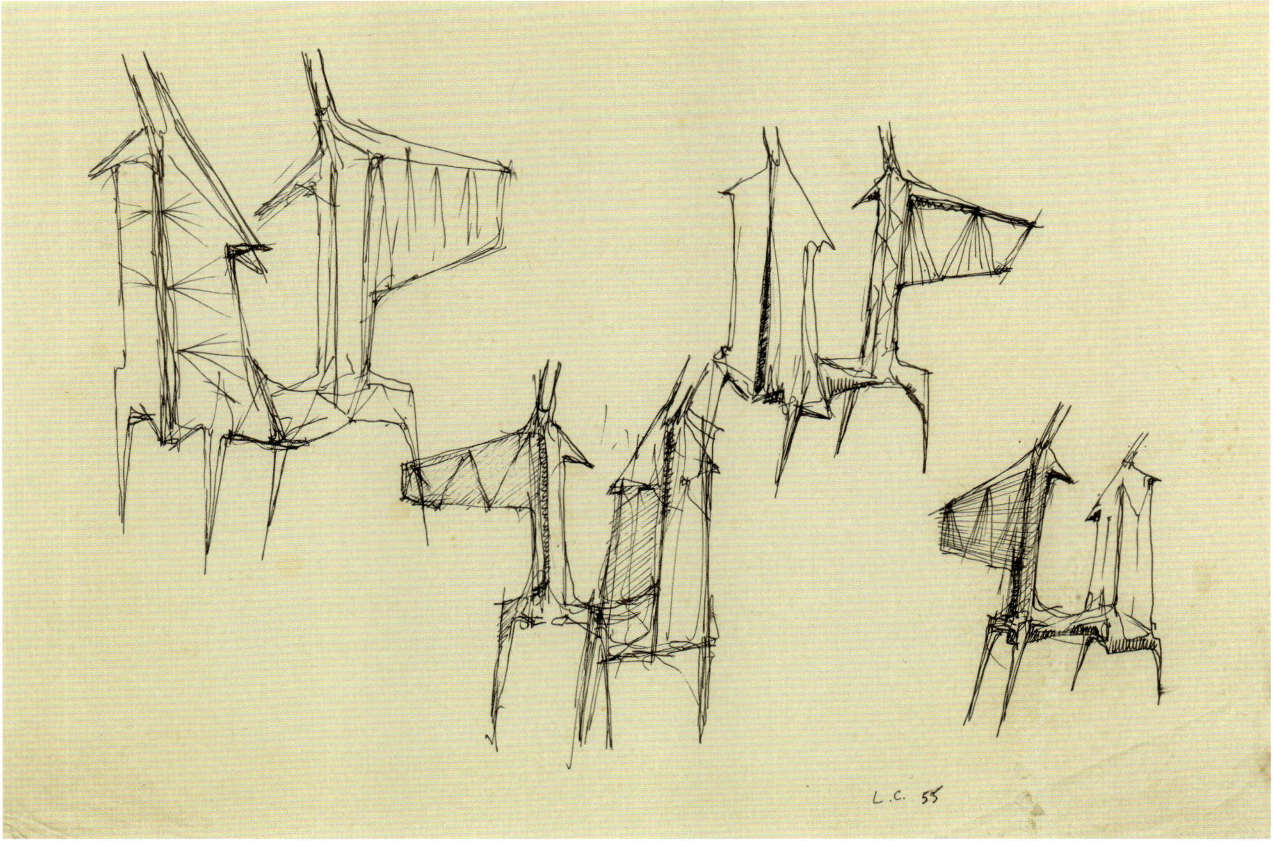

Untitled, 1959 / 57 x 44 cm / Tinte auf Papier (ink on paper)
Untitled, 1955 / 44 x 57 cm / Tinte auf Papier (ink on paper)

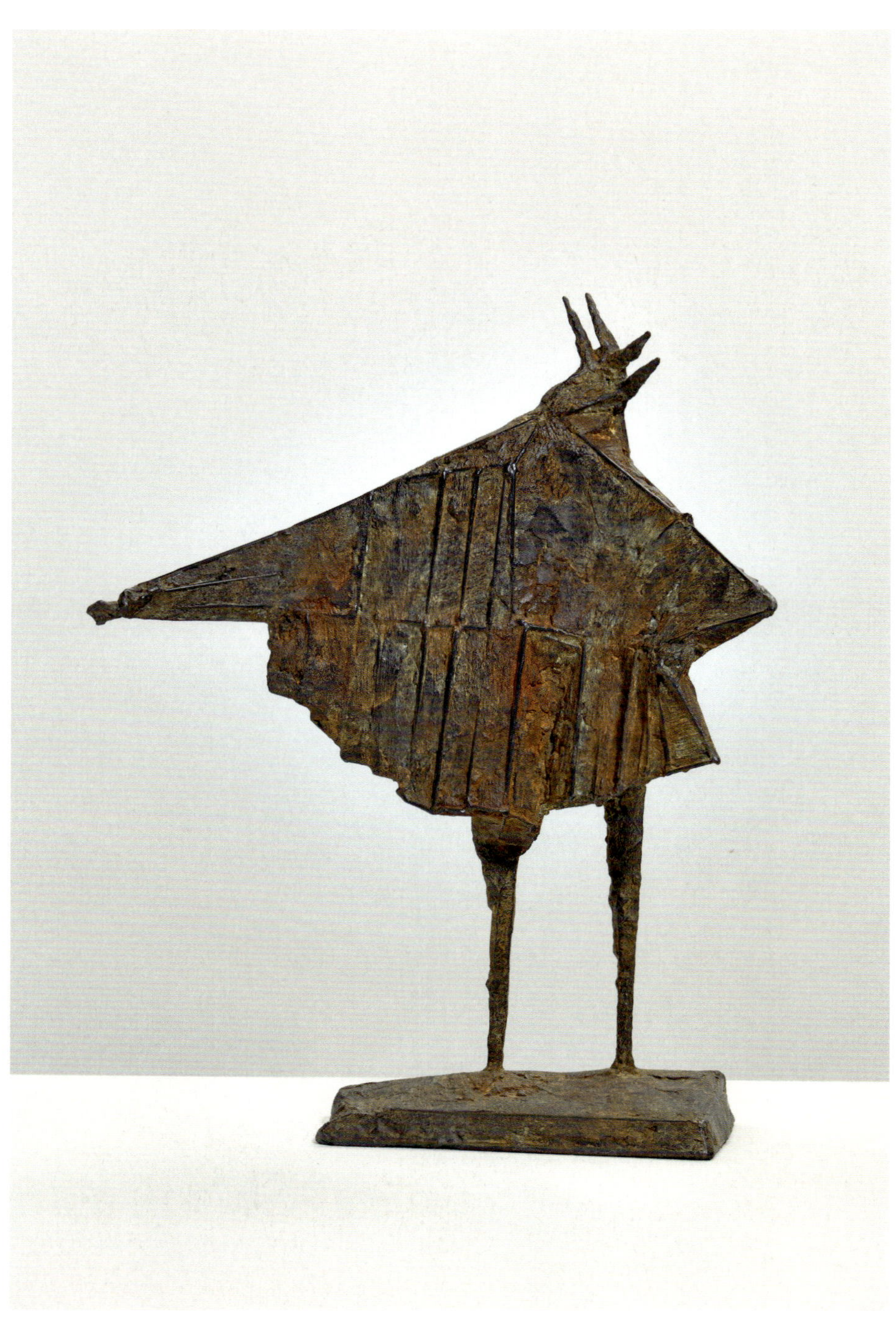

102   The Orator, 1956 / 56 x 43 x 17 cm / Bronze

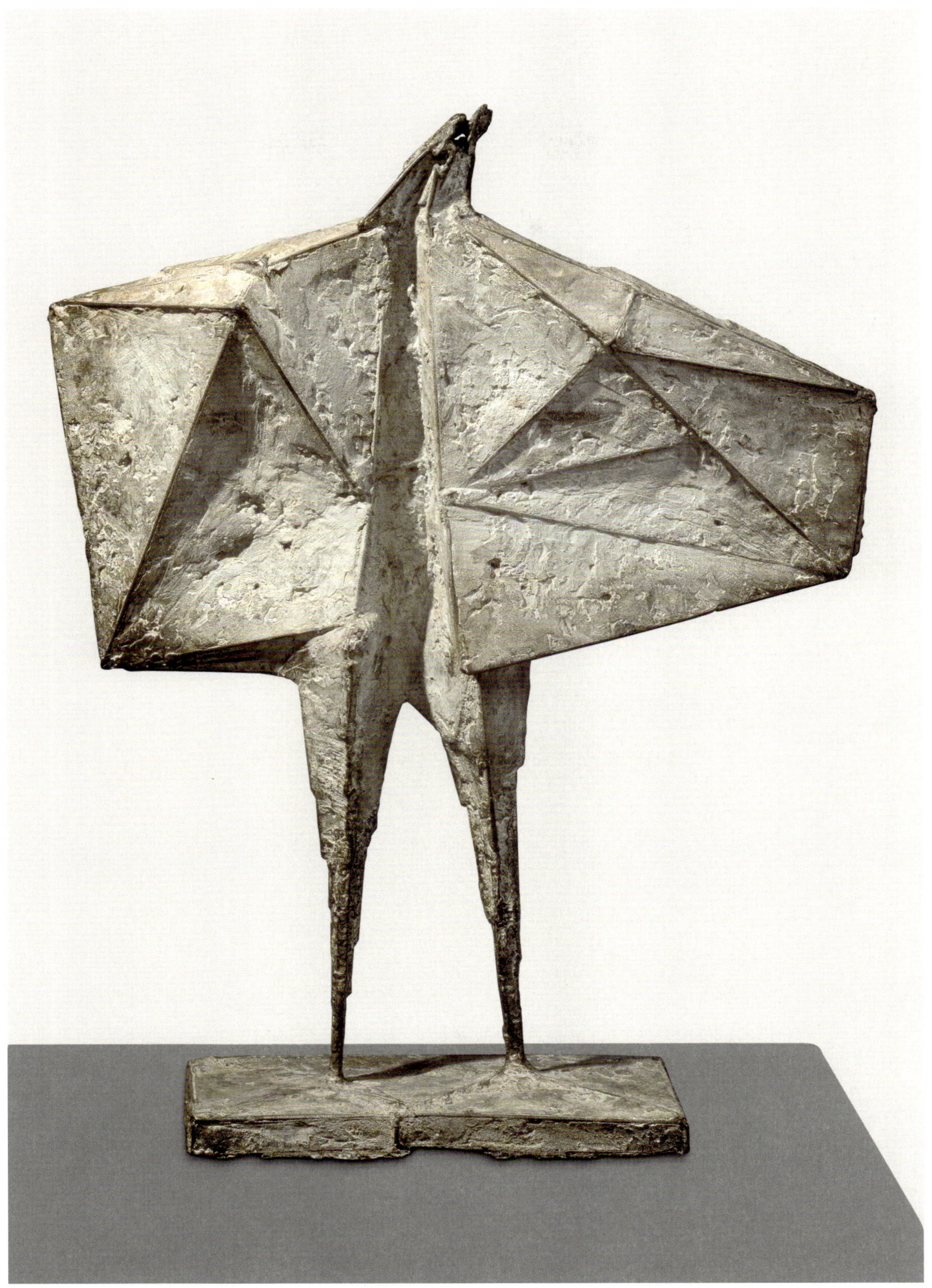

Stranger II, 1956 / 109 x 87 x 30 cm / Eisen, Mischung aus Gips und Eisenfeilspänen (iron and composition) / Lehmbruck Museum, Duisburg   103

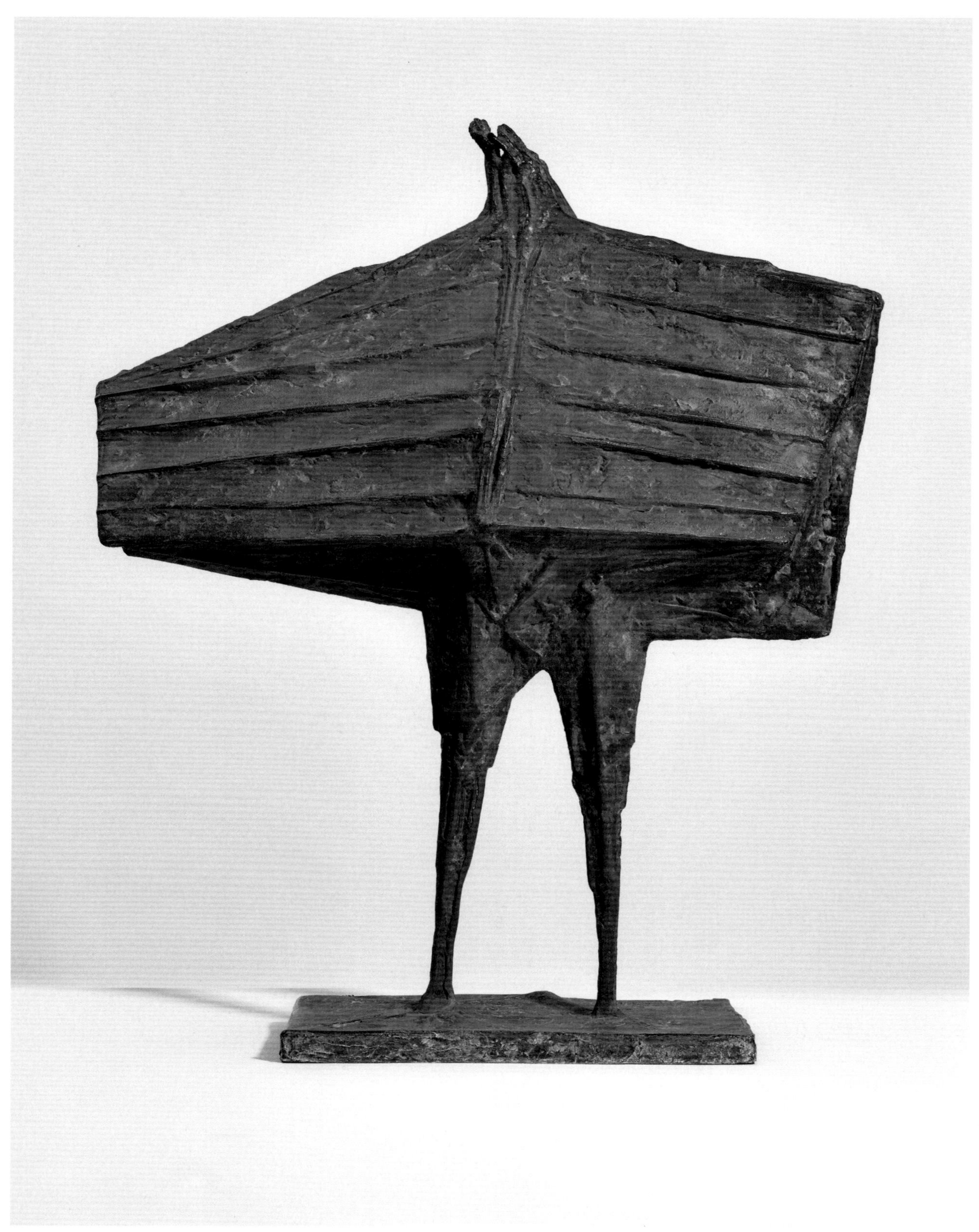

104   Stranger II, 1956 / 110 x 86 x 31 cm / Bronze

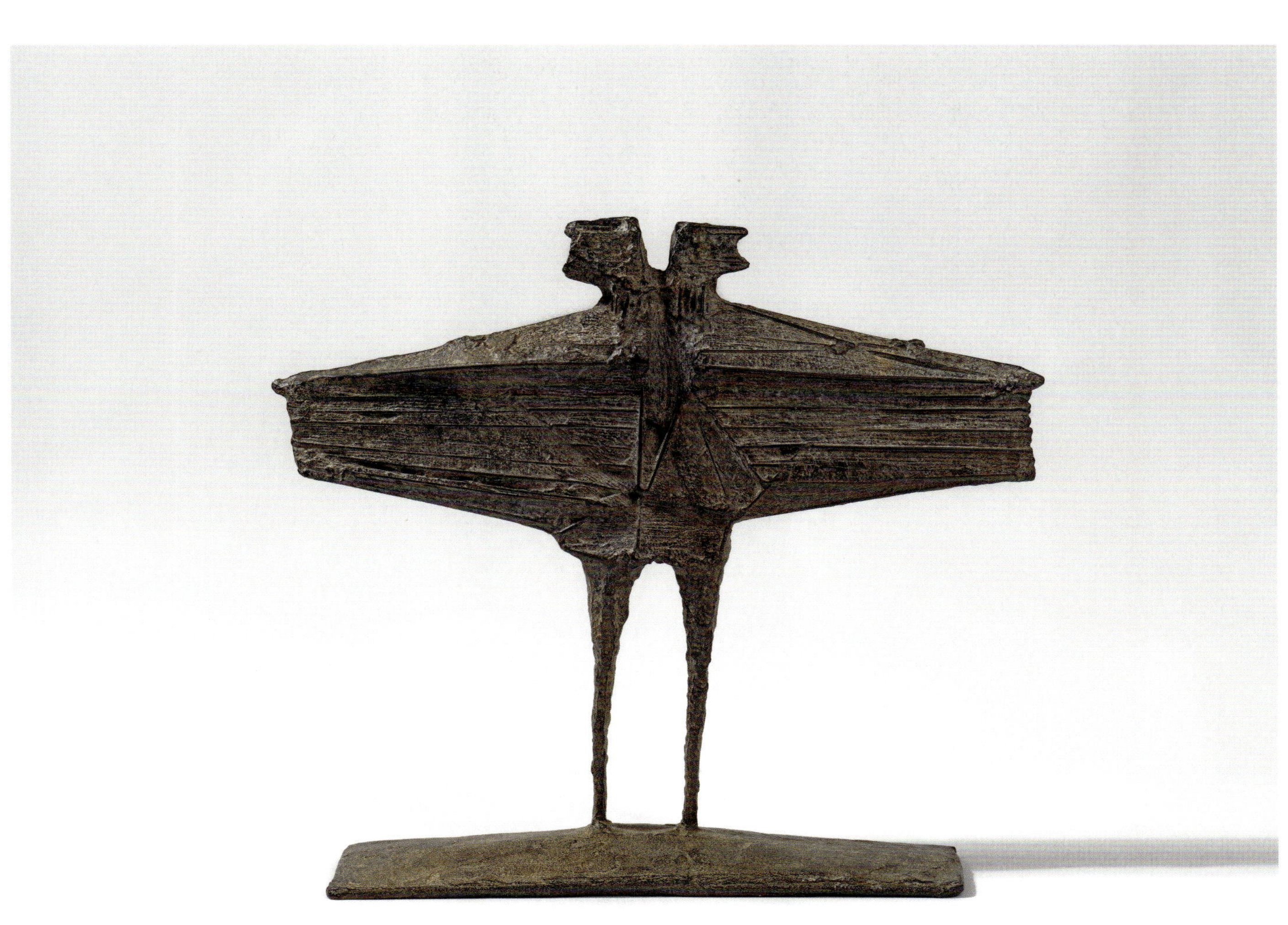

Maquette II for R34 Memorial, 1958 / 35 x 40 x 11 cm / Bronze

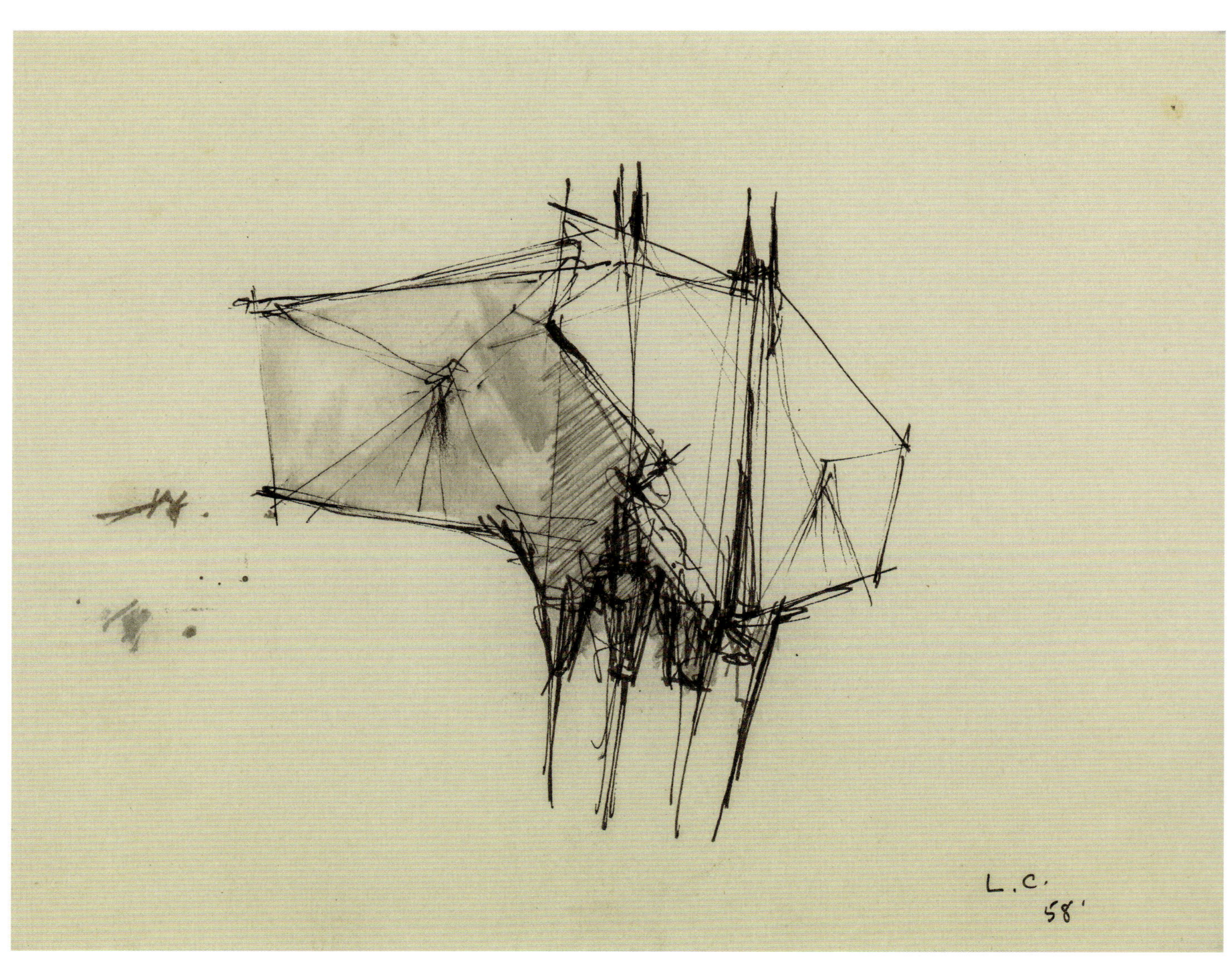

106   Untitled, 1958 / 25 x 33 cm / Tinte auf Papier (ink on paper)

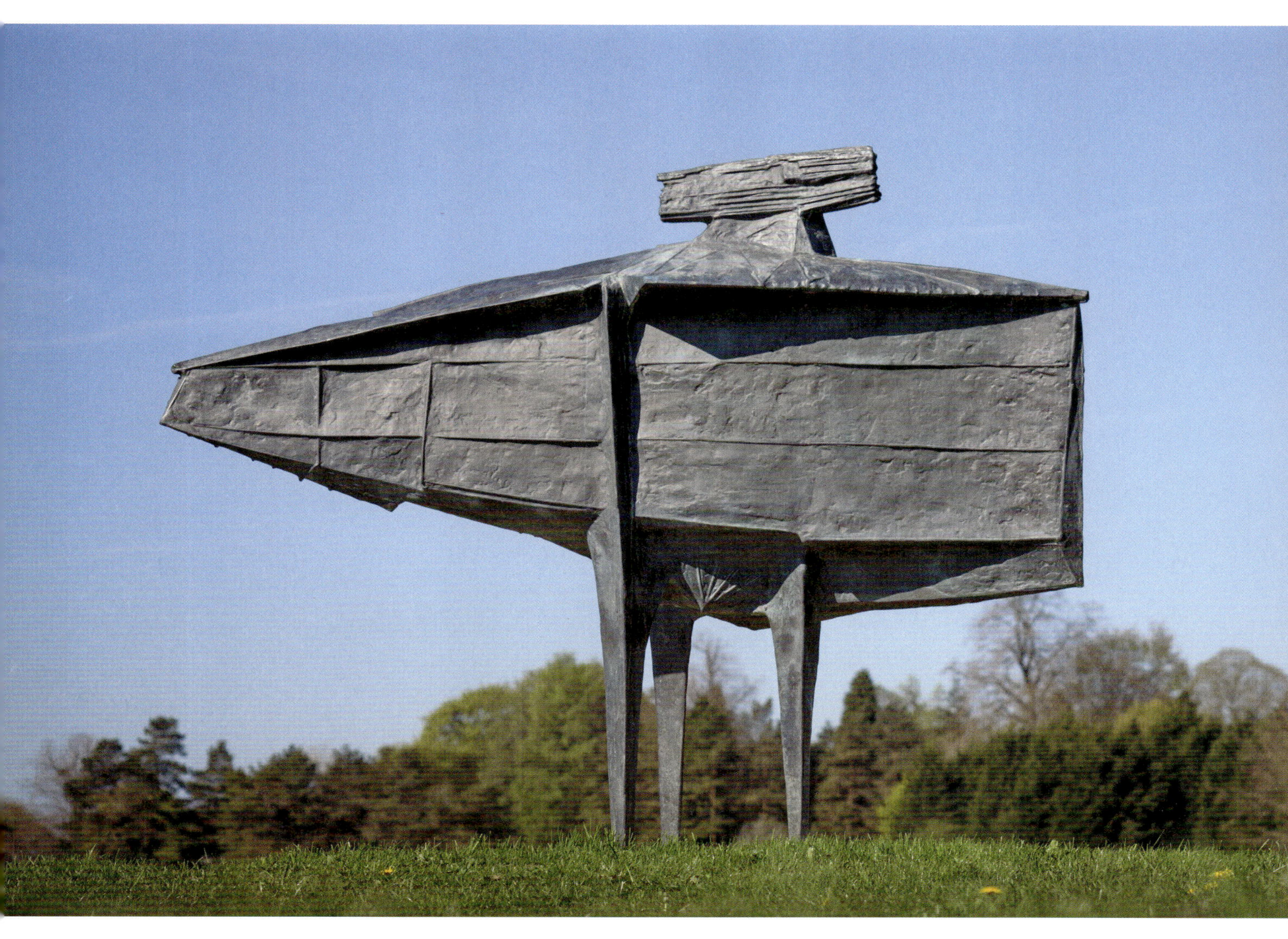

Stranger III (1959), Lypiatt Park, 2014

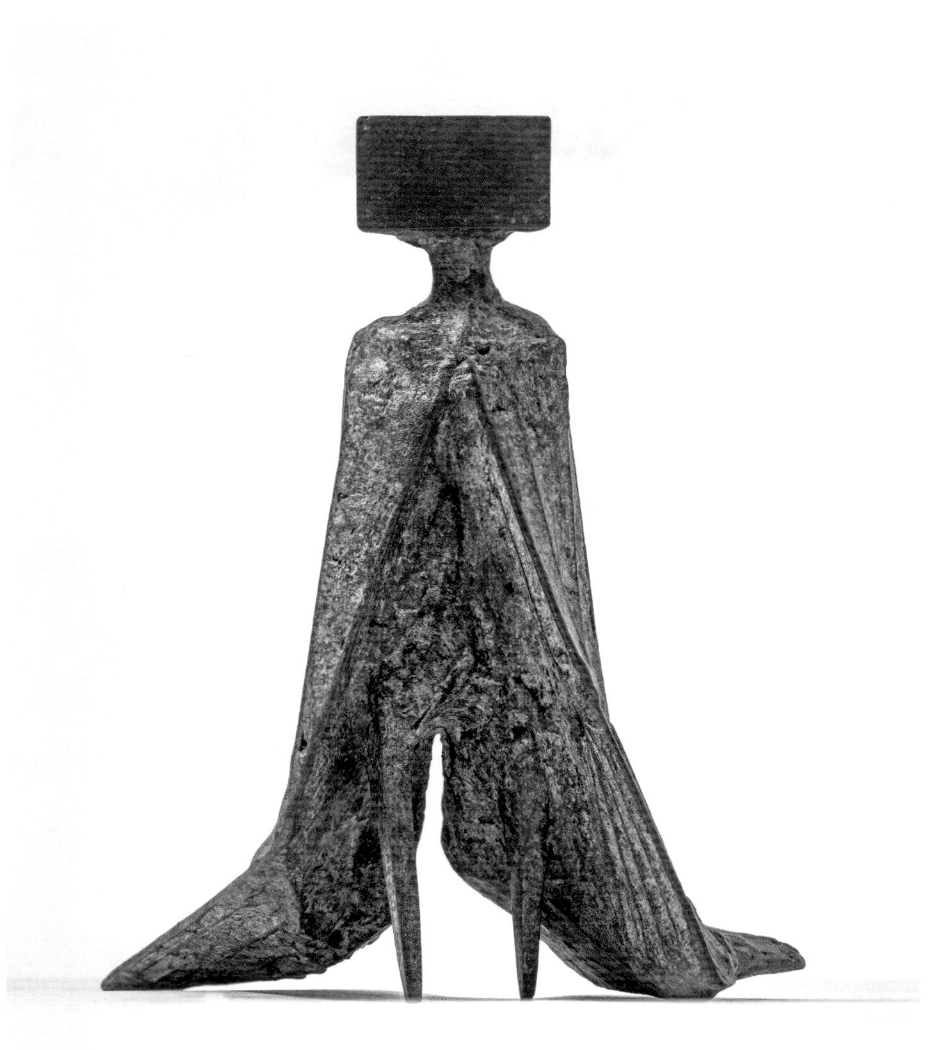

    Cloaked Figure II, 1977 / 23 x 19 x 19 cm / Bronze

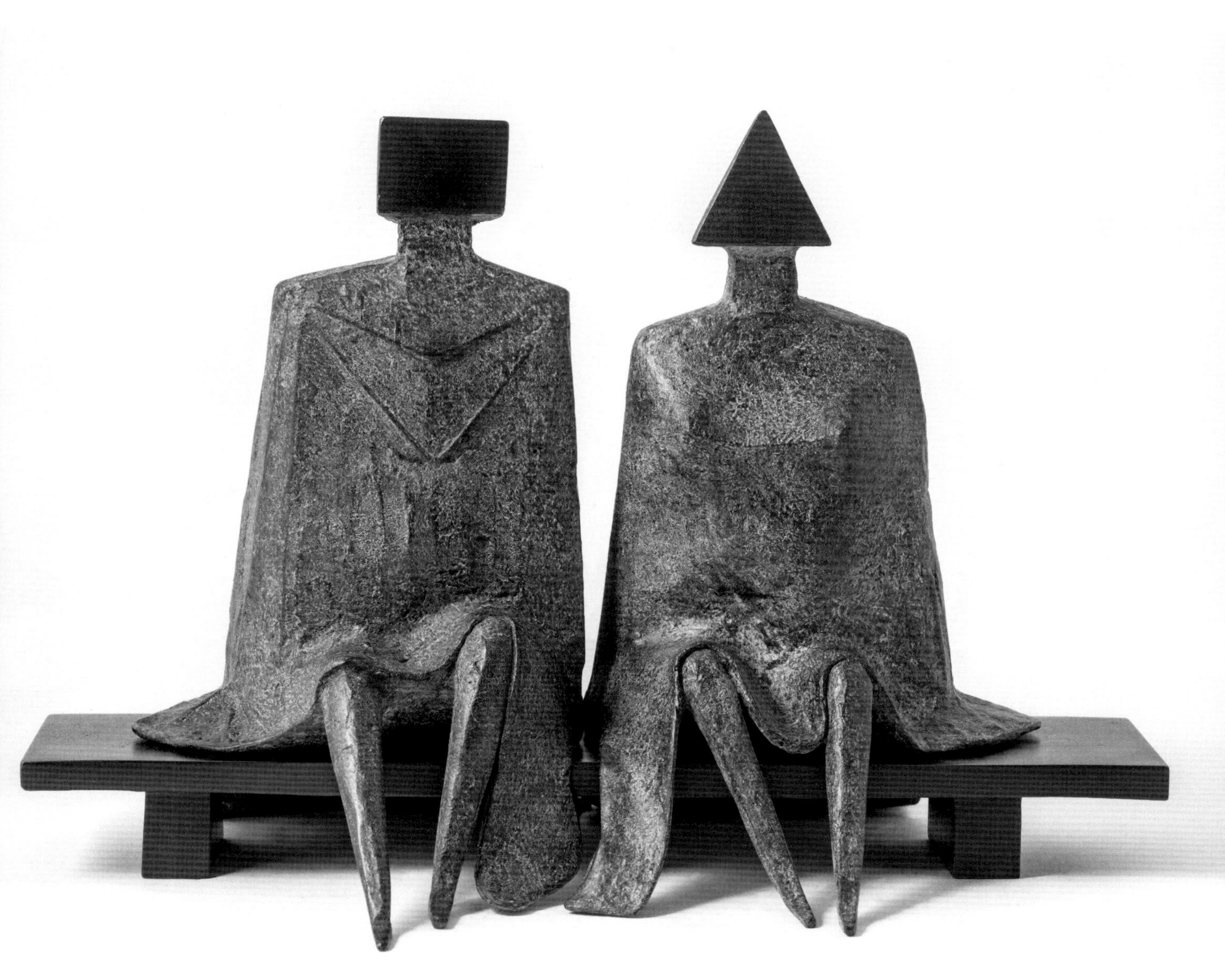

Maquette I for Sitting Couple on Bench, 1984 / 31 x 42 x 30 cm / Bronze

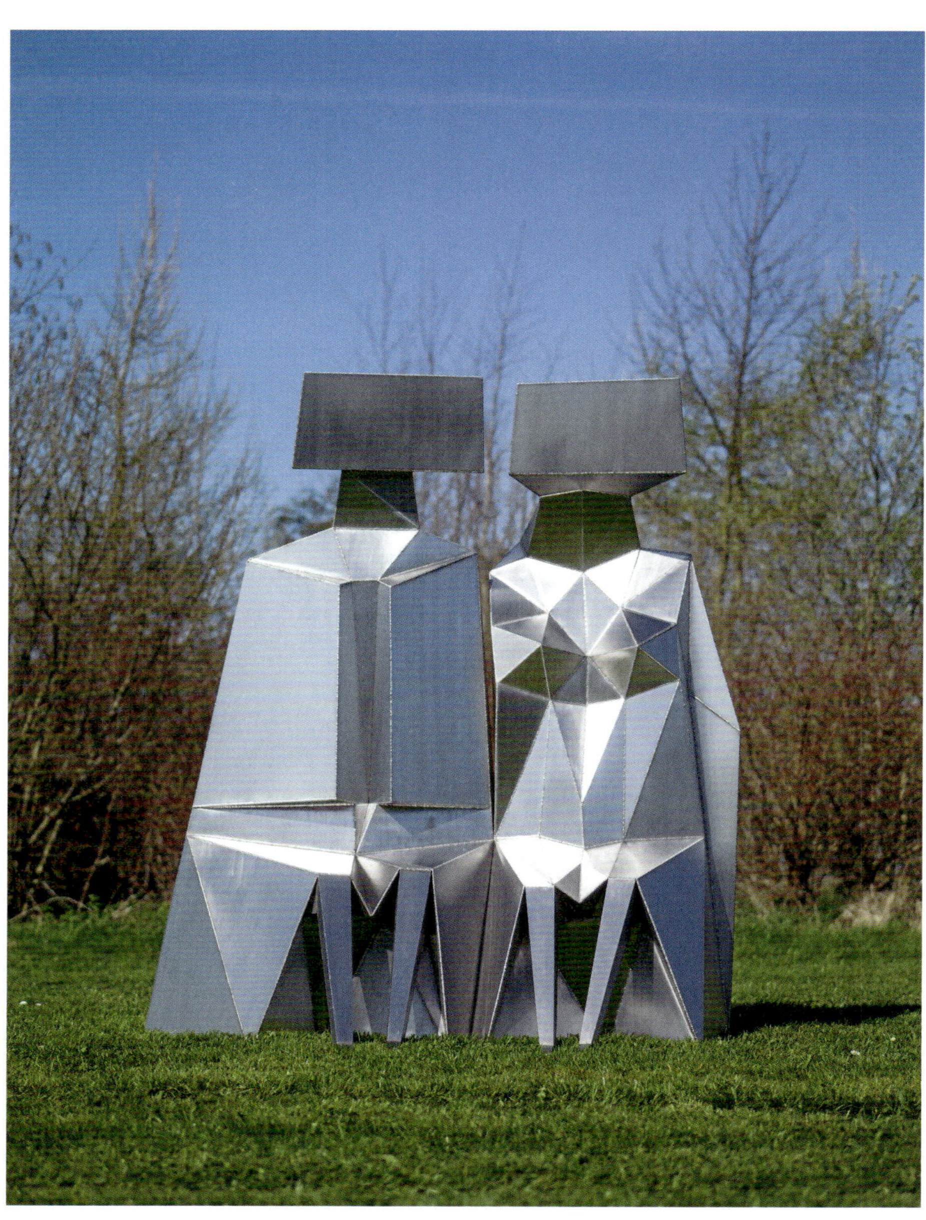

     Sitting Figures, 1989 / 192 x 166 x 152 cm / Edelstahl (welded stainless steel)

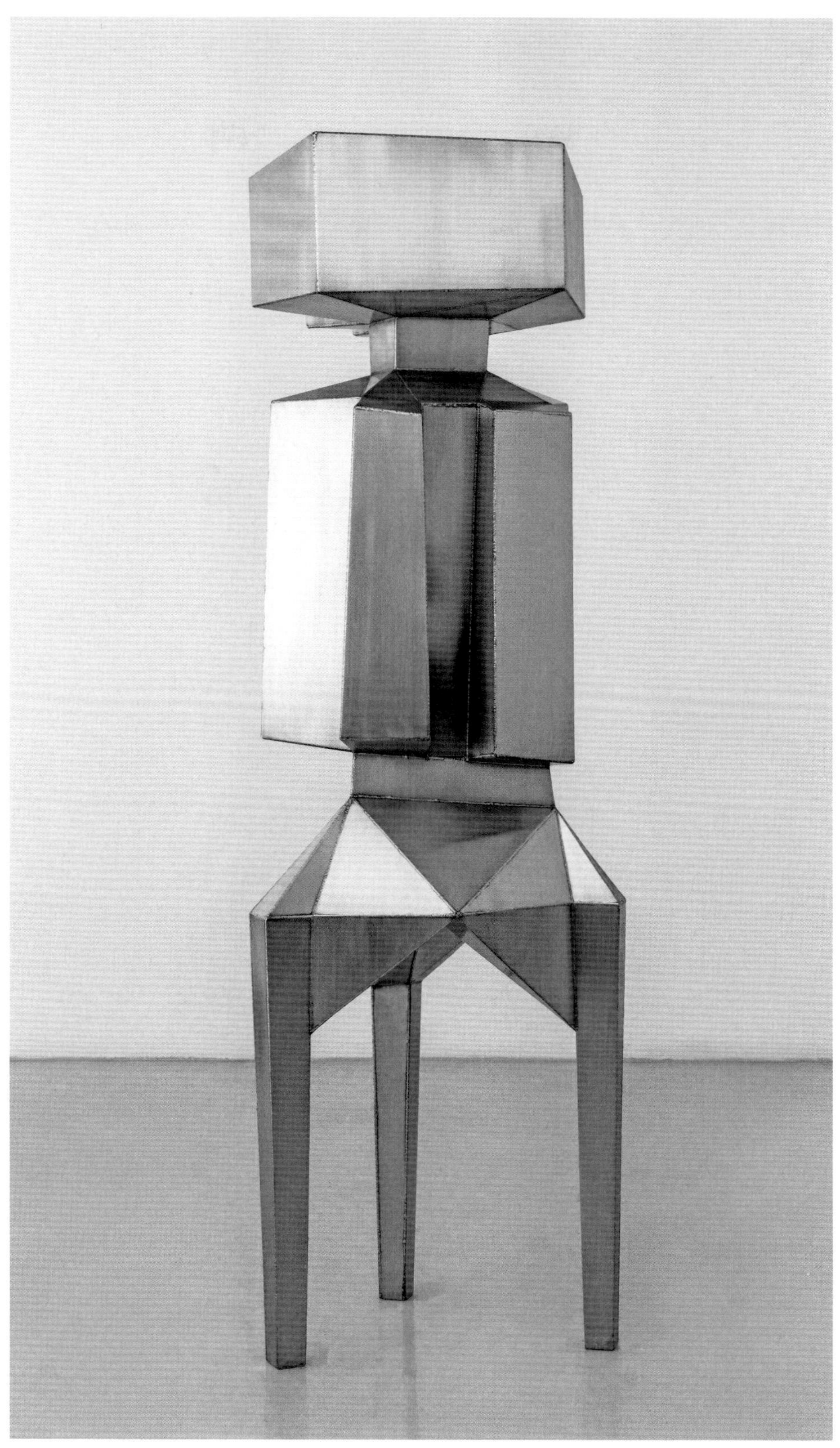

Inox, 1989 / 199 x 66 x 56 cm / Edelstahl (welded stainless steel)

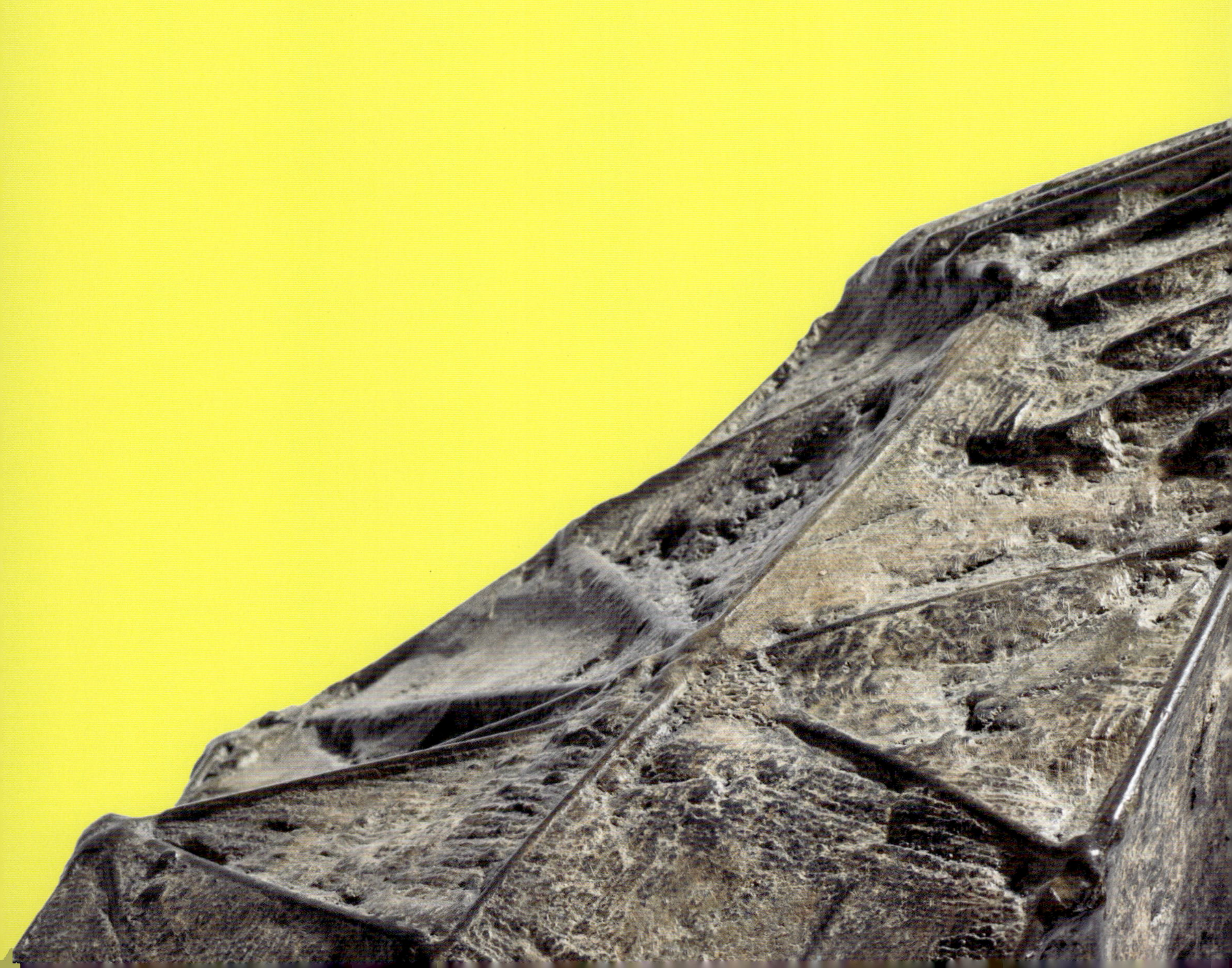

BIESTER

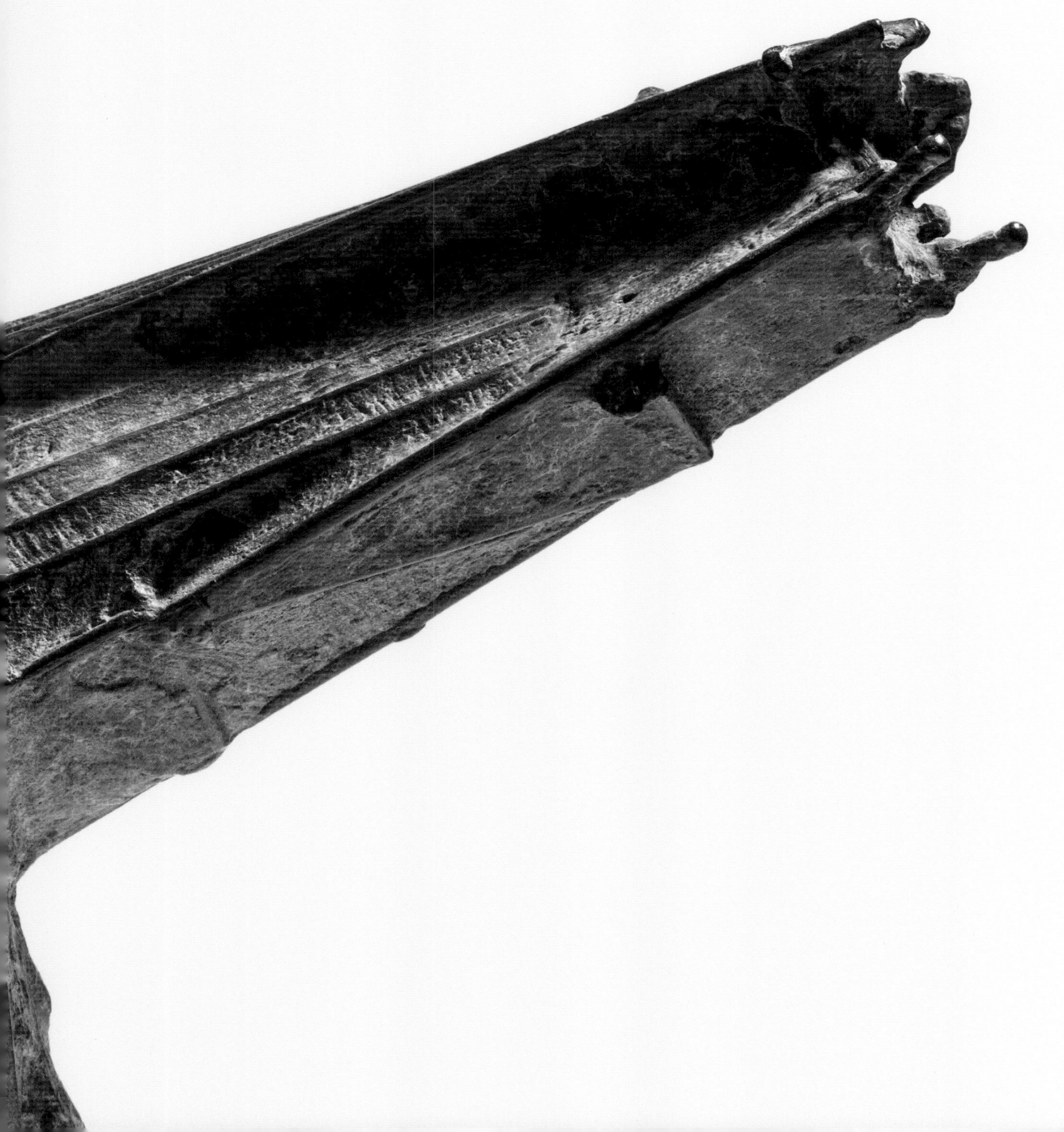

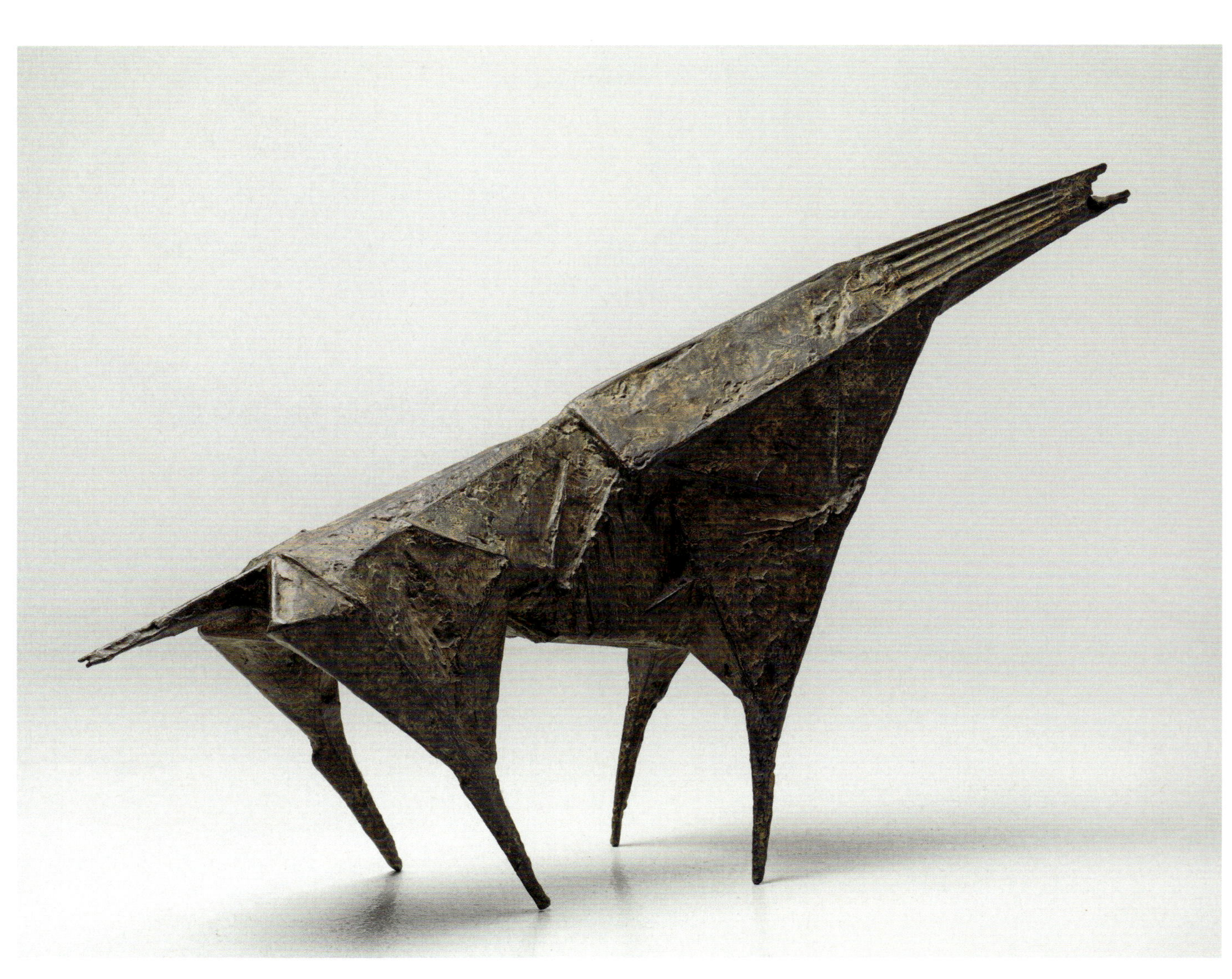

114   Beast VII, 1956 / 62 x 112 x 23 cm / Bronze

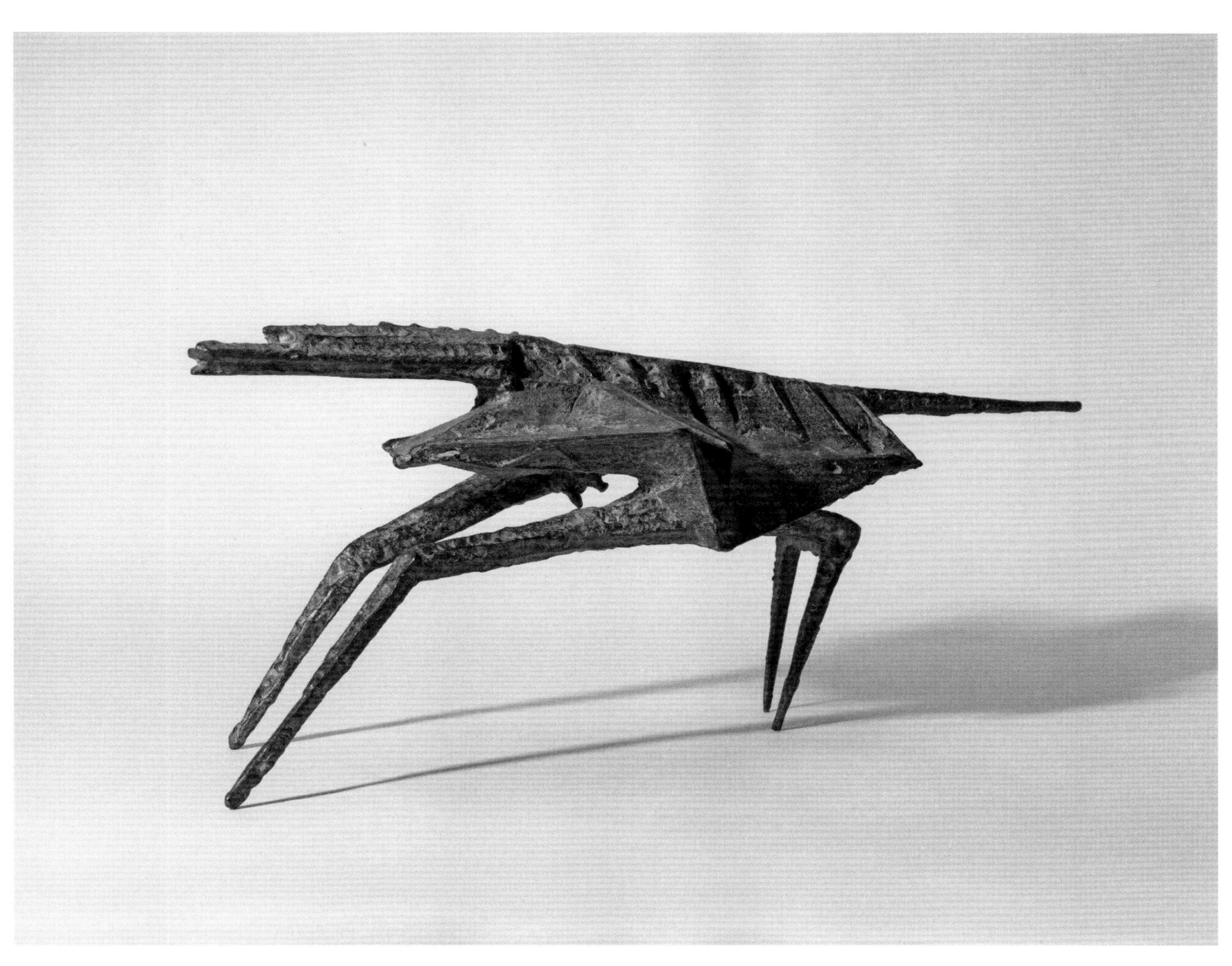

Beast X, 1956 / 26 x 65 x 22 cm / Bronze

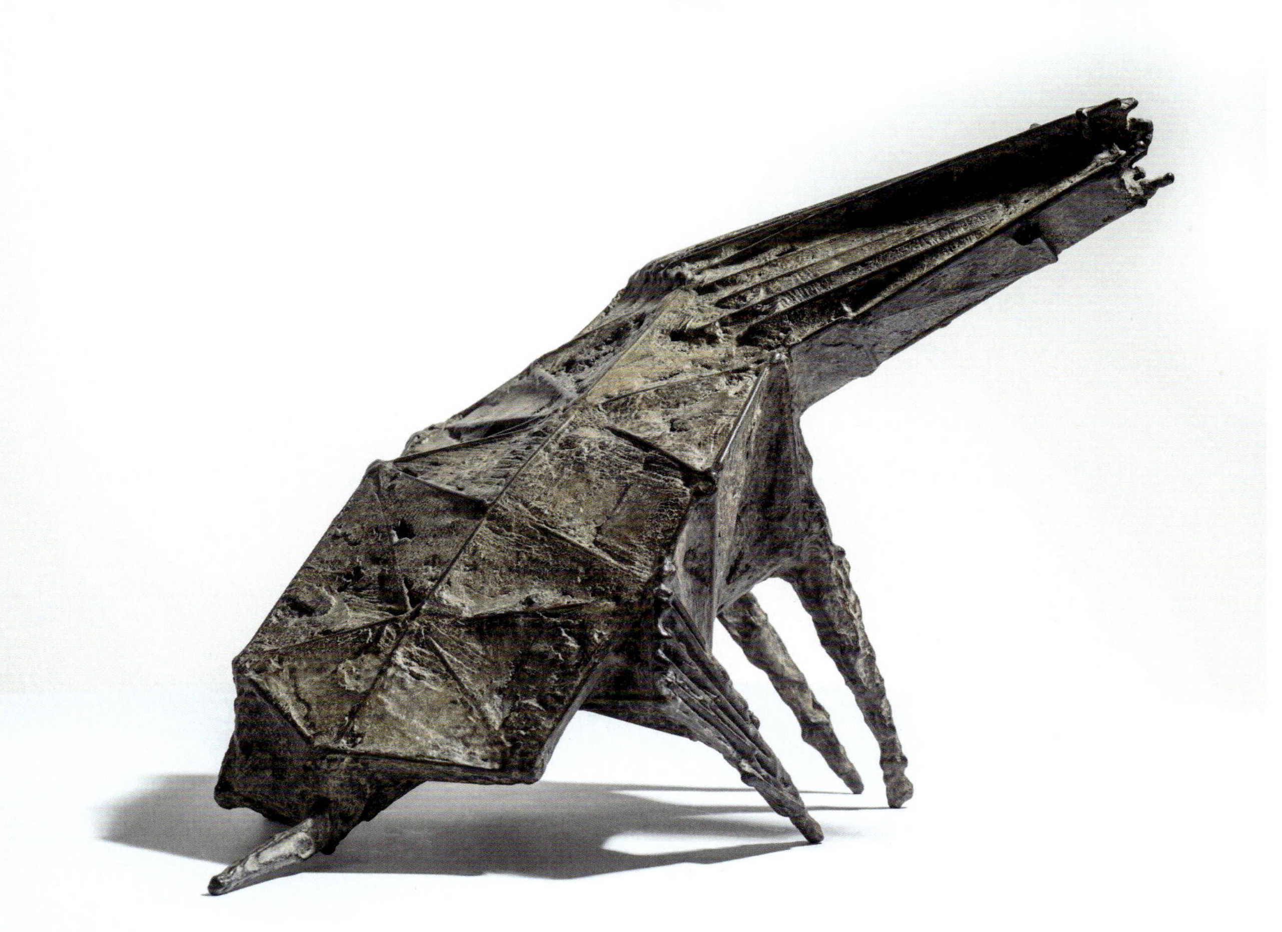

116   Beast XVIII, 1959 / 28,5 x 27 x 36 cm / Bronze

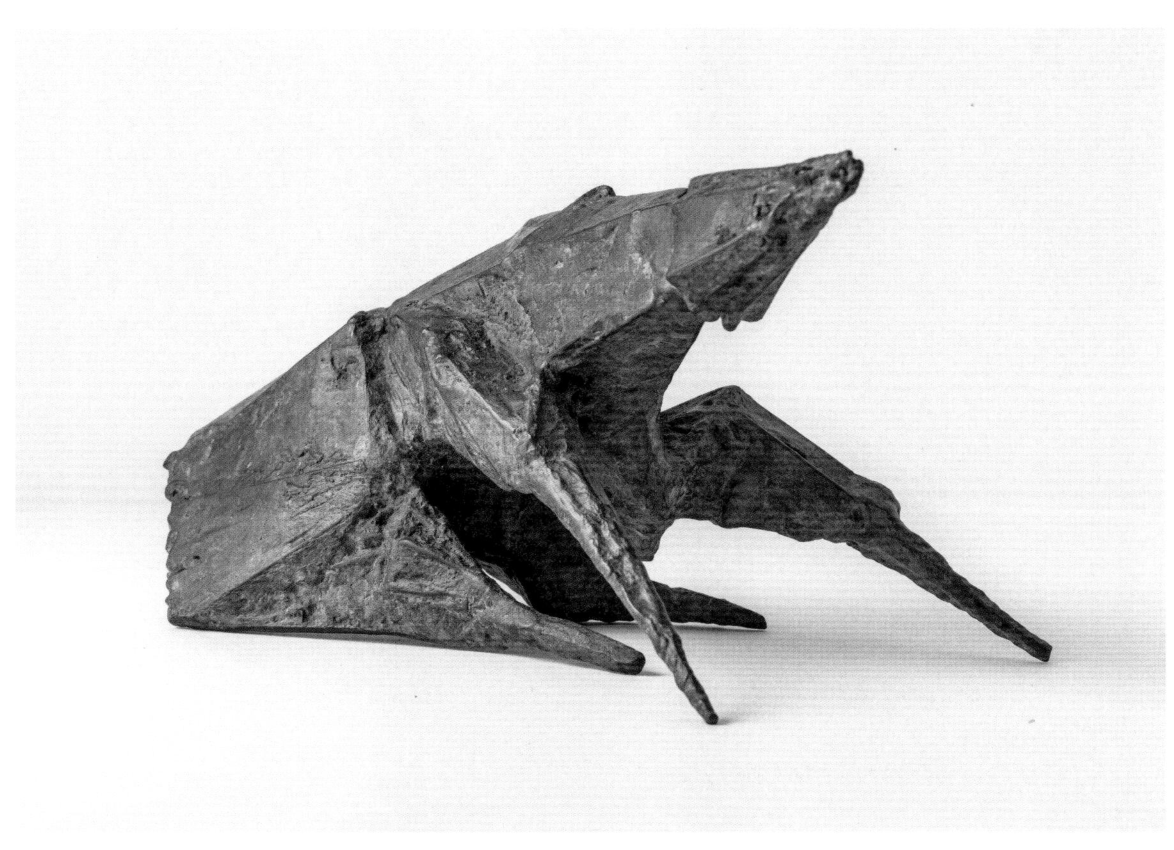

Beast XXII, 1959 / 18 x 19 x 36 cm / Bronze

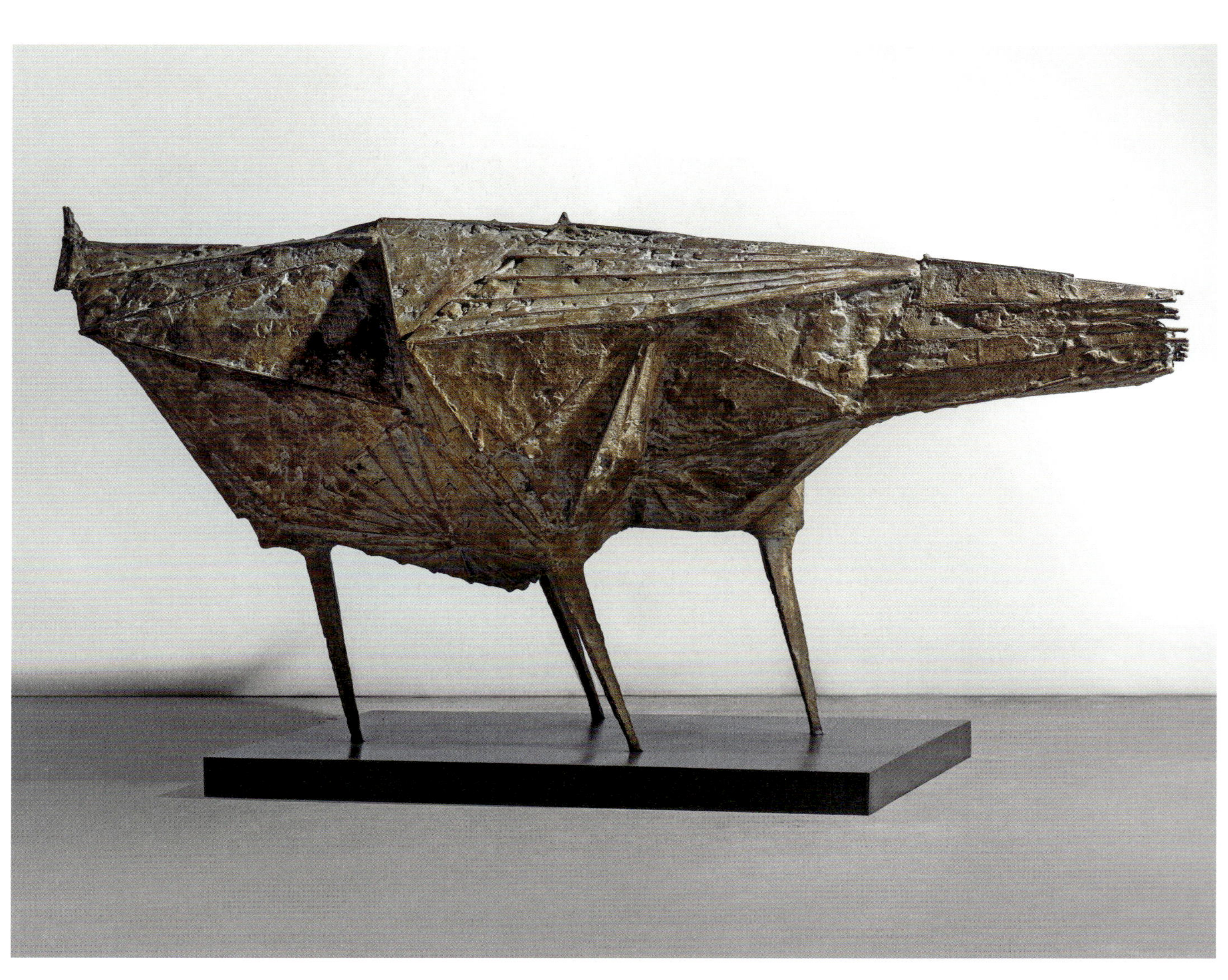

118   Beast XVI, 1959 / 78 x 173 x 87 cm / Bronze

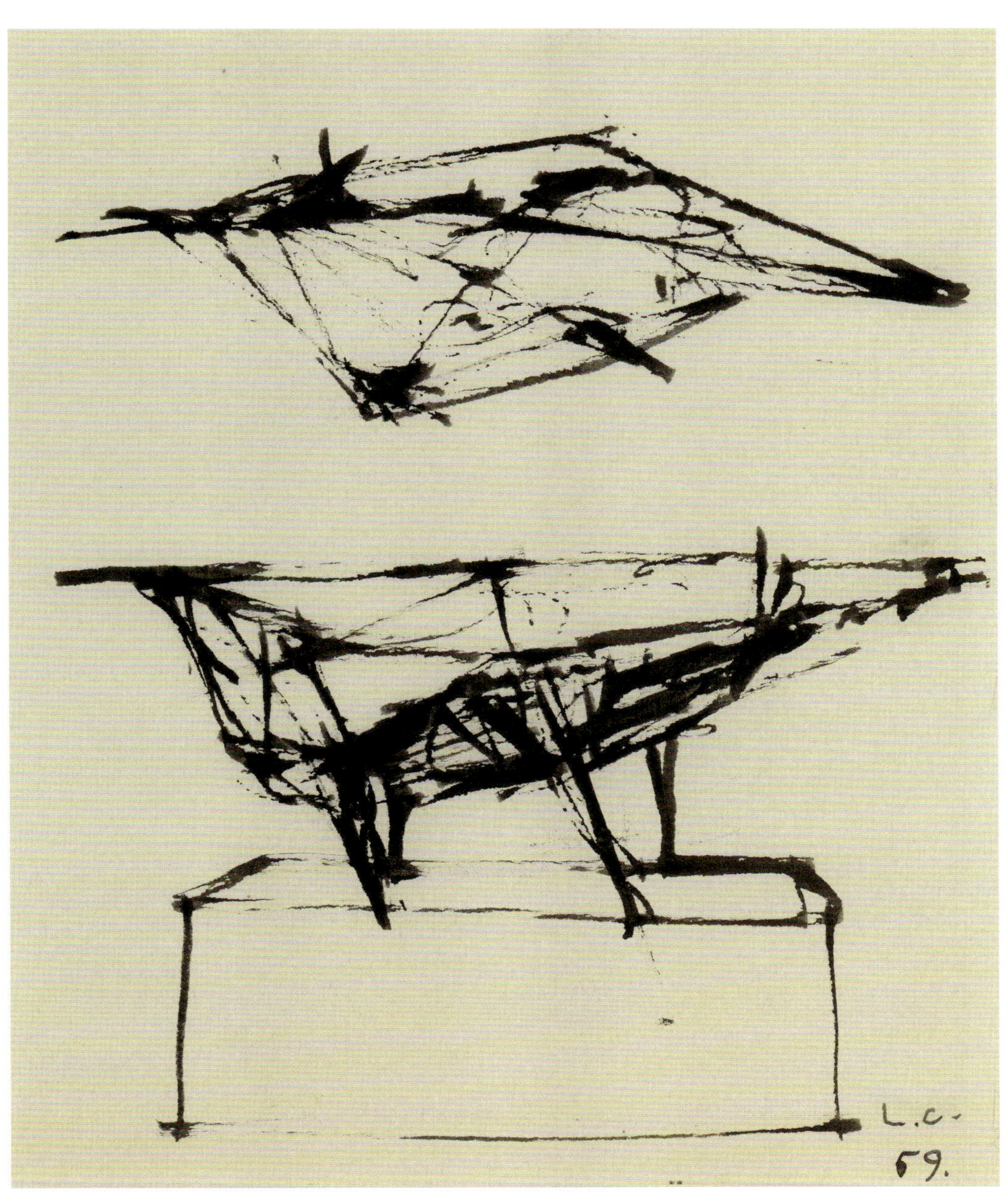

Untitled, 1959 / 27 x 21 cm / Tinte auf Papier (ink on Paper)

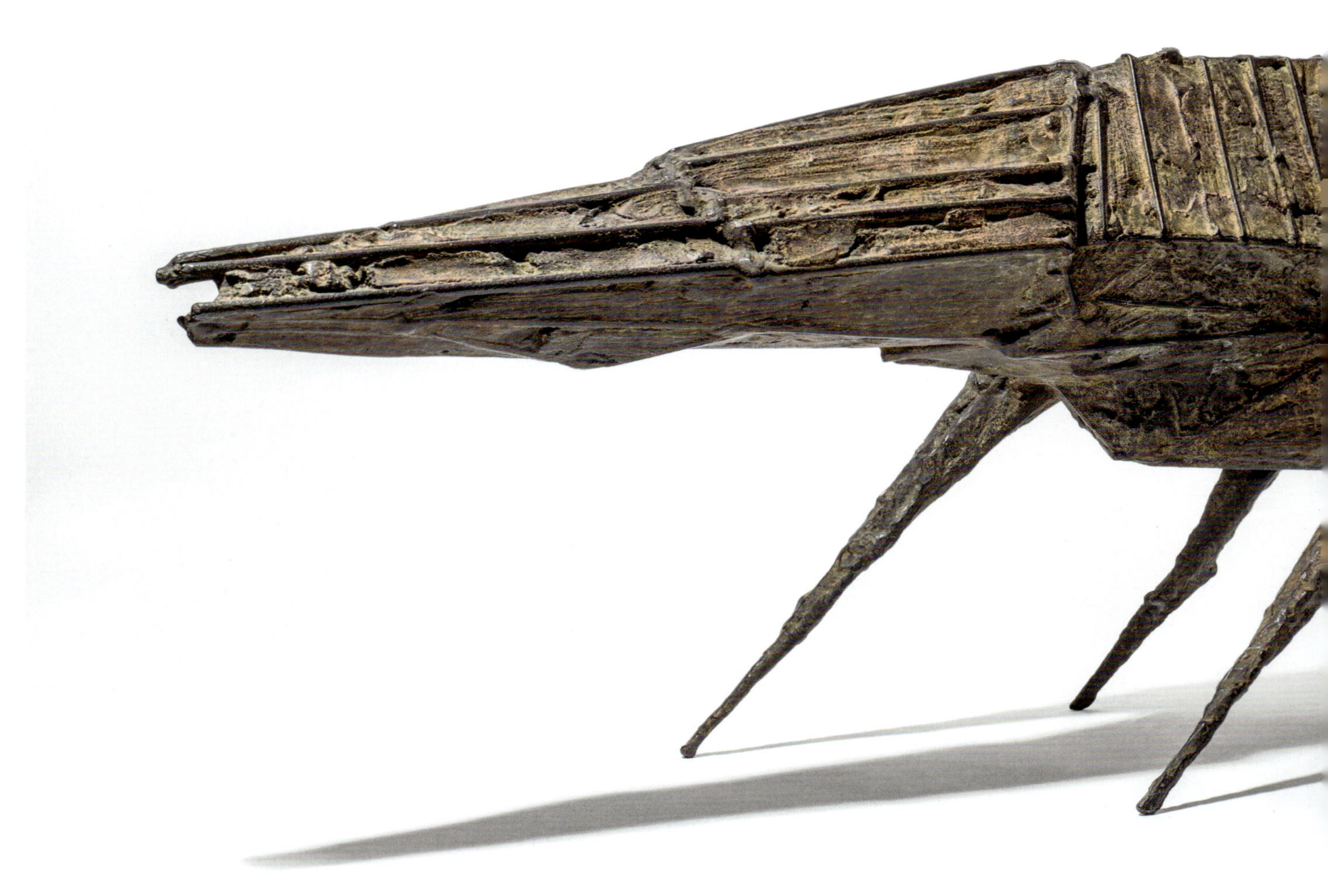

    Beast XXI, 1959 / 33 x 101 x 27 cm / Bronze

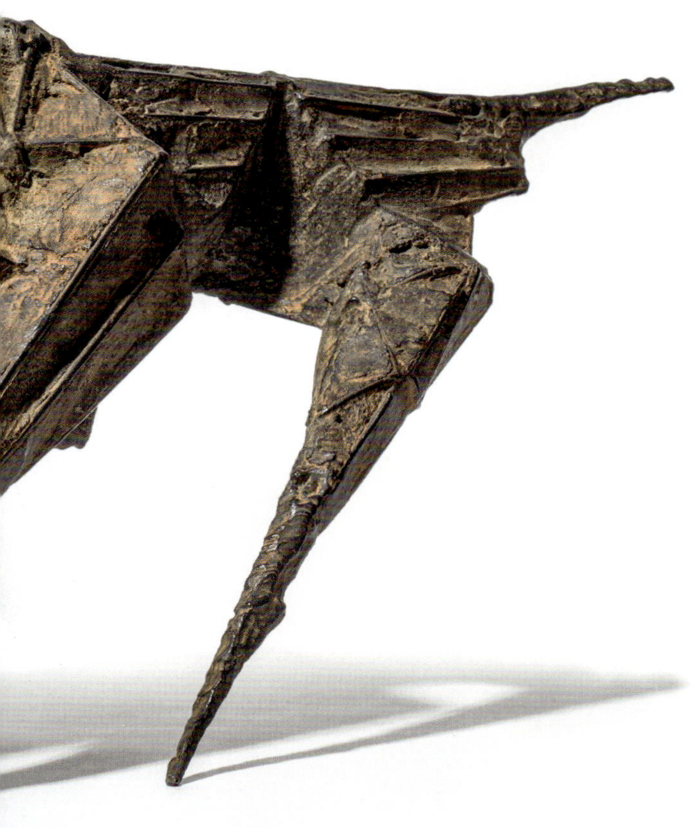

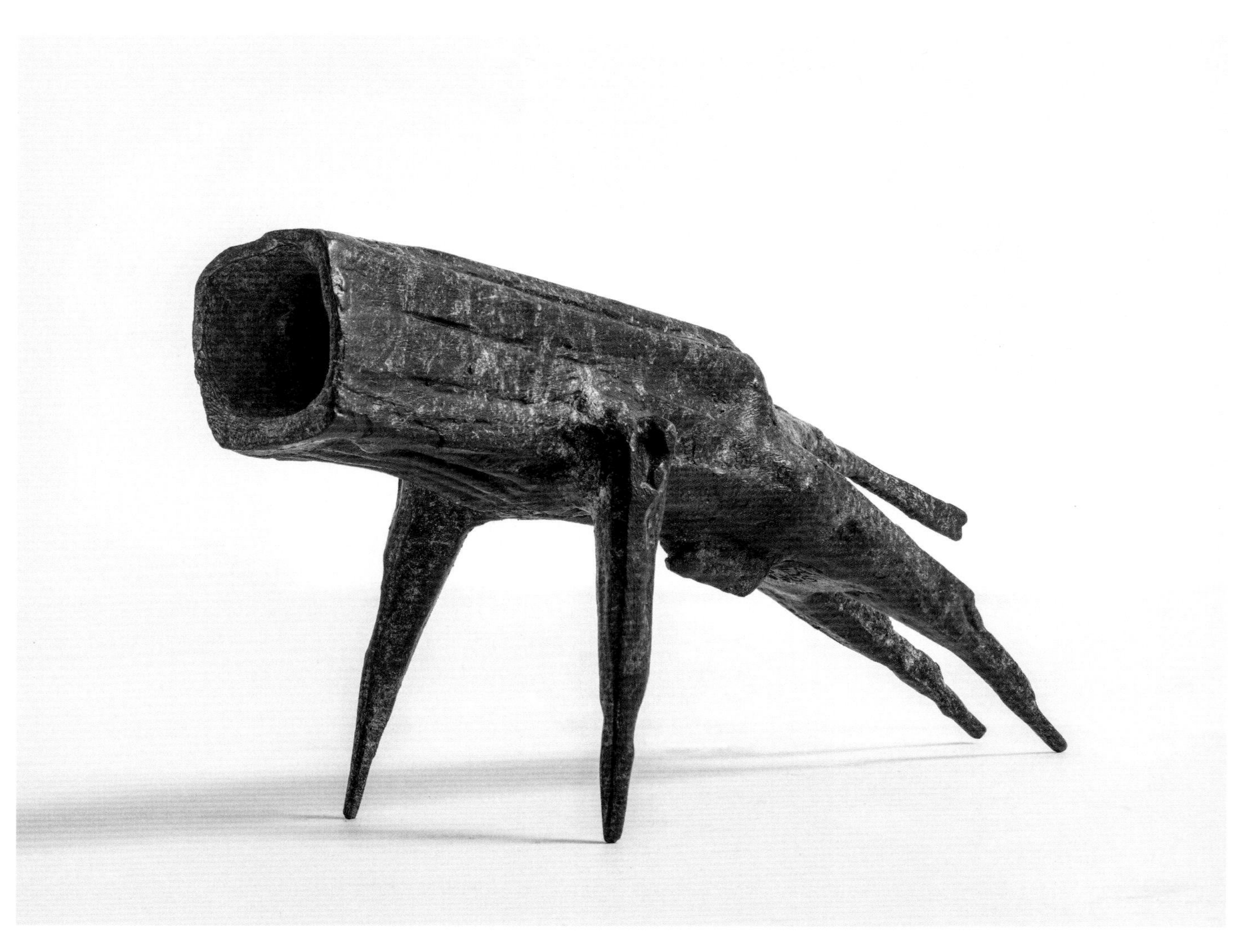

122   Lion III, 1986 / 10 x 19 x 5 cm / Bronze

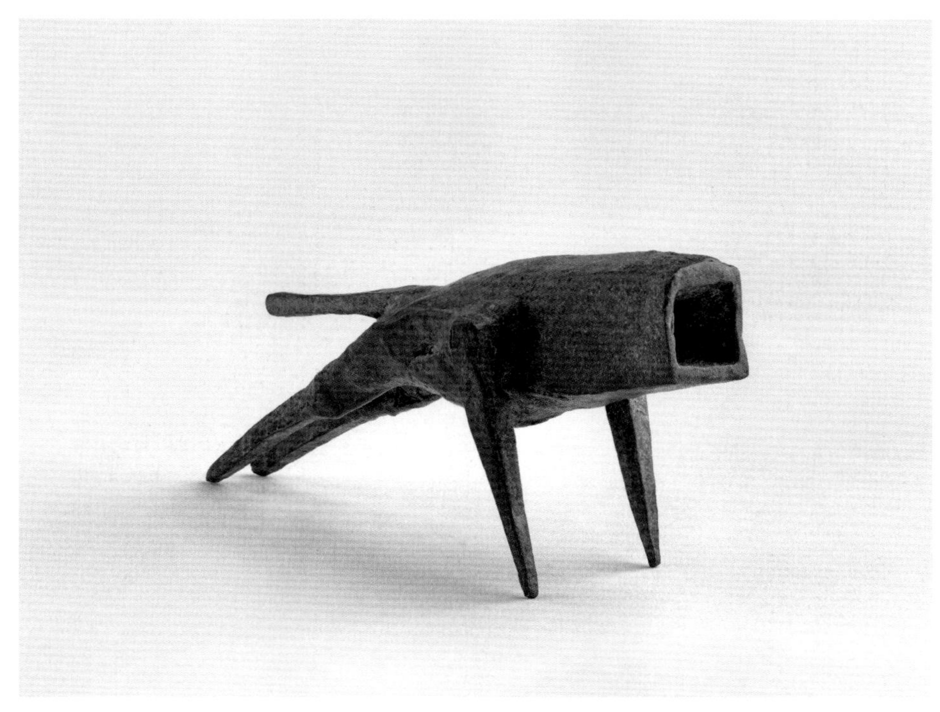

Miniature Lion IV, 1986 / 5 x 13 x 4 cm / Bronze

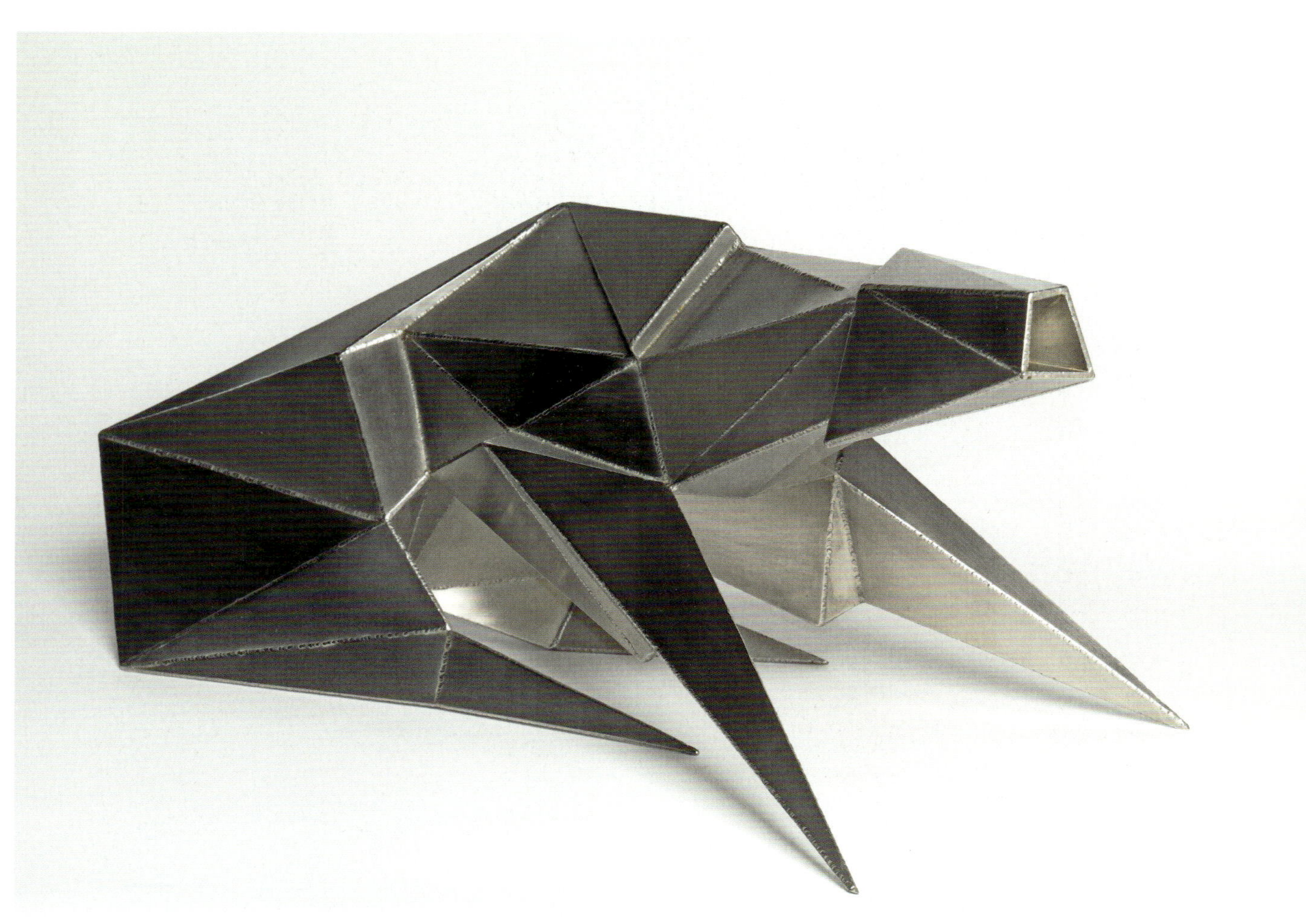

124   Crouching Beast IV, 1990 / 61 x 71 x 157,5 cm / Edelstahl (welded stainless steel)

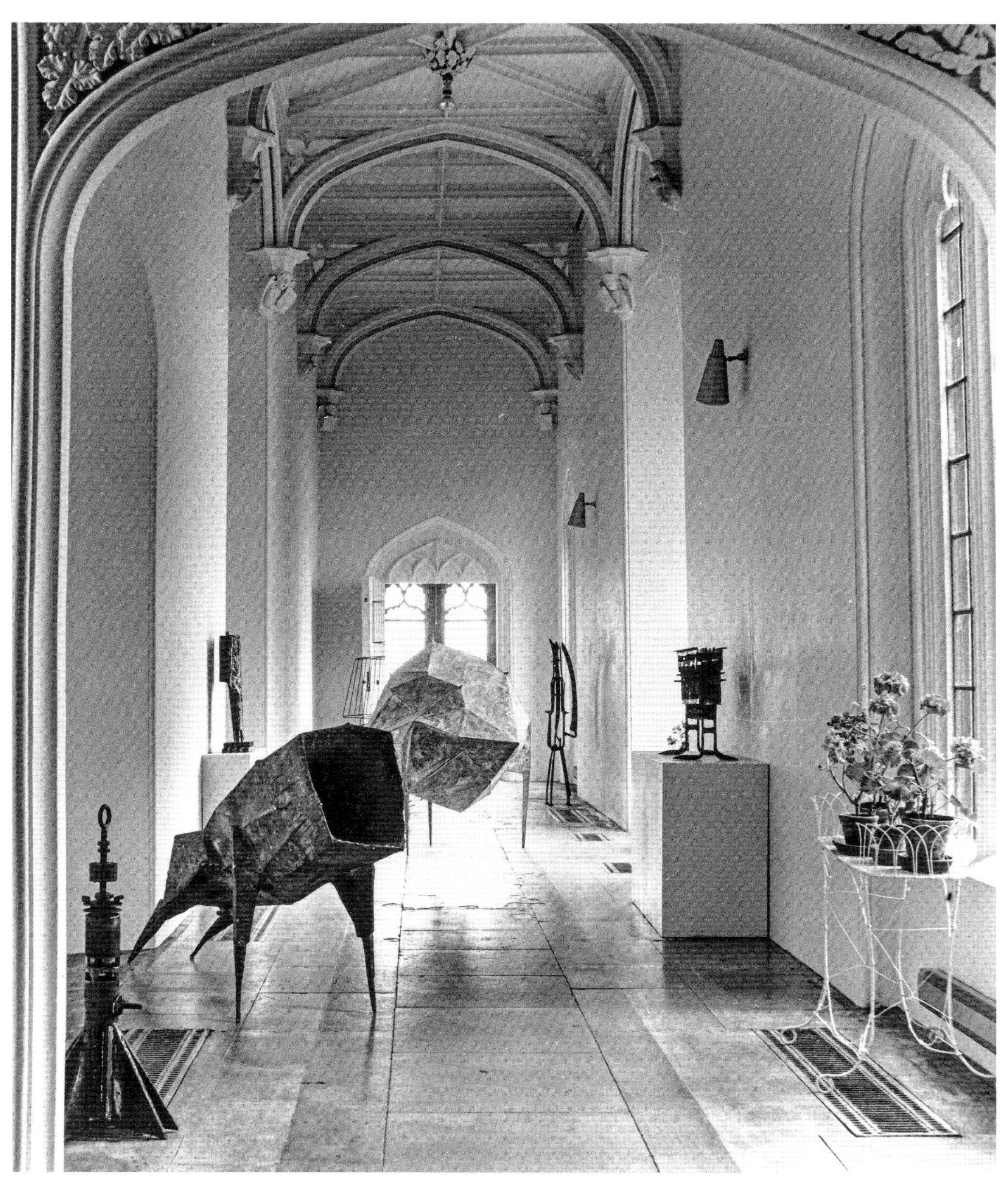

Lypiatt Park

125

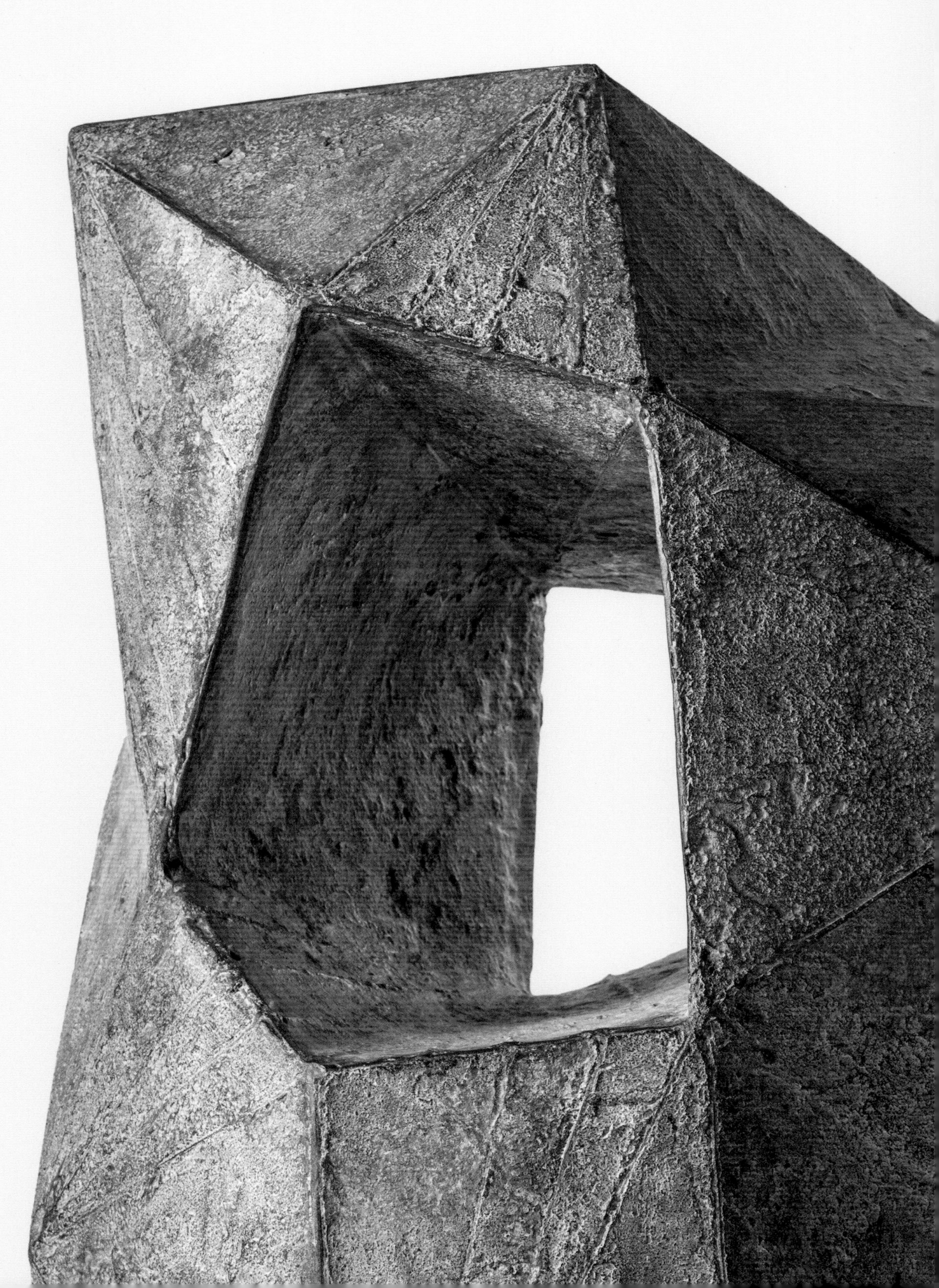

MOON

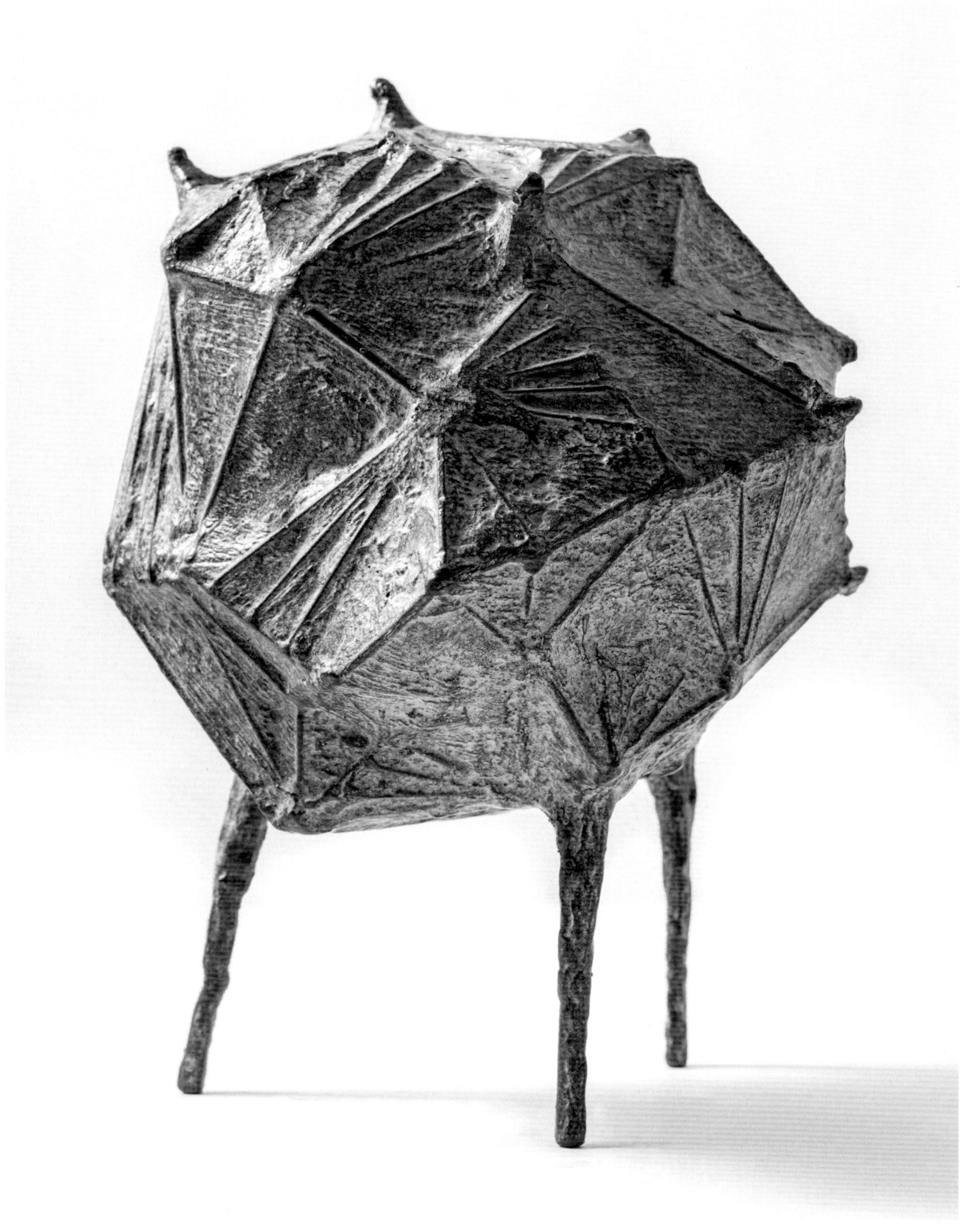

   Maquette III for Moon of Alabama, 1957 / 28 x 20 x 20 cm / Bronze

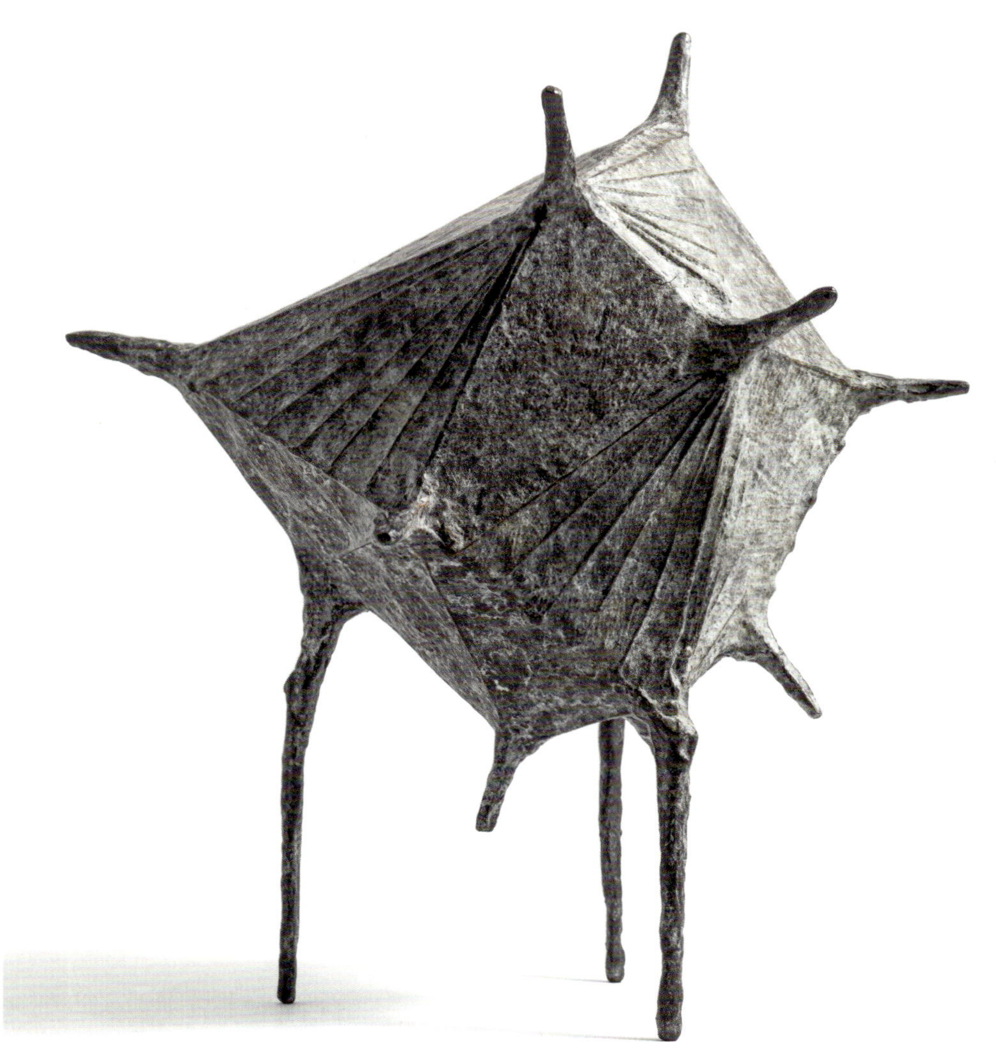

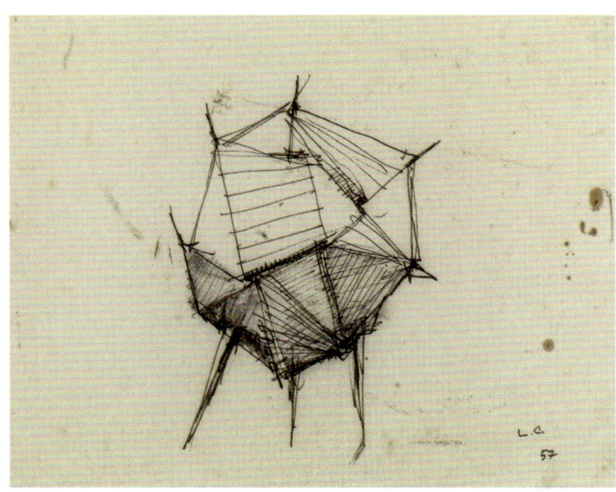

Maquette IV for Moon of Alabama, 1957 / 33 x 24 x 28 cm / Bronze
Untitled, 1957 / 25 x 33 cm / Tinte auf Papier (ink on paper)

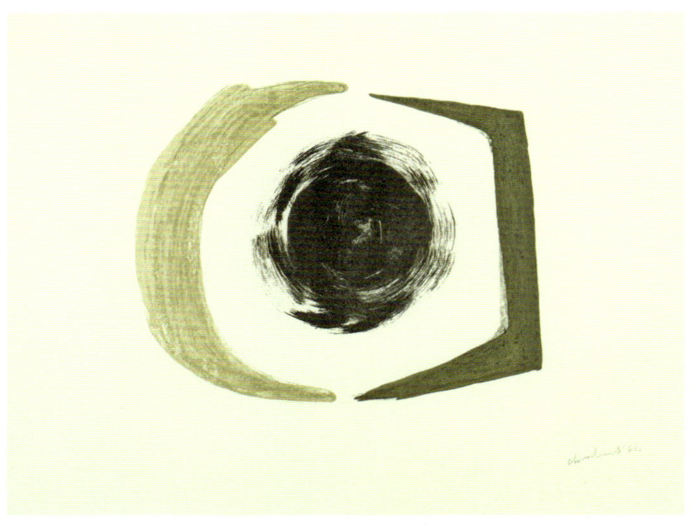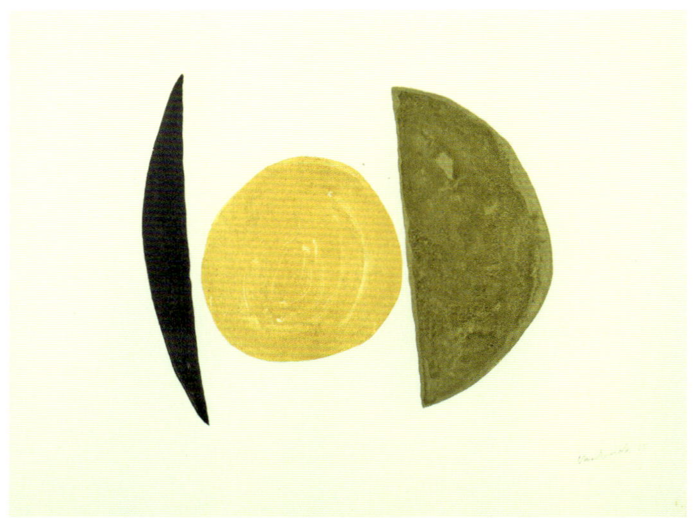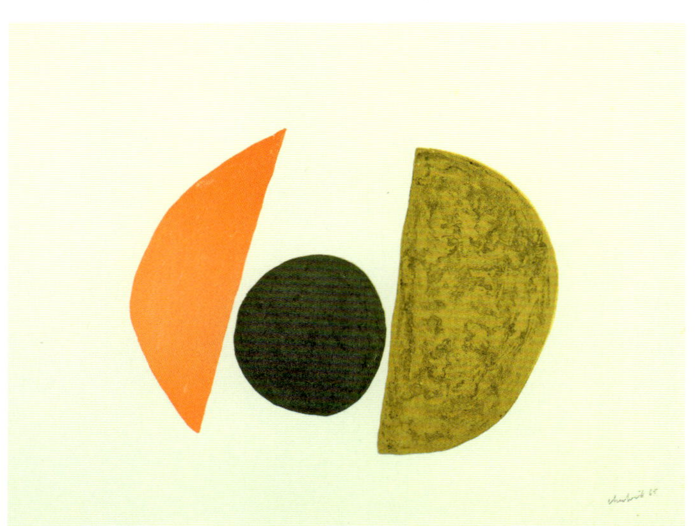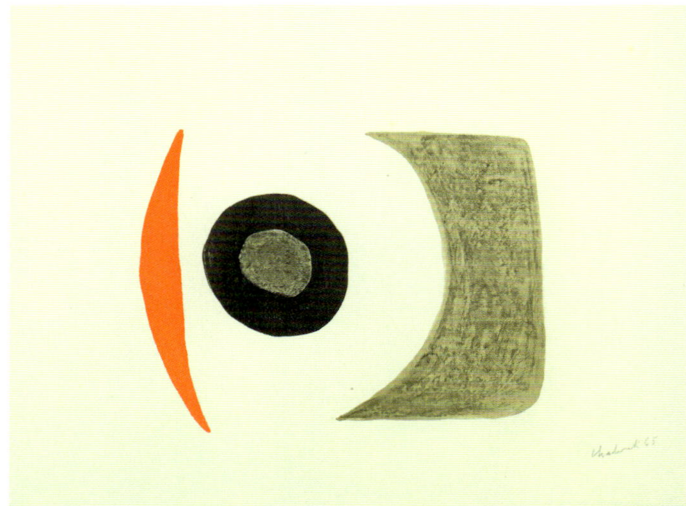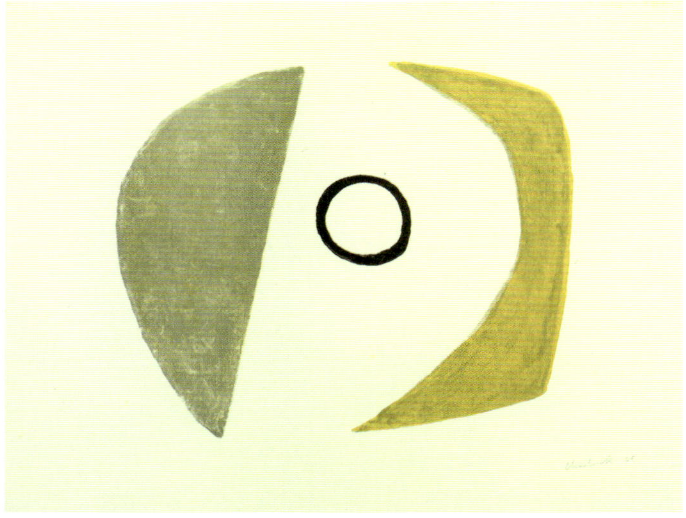

   „Moon"-Serie A–F, 1965 – 66 / je (each) 50,4 x 65,4 cm / Lithografien (lithographs)

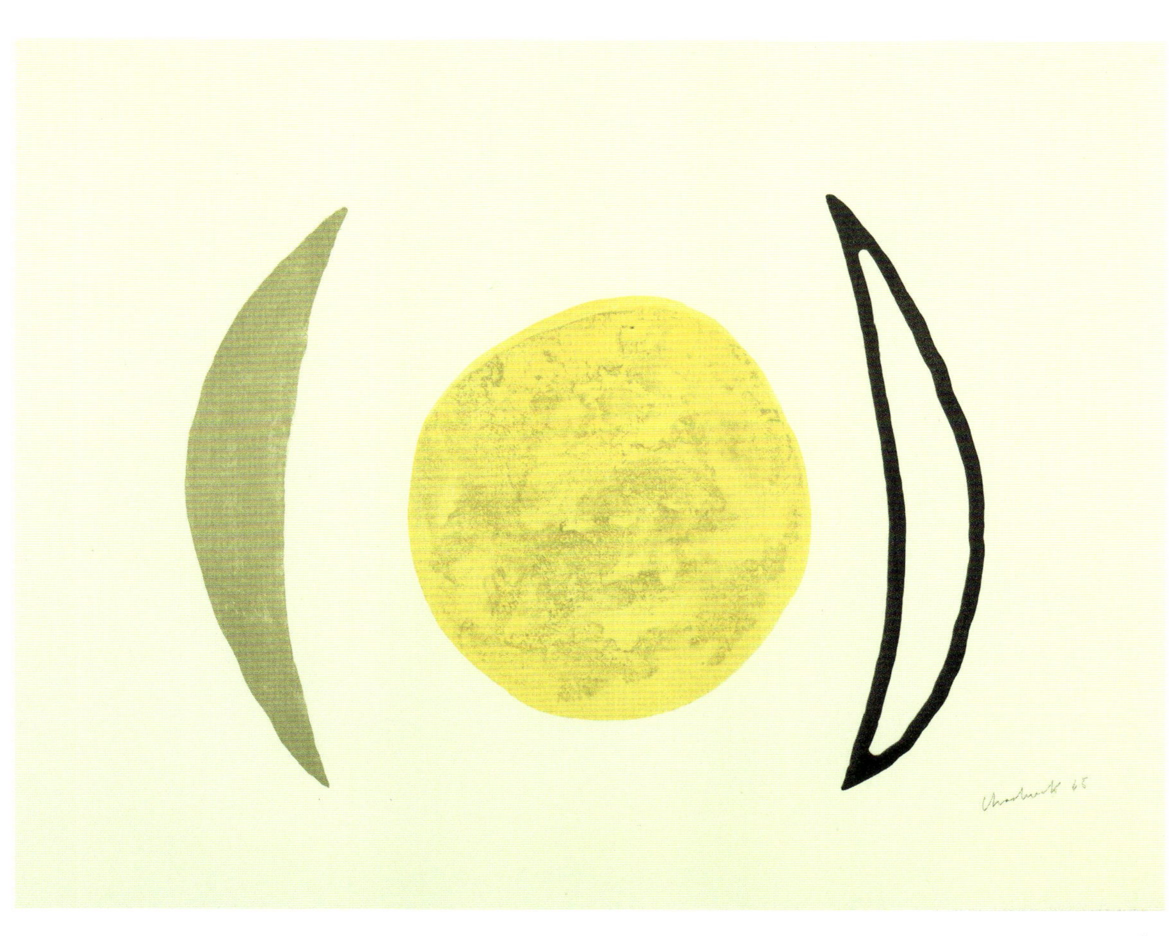

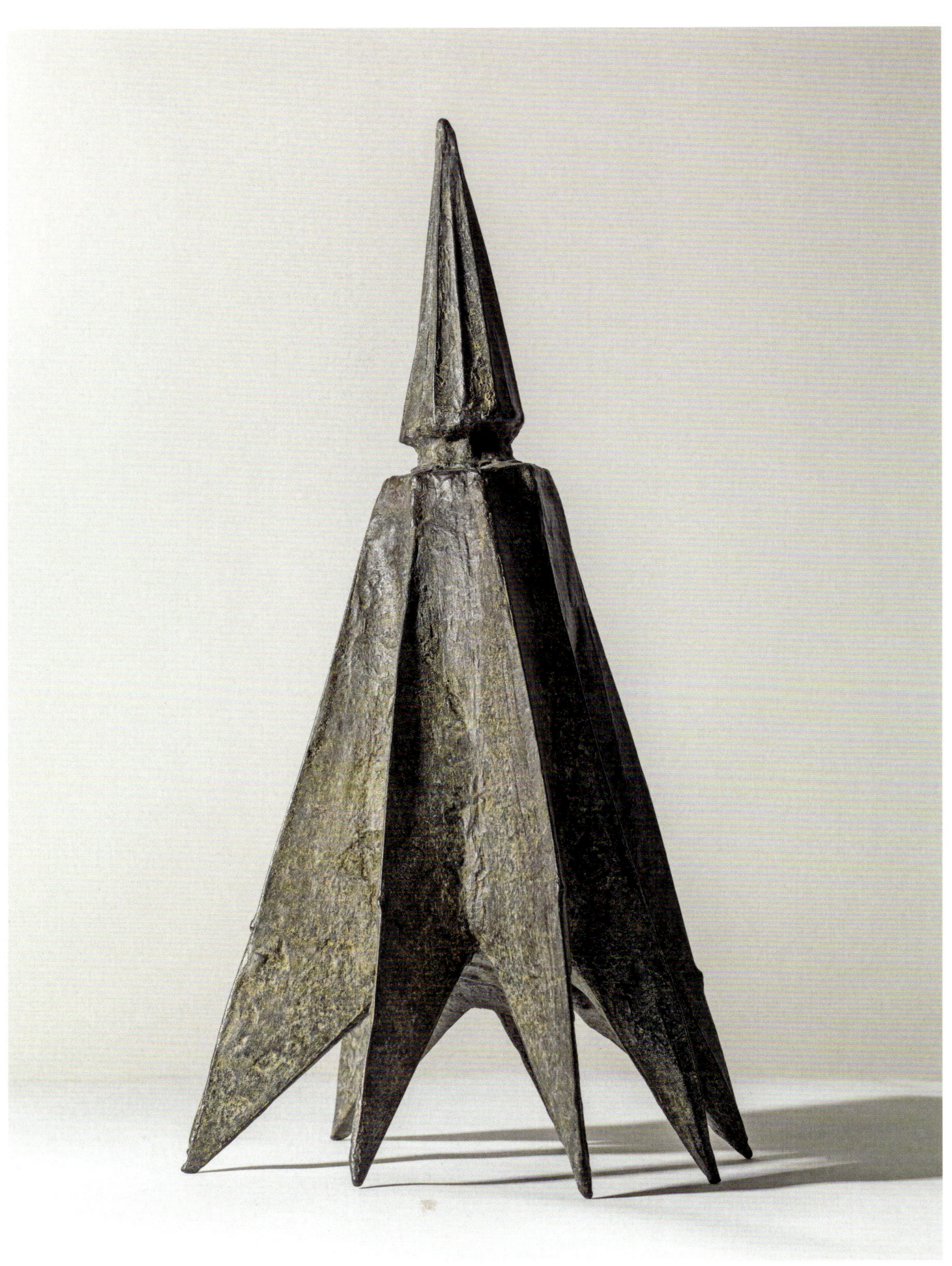

132　　Inquisitor I, 1964 / 44,2 x 25 x 23,4 cm / Bronze

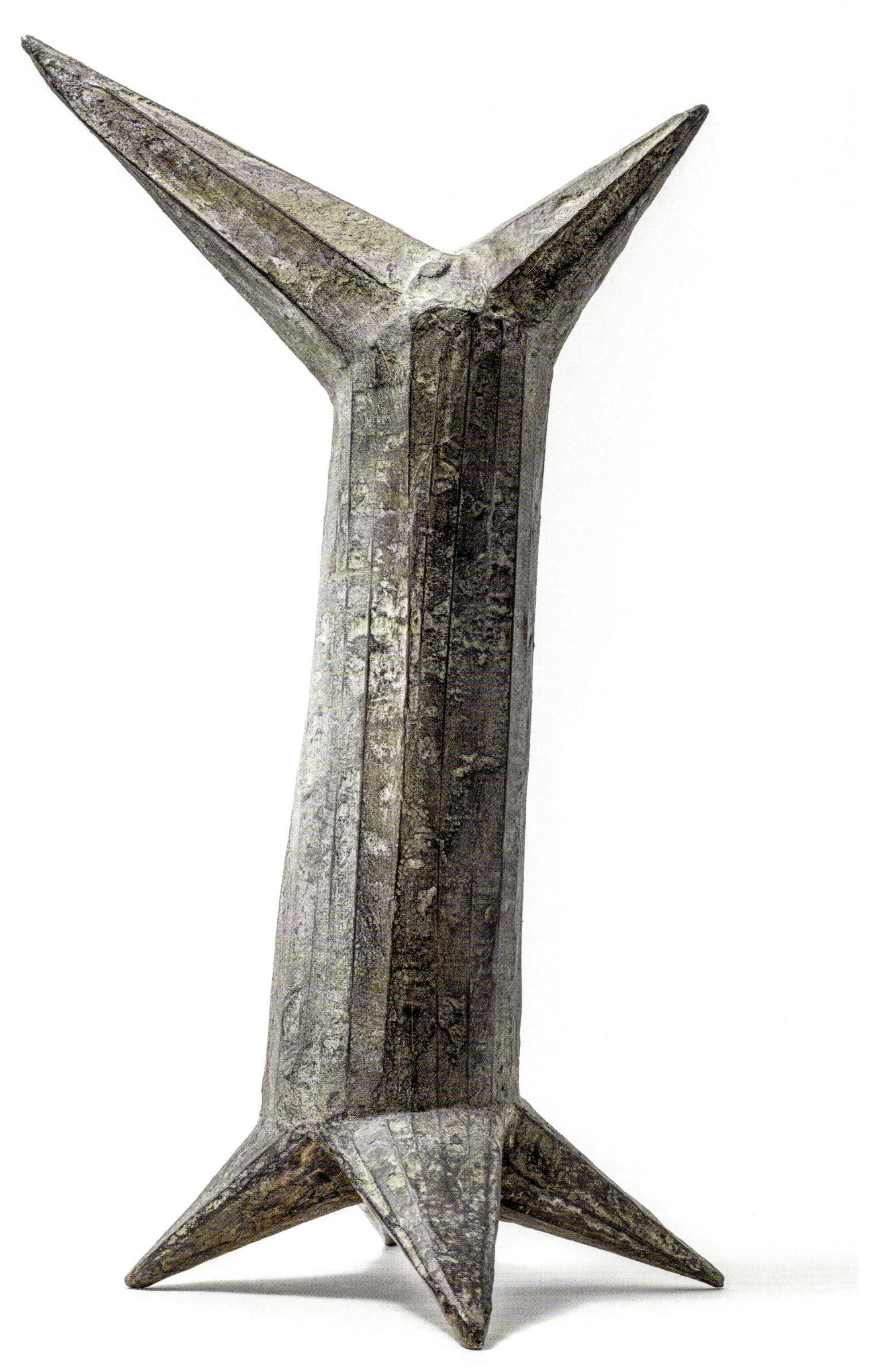

Detector I, 1964 / 58 x 34 x 34 cm / Bronze

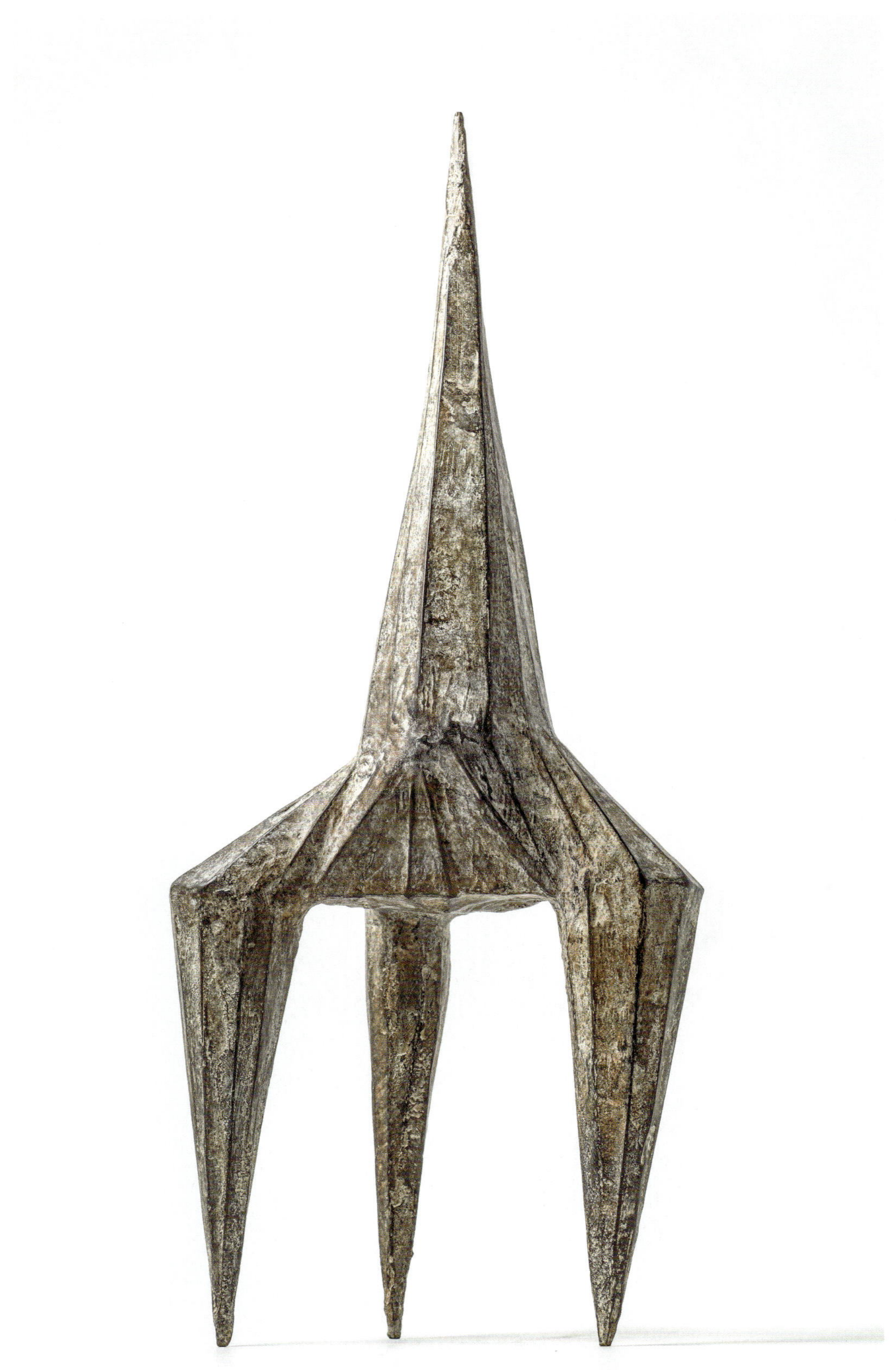

134   Trig IV, 1964 / 62,5 x 24,1 x 17,4 cm / Bronze

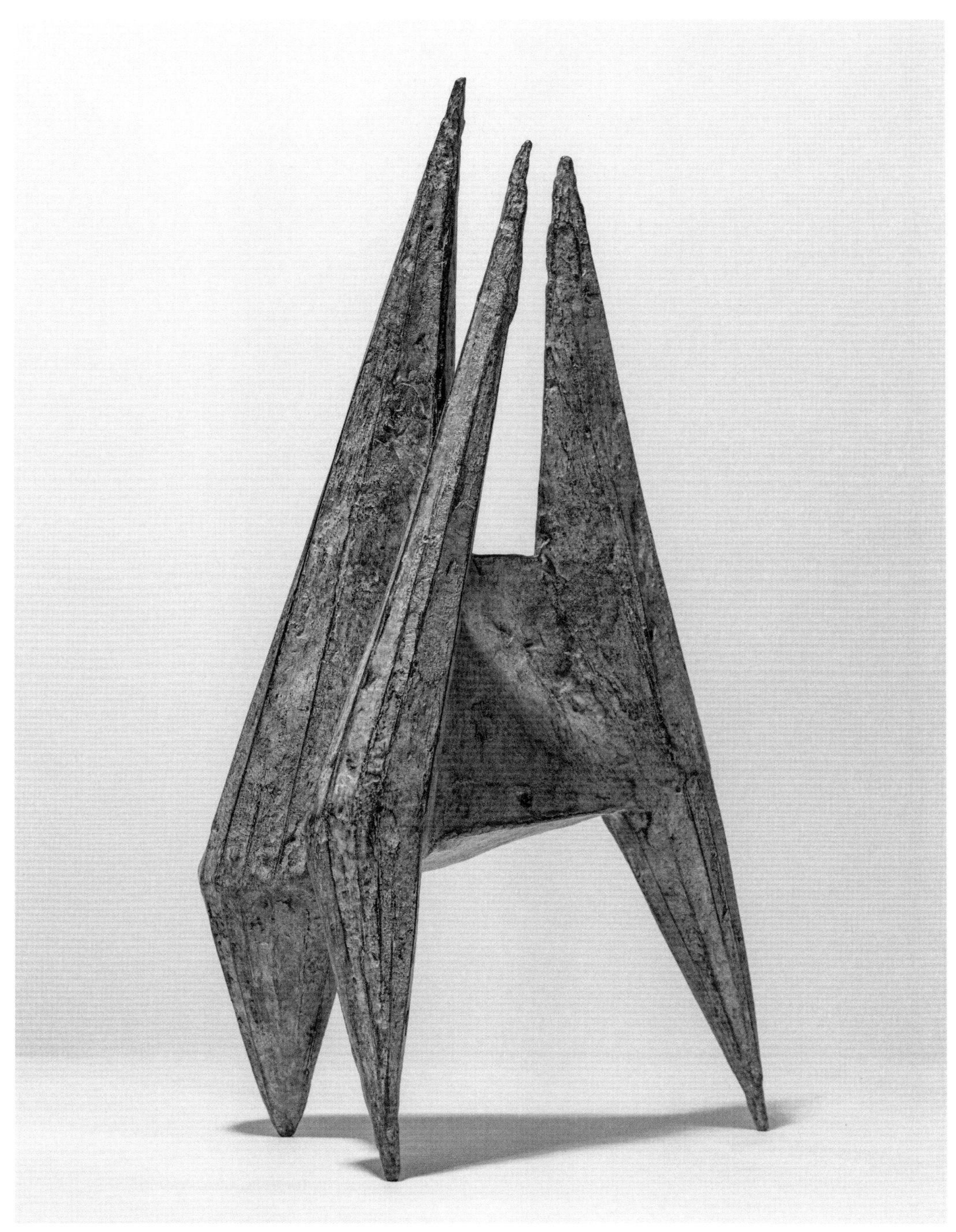

Triad II, 1964 / 41,2 x 25,4 x 19 cm / Bronze

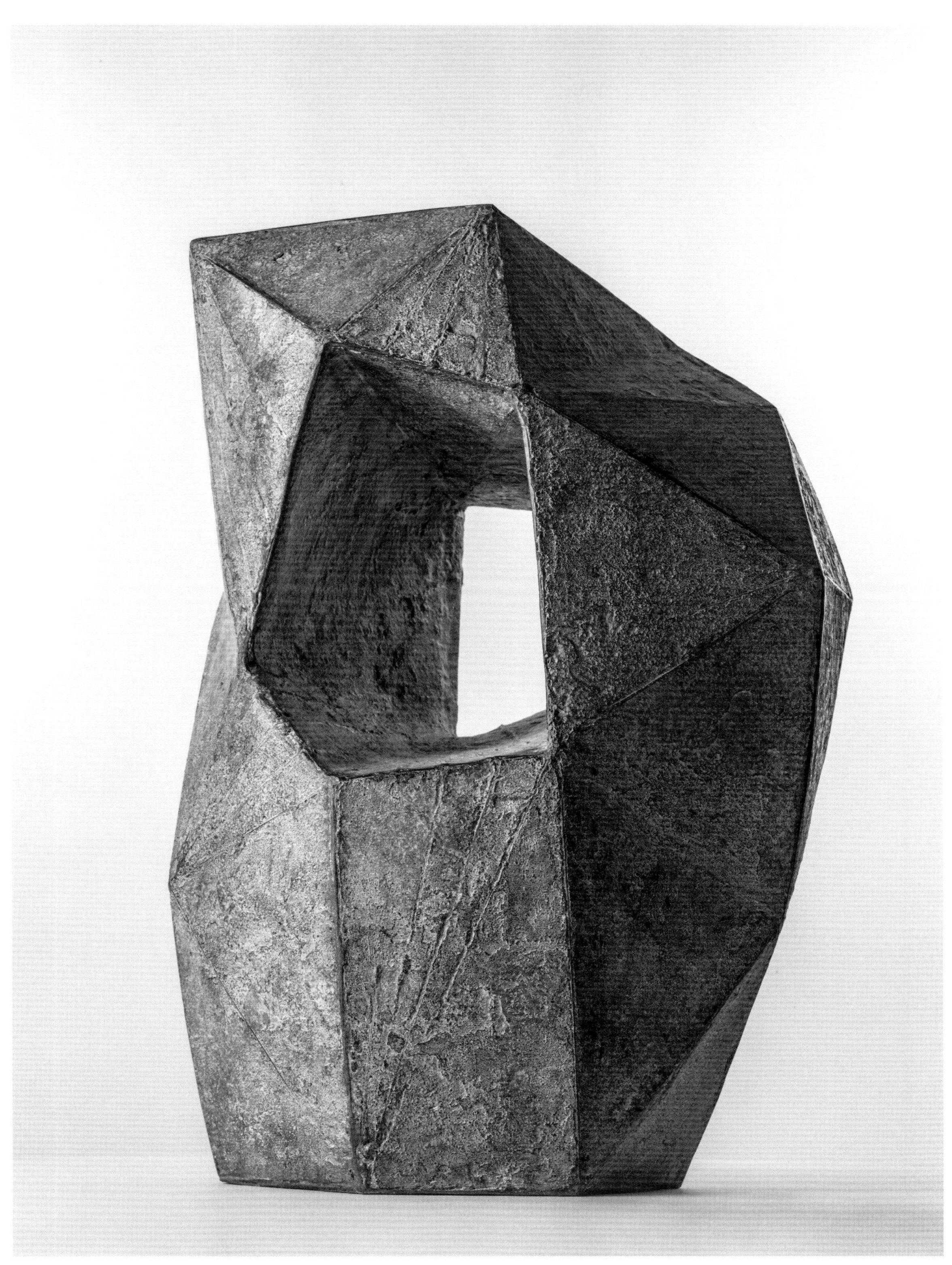

Star V, 1966 / 63 x 43,4 x 34,9 cm / Bronze

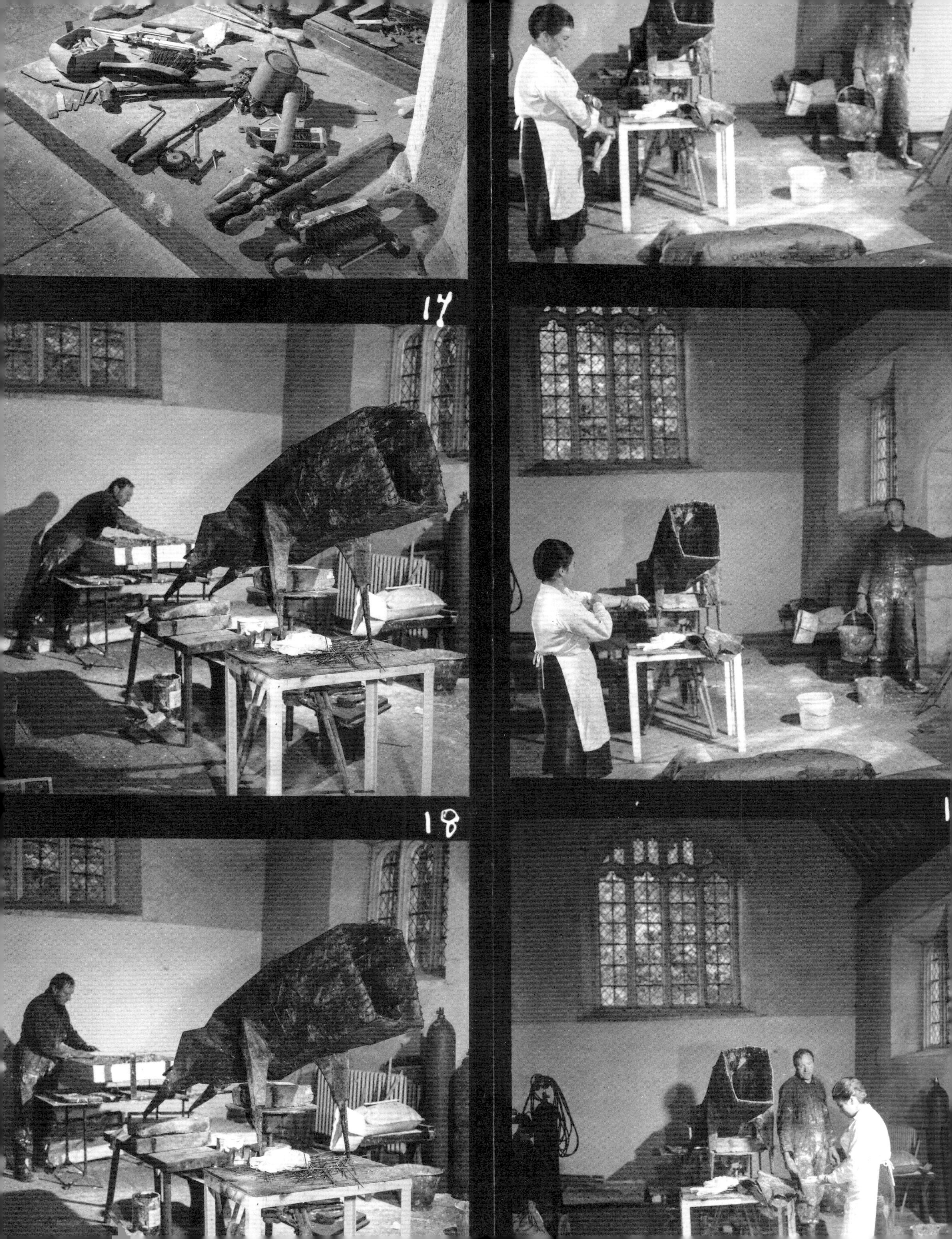

Anhang / Colophon

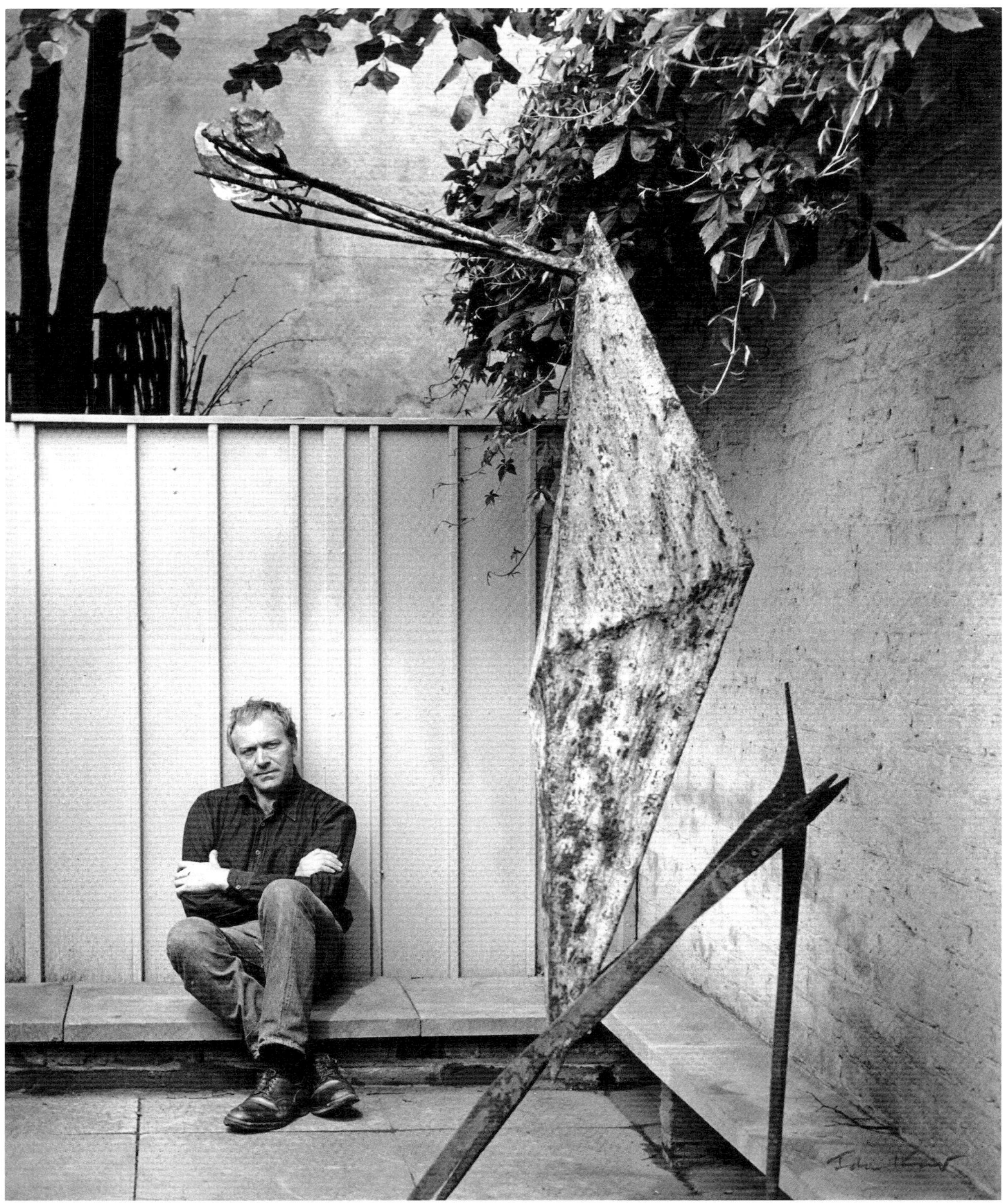

Lynn Chadwick, 1954

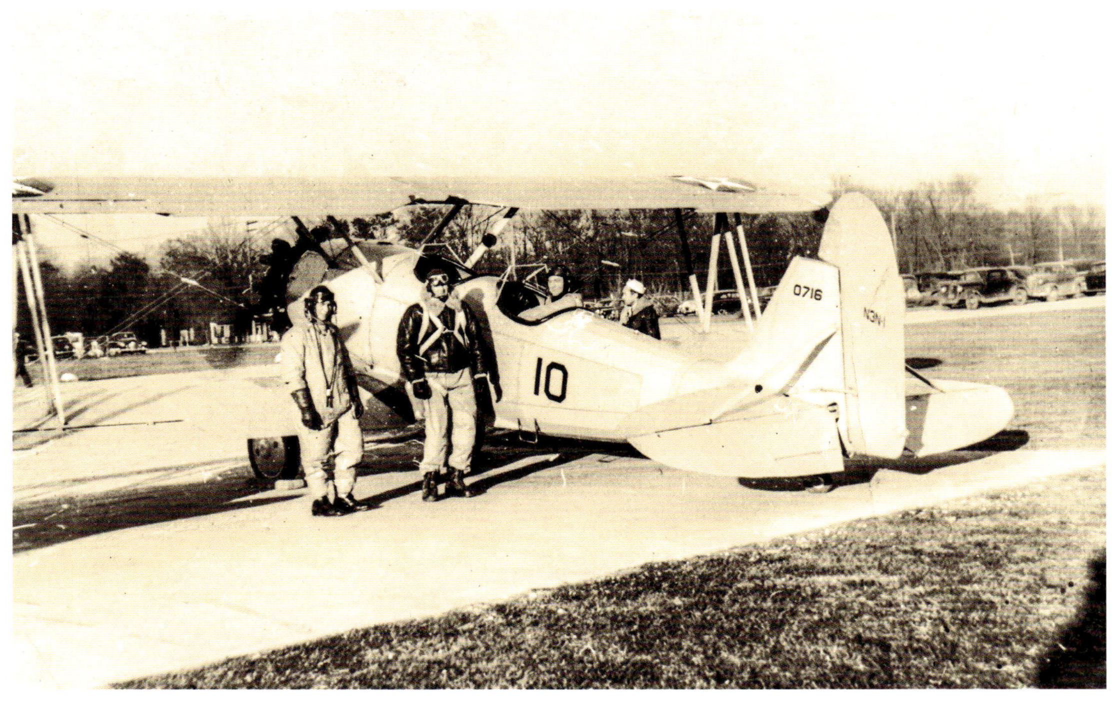

Lynn Chadwick im Cockpit, American Naval air training

Biografie Lynn Chadwick

1914 Am 24. November wird Lynn Chadwick in London geboren. Sein Vater Verner ist Ingenieur und Direktor der Turbine Furnace Company, seine Mutter Margery die Tochter eines Tischlers und Antiquitätenhändlers.

1933 – Ausbildung als technischer Zeichner in verschiedenen Architekturbüros in London. Um
1939 Architekt zu werden, besucht Chadwick Abendkurse, kommt von dem Vorhaben aber ab.

1941 – Grundausbildung in den USA und in Kanada zum Piloten. Als solcher dient er freiwillig in
1944 der Fleet Air Arm der Royal Navy.

1942 Heirat mit der Kanadierin Charlotte Ann Secord, einer Schriftstellerin. Der Sohn Simon wird geboren.

1944 Chadwick spezialisiert sich im Londoner Architekturbüro von Rodney Thomas auf Konstruktionen für Messestände.

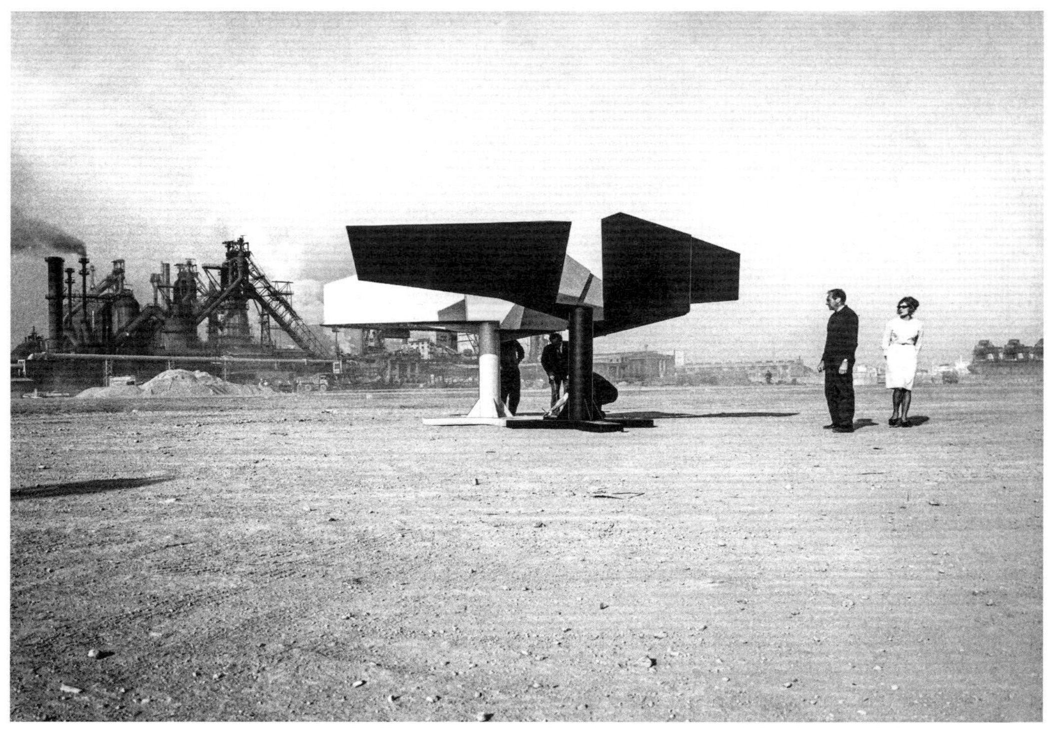

Lynn und Frances Chadwick mit (with) „Two Winged Figures" (1962), Italsider-Stahlwerk (Italsider Steel Factory), Cornigliano, 1962

1946   Umzug von London nach Gloucestershire, wo Chadwick mit seiner jungen Familie ein „Fisher's Cottage" in der Nähe der walisischen Grenze bewohnt. Das erste Mobile entsteht.

1947 –
1952   Chadwick arbeitet als Designer und entwirft Textilien, Möbel, Messestände.

1950   Erste Einzelausstellung bei Gimpel Fils, London. Chadwick besucht einen Schweißkurs der British Oxygen Company.

1951   Mit „Dragonfly" und „Bullfrog" entstehen die ersten Tierskulpturen.

1952   Erste internationale Aufmerksamkeit durch die Teilnahme an der Ausstellung „New Aspects of British Sculpture" bei der Biennale in Venedig neben Robert Adams, Kenneth Armitage, Reg Butler, Geoffrey Clarke, Bernhard Meadows, Eduardo Paolozzi und William Turnbull. Chadwick wird Mitglied der London Group.

1953   Chadwick erreicht das Halbfinale im Wettbewerb um ein „Denkmal für den unbekannten politischen Gefangenen". Die Entwürfe der Teilnehmer werden in der Tate Gallery in London ausgestellt. Er beginnt mit Eisenstäben zu arbeiten, das erste „Beast" entsteht.

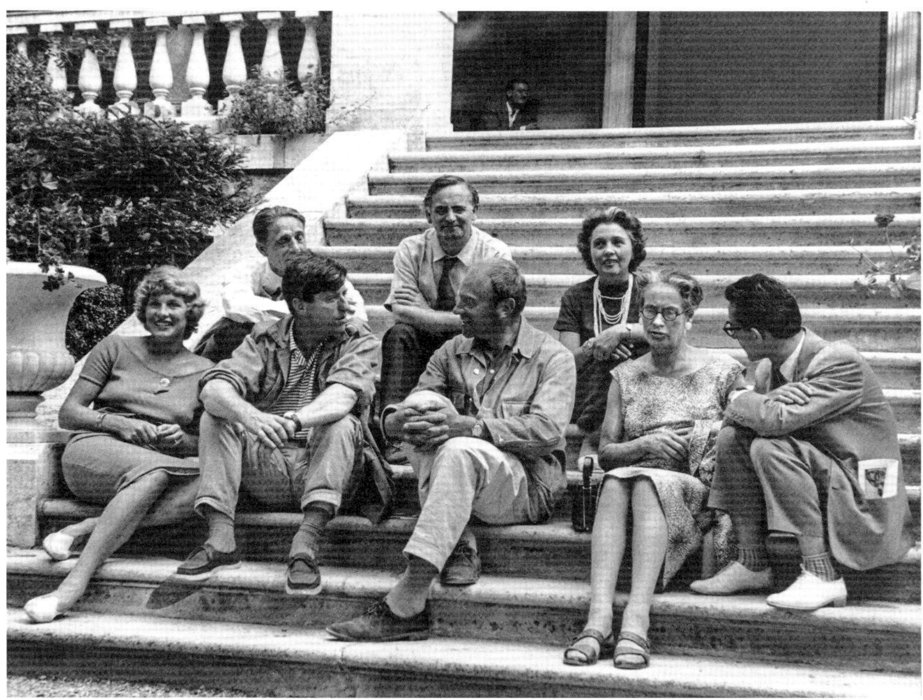

Auf den Stufen des Britischen Pavillons in Venedig, 1956, Lynn Chadwick sitzt vorn in der Mitte zwischen
Kenneth Armitage und Lillian Sommerville (On the stairs of the British Pavillon at the Venice Biennale, 1956,
Lynn Chadwick in front row between Kenneth Armitage and Lillian Sommerville)

1954   Chadwick beginnt mit menschlichen Figuren zu arbeiten, die in Beziehung zueinander
treten, darunter „Dancing Figures".

1955   Teilnahme an der von Arnold Bode mit Werner Haftmann initiierten „documenta" in Kassel,
der ersten großen internationalen Überblicksausstellung moderner Kunst in Deutschland.

1956   Zusammen mit dem Maler Ivon Hitchens (1893 – 1979) repräsentiert Chadwick Großbritannien bei der Biennale von Venedig im britischen Pavillon. Überraschend gewinnt
er den internationalen Preis für Skulptur. Eine erste Monografie wird vom Schweizer
Bodensee-Verlag publiziert.

1957   Einzelausstellungen in der Arts Council Gallery, London, und in Galerien in New York und
Montreal. Seitdem beinahe jährlich Galerieausstellungen in Europa und Amerika.

1958   Chadwick kauft das Anwesen Lypiatt Park nahe Stroud in Gloucestershire, knapp 200
Kilometer westlich von London. Das Herrenhaus ist größtenteils verfallen, sodass sich
Chadwick in den nachfolgenden Jahrzehnten auch dessen Rekonstruktion und Neu-
gestaltung widmet. Bis zu seinem Tod wird es der Arbeits- und Lebensmittelpunkt des
Künstlers bleiben, sowohl das neogotische Gebäude als auch der umliegende Park
werden wiederholt zu seinem Werk in Beziehung gesetzt. In Lypiatt Park wird auch seine
erste Tochter Sarah geboren.

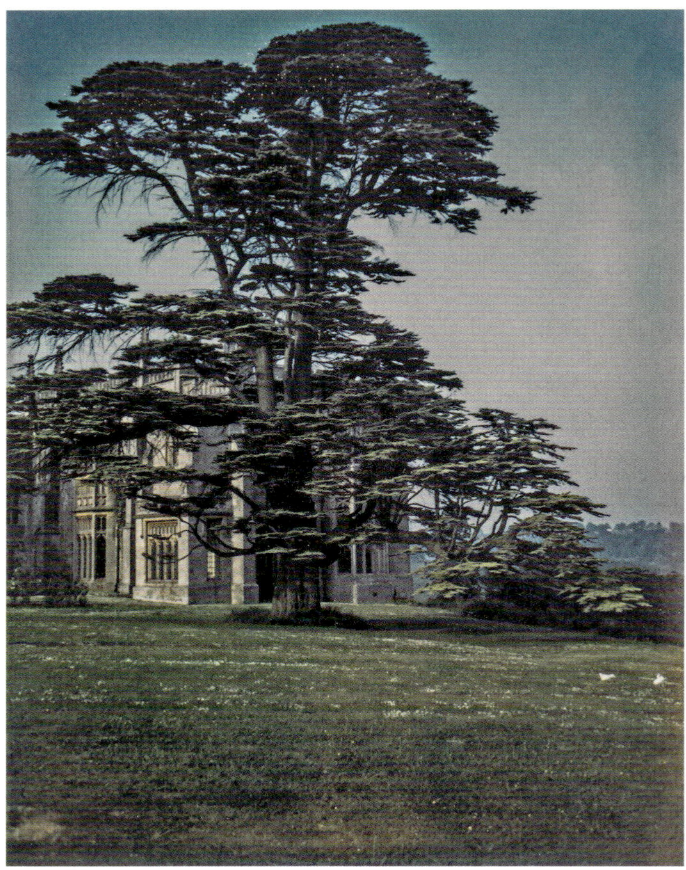

Lypiatt Park

1959 Der erste „Watcher" entsteht, auch diese Serie der Wächter setzt Chadwick bis zu seinem Tod fort. Teilnahme an der „II. documenta". Scheidung von Charlotte Ann Secord und Heirat mit Frances Jamieson.

1960 Wanderausstellung mit Kenneth Armitage unter anderem im Haus am Waldsee, Berlin und in Duisburg. Geburt der Tochter Sophie.

1961 Teilnahme an der Biennale in São Paulo. Erste sitzende Figur. Einzeln oder als Paar sitzende Menschen werden zu einem der bevorzugten Themen des reifen Werks.

1964 Teilnahme an der „documenta III". Chadwick erhält die Auszeichnung Commander, Order of the British Empire. Seine zweite Frau Frances Chadwick, von der er getrennt lebte, verstirbt. Heirat mit Éva Reiner.

1965 Geburt des Sohnes Daniel.

1966 Chadwick arbeitet an einer Serie farbig gefasster Pyramiden aus Holz.

1967 Nach einigen Jahren der Arbeit an abstrakten Skulpturen kehrt Chadwick zu seinen langjährig erforschten figurativen Motiven Mensch und Tier zurück und schafft neue Arbeiten aus den Serien der „Watchers" und der „Beasts".

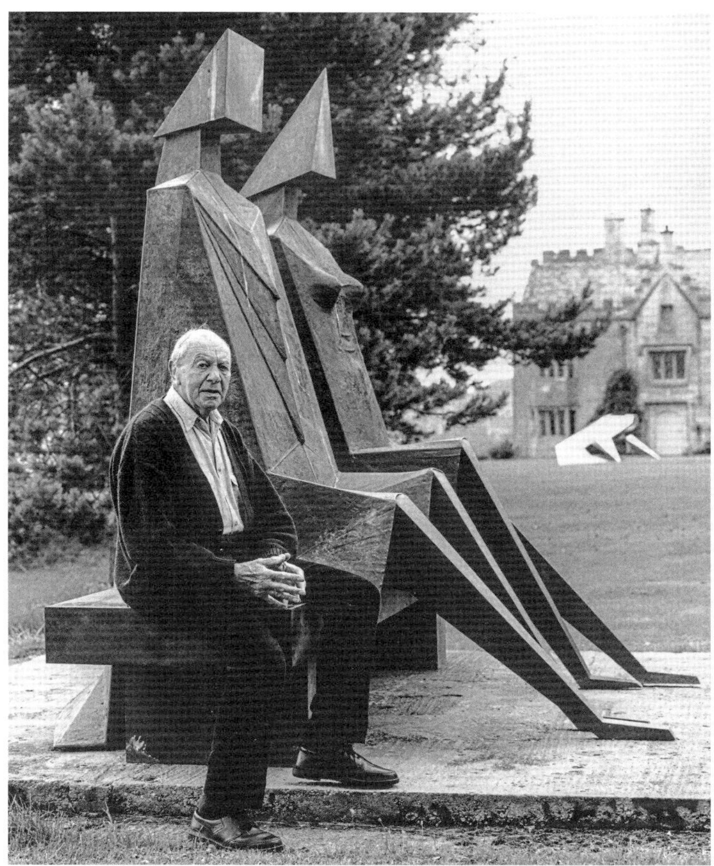

Lynn Chadwick, ca. 1995

1971   Chadwick richtet sich eine eigene Gießerei in Lypiatt Park ein. Der besondere Vorgang des Herstellens seiner Bronzen nimmt auch künstlerisch für ihn eine große Bedeutung ein.

1986   Teilnahme an der Ausstellung „Forty Years of Modern Art 1945 – 1985" in der Tate Gallery.

1989   Chadwick schließt seine Gießerei in Lypiatt Park und beauftragt fortan ausschließlich Rungwe Kingdon von Pangolin Editions in Chalford, seine Skulpturen zu gießen.

1990   Das erste Werkverzeichnis erscheint.

2003   Am 25. April verstirbt Lynn Chadwick in Lypiatt Park im Alter von 88 Jahren. In seinem Leben hat er annähernd 1.000 Skulpturen geschaffen und ist in über 100 Einzelausstellungen gezeigt worden.

1914   Lynn Chadwick is born in London on 24 November to Verner Chadwick, an engineer and director of the Turbine Furnace Company, and his wife Margery, the daughter of a carpenter and antique dealer.

1933 –
1939   Trains as a technical draughtsman in various London architectural firms. Chadwick attends evening classes in order to become an architect. He later abandons this plan.

1941 –
1944   Volunteers for military service in the Fleet Air Arm of the Royal Navy and does his basic training as a pilot in the United States and Canada.

1942   Marries the Canadian writer Charlotte Ann Secord. Birth of their son Simon.

1944   Chadwick specialises in the construction of trade-fair stands in the London office of the architect Rodney Thomas.

1946   Moves from London with his young family to Fisher's Cottage at Edge in Gloucestershire, near the Welsh border. He produces his first mobiles here.

1947 –
1952   Chadwick produces designs for textiles, furniture and trade-fair stands.

1950   First solo exhibition at Gimpel Fils, London. Chadwick attends a welding course offered by the British Oxygen Company.

1951   Produces his first animal sculptures: 'Dragonfly' and 'Bullfrog'.

1952   Chadwick attracts international attention for the first time at the British Council's 'New Aspects of British Sculpture' exhibition for the Venice Biennale, where he is represented alongside Robert Adams, Kenneth Armitage, Reg Butler, Geoffrey Clarke, Bernhard Meadows, Eduardo Paolozzi and William Turnbull. Chadwick becomes a member of the London Group.

1953   Chadwick is one of the semi-finalists for the Unknown Political Prisoner International Sculpture Competition. The submissions for the competition are exhibited at the Tate Gallery in London. Chadwick begins working with iron rods and produces his first 'Beast'.

1954   Chadwick begins work with interacting human figures, including the 'Dancing Figures'.

1955   Participates in 'documenta' in Kassel. Initiated by Arnold Bode with Werner Haftmann, it is the first major international survey exhibition of modern art to be shown in Germany.

1956   Together with the painter Ivon Hitchens (1893 – 1979), Chadwick represents Great Britain in the British Pavilion at the XXVIII Venice Biennale. He unexpectedly wins the International Prize for Sculpture. A first monograph is published by Bodensee-Verlag, Amriswil, Switzerland.

1957   Solo exhibition at the Arts Council Gallery, London, as well as at galleries in New York and Montreal. He subsequently exhibits almost annually at European and American galleries.

1958   Chadwick acquires Lypiatt Park near Stroud in Gloucestershire, about 200 kilometres to the west of London. Devotes the following decades to reconstructing and remodelling the largely dilapidated manor house. The Gothic Revival building and the surrounding grounds, which have repeatedly been related to his own oeuvre, will remain at the heart of the artist's life and work for the rest of his life. His first daughter Sarah is born in Lypiatt Park.

1959   Chadwick produces the first of his 'Watchers'. He would continue working on this series until his death. Participates at 'II. documenta' in Kassel. Divorce from Charlotte Ann Secord and remarriage to Frances Jamieson.

1960   The German stations of a touring exhibition with works by Chadwick and Kenneth Armitage include Berlin (Haus am Waldsee) and Duisburg. Birth of daughter Sophie.

1961 Participates at the 6th Bienal de São Paulo. Chadwick produces his first seated figure; whether individually or as a part of a couple, such seated figures would become one of the most recurring themes in his later, more mature works.

1964 Participates at 'documenta III' in Kassel. Chadwick is made a Commander of the Order of the British Empire (CBE). Death of his separated second wife Frances Chadwick. Marries Éva Reiner.

1965 Birth of son Daniel.

1966 Chadwick works on a series of coloured wooden pyramids.

1967 After several years working on abstract sculptures, Chadwick returns to the figural motifs with humans and animals that had long occupied him and produces new works in conjunction with the 'Watchers' and 'Beasts' series.

1971 Chadwick establishes his own foundry at Lypiatt Park. The special process involved in the manufacturing of his bronzes is of great artistic significance for him.

1986 Participates in the 'Forty Years of Modern Art 1945–1985' exhibition at the Tate Gallery in London.

1989 After closing his foundry at Lypiatt Park, Chadwick commissions Rungwe Kingdon from Pangolin Editions in Chalford to cast his sculptures.

1990 Publication of the first catalogue raisonné.

2003 On 25 April, Lynn Chadwick dies at the age of 88 in Lypiatt Park. His oeuvre encompasses close to 1000 sculptures und was represented in over 100 solo exhibitions.

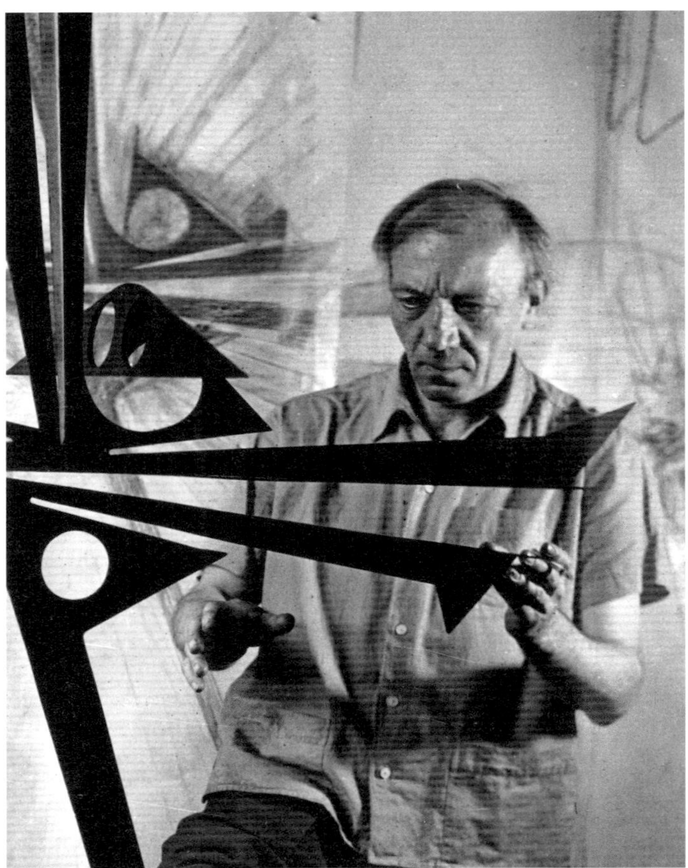

Hans Uhlmann im Atelier

Biografie Hans Uhlmann

1900   Hans Uhlmann wird am 27. November in Berlin geboren.

1918 –   Uhlmann absolviert sein Studium an der Technischen Hochschule Berlin mit dem Schwer-
1924   punkt „technisch-konstruktive Probleme". Er spielt Geige und gehört dem Collegium Musicum an.

1924 –   Arbeit als Ingenieur für die Industrie in Kiel.
1926

1926 –   Lehrtätigkeit an der Technischen Hochschule Berlin.
1933

1930   Erste Ausstellung in der Galerie Gurlitt in Berlin.

1933   Uhlmann wird wegen „Vorbereitung zum Hochverrat" verurteilt.

1933 –   Inhaftierung im Gefängnis Berlin-Tegel.
1935

1935 –
1945 Tätigkeit als Ingenieur in Berlin. Uhlmann entwickelt im Verborgenen sein bildhauerisches Werk weiter.

1941 Heirat mit Hildegard Rohmann.

1942 Geburt seines Sohnes Hans Joachim.

1945 Kurz nach Kriegsende erste Ausstellung der im Krieg entstandenen Draht- und Eisenplastiken in der Kamillenstraße in Berlin-Lichterfelde.

1947 Ausstellung seiner Werke in der Galerie Gerd Rosen.

1950 Uhlmann erhält den Berliner Kunstpreis und wird an die Hochschule für Bildende Künste, Berlin, berufen. Im gleichen Jahr Ausstellung in der Galerie Günther Franke in München.

1951 Preis für Zeichnungen auf der Biennale in São Paulo.

1952 Preis des Bundesverbandes der Deutschen Industrie im Wettbewerb für das „Denkmal des unbekannten politischen Gefangenen".

1954 Teilnahme an der 27. Biennale von Venedig. Im gleichen Jahr Teilnahme an der Triennale in Mailand sowie an der Ausstellung „Duitse Kunst na 1945" im Stedelijk Museum in Amsterdam.

1955 Uhlmann nimmt an der Ausstellung „The New Decade. 22 European Painters and Sculptors" im Museum of Modern Art in New York teil und ist im gleichen Jahr auch auf der ersten „documenta" in Kassel vertreten.

1957 Teilnahme an der Ausstellung „German Art of the 20th Century" im Museum of Modern Art in New York.

1959 Uhlmann stellt Werke auf der „II. documenta" in Kassel aus.

1964 Beteiligung an der „documenta III" in Kassel.

1967 Teilnahme an der Ausstellung „20th Century Art in Berlin" im Montreal Museum of Fine Arts.

1969 Uhlmann ist im Rahmen der „The First International Exhibition of Modern Sculpture" im Skulpturenpark Hakone Open-Air Museum in Tokio vertreten.

1975 Am 28. Oktober stirbt Hans Uhlmann im Alter von 74 Jahren in Berlin. Im selben Jahr findet eine große Übersichtsausstellung in der Akademie der Künste in Berlin statt.

1977 Werke von ihm werden auf der „documenta 6" in Kassel gezeigt. Im gleichen Jahr sind Uhlmanns Arbeiten im Rahmen der Ausstellung „Skulptur in Münster" im Westfälischen Landesmuseum in Münster vertreten. Es folgen zahlreiche Ausstellungsbeteiligungen im In- und Ausland.

Biography Hans Uhlmann

1900	Hans Uhlmann is born on 27 November in Berlin.
1918 – 1924	Uhlmann graduates from the Technische Hochschule Berlin with a speciality in 'technical-constructive problems'. He plays the violin and is a member of the Collegium Musicum.
1924 – 1926	Works in Kiel as an engineer for the industry.
1926 – 1933	Teaches at the Technische Hochschule Berlin.
1930	First exhibition at the Galerie Gurlitt in Berlin.
1933	Uhlmann is found guilty of 'preparation for high treason'.
1933 – 1935	Imprisoned in Berlin-Tegel.
1935 – 1945	Works as an engineer in Berlin. Uhlmann continues working on his sculptures in secret.
1941	Marries Hildegard Rohmann.
1942	Birth of his son Hans Joachim.
1945	First exhibition in Kamillenstraße, Berlin-Lichterfelde, shortly after the end of the war featuring the wire and iron sculptures he produced during the war.
1947	Exhibition of his works at the Galerie Gerd Rosen.
1950	Uhlmann receives the Berlin Art Prize and is appointed to a professorship at the Hochschule für Bildende Künste, Berlin. Exhibition at the Galerie Günther Franke in Munich.
1951	Prize for drawings at the São Paulo Biennale.
1952	Prize of the Federation of German Industries (BDI) in conjunction with the competition for the 'Monument to the Unknown Political Prisoner'.
1954	Uhlmann's works are shown at the 27th Venice Biennale, the Milan Triennale as well as the 'Duitse Kunst na 1945' exhibition at the Stedelijk Museum, Amsterdam.
1955	Uhlmann participates at the 'The New Decade. 22 European Painters and Sculptors' at the Museum of Modern Art, New York, and at the first 'documenta'.
1957	Participates at the 'German Art of the 20th Century' exhibition at the Museum of Modern Art, New York.
1959	Uhlmann exhibits at the 'documenta II' in Kassel.
1964	Participates at 'documenta III' in Kassel.
1967	Participates at the '20th Century Art in Berlin' exhibition at the Montreal Museum of Fine Arts.
1969	In conjunction with the 'First International Exhibition of Modern Sculpture', Uhlmann is represented in the Hakone Open-Air Museum's sculpture park in Tokyo.
1975	On 28 October, Hans Uhlmann dies in Berlin at the age of 74. The first major retrospective exhibition takes place at the Akademie der Künste, Berlin.
1977	Uhlmann's works are shown at 'documenta 6' in Kassel and at the 'Skulptur in Münster' exhibition at the Westfälisches Landesmuseum in Münster. They would be followed by numerous group exhibitions at home and abroad.

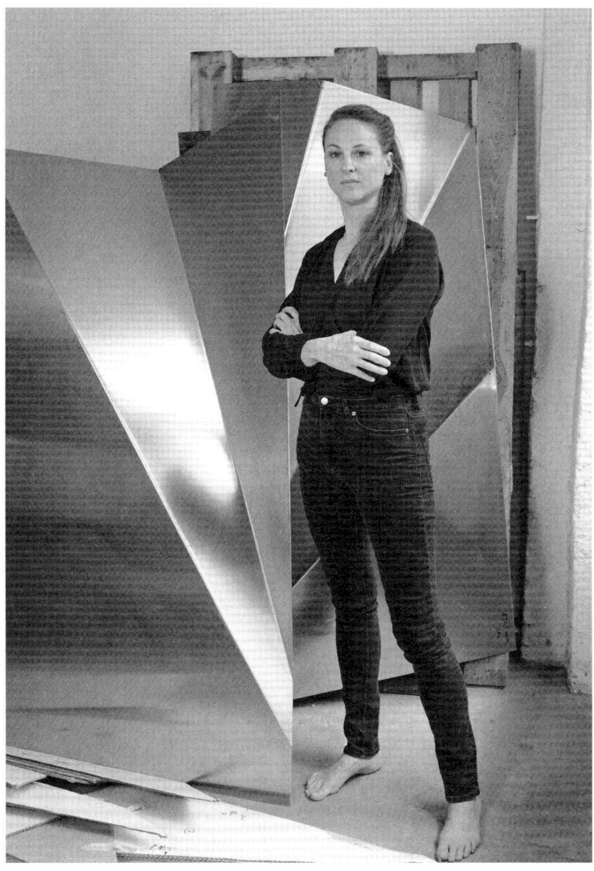

Katja Strunz im Atelier

Biografie Katja Strunz

1970   Katja Strunz wird in Ottweiler geboren. Sie lebt und arbeitet in Berlin.

1989 –   Studium der Philosophie, Kunstgeschichte und Kunstpädagogik an der Johannes Gutenberg-
1993   Universität Mainz.

1993 –   Studium der Malerei an der Staatlichen Akademie der Bildenden Künste in Karlsruhe, das
1998   sie als Meisterschülerin bei Professor Meuser abschließt.

2000   Einzelausstellung in der Galerie Giti Nourbakhsch in Berlin.

2001   Einzelausstellung in der Galerie Gavin Brown's enterprise in New York.

2003   Residency Program des Delfina Studio Trust, London. Im selben Jahr Gruppenausstellung
       „Land, Land!" in der Kunsthalle Basel.

2004/   Nachwuchspreis „ars viva 04/05 – Zeit/time" mit anschließender Gruppenausstellung im
2005   Kunstverein für die Rheinlande und Westfalen, Düsseldorf, und in der Zachęta Narodowa
Galeria Sztuki, Warschau (2005), sowie Gruppenausstellung „Formalismus. Moderne Kunst,
heute" im Kunstverein Hamburg.

2006   Gruppenausstellung „Art Scope 2005/2006" – Interface Complex Hara Museum of Contemporary Art, Tokio. Auszeichnung mit dem Preis der Art Scope DaimlerChrysler Japan,
DaimlerChrysler, Tokio. Im selben Jahr Einzelschau „Faltgestalt" im Museum Haus Esters in
Krefeld.

2007   Einzelausstellung „Lazy Corner" im Rahmen des International Artist-in-Residence-Programms im
Artpace San Antonio.

2008   Strunz nimmt an der Gruppenausstellung „Life on Mars. 55th Carnegie International",
Carnegie Museum of Art, Pittsburgh, teil.

2009   Strunz' Arbeiten werden als Teil der Sammlungspräsentation „elles@centrepompidou. Artist
femmes dans les collection du musée" im Pariser Centre Pompidou gezeigt. Im selben Jahr
präsentiert sie Werke in der Einzelausstellung „Sound of the Pregeometric Age" im Camden
Arts Centre, London.

2010   Intervention „Zeittraum #9 für Wladyslaw Strzeminski" im Muzeum Sztuki w Łodzi, Łódź, im
Rahmen der Ausstellung „Afterimages of Life. Władysław Strzemiński and Rights for Art", in
der sich Strunz mit dem polnischen Konstruktivismus der Sammlung auseinandersetzt. Im
selben Jahr Einzelschau „Im Geviert", Saarlandmuseum, Saarbrücken, mit den zwei großformatigen Außenarbeiten „Einfalt und Ort" und „Einfall" zur Dauerpräsentation im Museumsgarten.

2011   Teilnahme an „The Imminence of Poetics", der 30. Biennale von São Paulo.

2013   Kunstpreis Vattenfall Contemporary 2013 mit anschließender Einzelausstellung „Drehmoment
(Viel Zeit, wenig Raum)" in der Berlinischen Galerie, Berlin.

2014   Gruppenschau „Backdoor Fantasies", im KAI 10 im Rahmen der Quadriennale Düsseldorf.

2017   Die Ausstellung „Katja Strunz (ID Appearance)" in der Contemporary Fine Arts, Berlin, umfasst
eine Reihe „Pulp Paintings", in denen die Künstlerin das Motiv der Faltung in Papiercollagen
verarbeitet.

2018   Gruppenschau „Painting After Painting After Painting After: Image-Making in Contemporary
Germany" im Guangdong Museum of Art, Guangzhou, China, in der Strunz ihre Arbeiten
gemeinsam mit Franz Ackermann, Benjamin Appel und Thomas Scheibitz zeigt.

2019   Strunz nimmt an den Gruppenausstellungen „Konkrete Gegenwart" im Haus Konstruktiv,
Zürich, und „Lynn Chadwick – Biester der Zeit: Lynn Chadwick, Katja Strunz, Hans Uhlmann"
im Haus am Waldsee, Berlin, teil und hat die Einzelschau „Space Lips" im Indianapolis
Museum of Contemporary Art.

1970   Katja Strunz is born in Ottweiler, Saarland. She lives and works in Berlin.

1989 – 1993   Studies philosophy, art history and art education at the Johannes Gutenberg-Universität Mainz.

1993 – 1998   Study of painting at the Staatliche Akademie der Bildenden Künste in Karlsruhe, which she concludes as a master student of Professor Meuser.

2000   Solo exhibition at the Galerie Giti Nourbakhsch in Berlin.

2001   Solo exhibition at Gavin Brown's enterprise gallery in New York.

2003   Residency programme of the Delfina Studio Trust, London. Participates in the 'Land, Land!' group show at the Kunsthalle Basel.

2004 / 2005   Young artist prize 'ars viva 04 / 05 – Zeit / time' with subsequent group show at the Kunstverein für die Rheinlande und Westfalen, Düsseldorf, and at the Zachęta Narodowa Galeria Sztuki, Warsaw (2005). Participates in the group show 'Formalismus. Moderne Kunst, heute' at the Kunstverein Hamburg.

2006   Group show 'Art Scope 2005 / 2006' – Interface Complex Hara Museum of Contemporary Art, Tokyo. Art Scope Award DaimlerChrysler Japan, DaimlerChrysler, Tokyo. Solo exhibition 'Faltgestalt' at Haus Esters, Kunstmuseen Krefeld.

2007   Solo exhibition 'Lazy Corner' in conjunction with the international artist-in-residence programme at Artpace San Antonio.

2008   Strunz takes part in the group show 'Life on Mars. 55th Carnegie International', Carnegie Museum of Art, Pittsburgh

2009   Strunz's works are shown as a part of the collection presentation 'elles@centrepompidou. Artist femmes dans les collection du musée' at the Centre Pompidou, Paris. Solo exhibition 'Sound of the Pregeometric Age' at the Camden Arts Centre, London.

2010   Intervention 'Zeittraum #9 für Wladyslaw Strzeminski' at the Muzeum Sztuki w Łodzi, Łódź, in conjunction with the exhibition 'Afterimages of Life. Władysław Strzemiński and Rights for Art', in which Strunz occupies herself with Polish Constructivist art in the collection. Solo exhibition 'Im Geviert', Saarlandmuseum, Saarbrücken, with the two large-format outdoor pieces 'Einfalt und Ort' and 'Einfall' for permanent presentation in the museum garden.

2011   Participates in 'The Imminence of Poetics', at the 30th São Paulo Biennale.

2013   Vattenfall Contemporary 2013 art prize with subsequent solo exhibition 'Drehmoment (Viel Zeit, wenig Raum)' at the Berlinische Galerie, Berlin.

2014   Group show 'Backdoor Fantasies', at KA 10 in conjunction with the Quadriennale Düsseldorf.

2017   The exhibition 'Katja Strunz (ID Appearance)' at Contemporary Fine Arts, Berlin, includes the 'Pulp Paintings' series in which the artist treats the motif of folding in paper collages.

2018   Group show 'Painting After Painting After Painting After: Image-Making in Contemporary Germany' at the Guangdong Museum of Art, Guangzhou, China, where Strunz is represented alongside Franz Ackermann, Benjamin Appel and Thomas Scheibitz.

2019   Strunz takes part in the group show 'Konkrete Gegenwart' at Haus Konstruktiv, Zurich, and 'Lynn Chadwick – Beasts of Time: Lynn Chadwick, Katja Strunz, Hans Uhlmann' at Haus am Waldsee, Berlin. Solo exhibition 'Space Lips' at the Indianapolis Museum of Contemporary Art.

Ausgestellte Werke

**Lynn Chadwick
im Georg Kolbe Museum
im Lehmbruck Museum**

Stabile with Mobile Elements,
1950
76,7 x 60 x 25 cm
Messing und bemaltes Kupfer
(brass rods and painted copper
shapes)

Bullfrog, 1951
62,5 x 23,3 x 27,6 cm
Bronze
Edition: 1 / 9, gegossen (cast)
1988

Mobile, 1952
Höhe (height): 76 cm
Messing, Draht und Kupfer
(brass, wire, copper and brass
triangles)

Untitled, 1952
51 x 59 x 42 cm
Eisen und farbiges Glas
(iron and coloured glass)

Maquette for Unknown Political
Prisoner, (Entwurf für den
Denkmalswettbewerb
„Der unbekannte politische
Gefangene"), 1952 / 53
36,8 x 48,9 cm
Eisen (welded iron)

Two Figures, 1954
31 x 14 x 15 cm
Bronze
Edition: 8 / 9, gegossen (cast)
2016

The Stranger, 1954
71 x 48,2 x 26,6 cm
Bronze
Auflage: 4 / 9, gegossen (cast)
2003

Two Dancing Figures III, 1954
39 x 22 x 15 cm
Bronze
Edition: 6 / 9, gegossen (cast)
2012

Teddy Boy and Girl, 1955
190 x 70 x 70 cm
Bronze
Edition: 6 / 6, gegossen (cast)
2016

Dance III, 1955
185 x 65 x 55 cm
Bronze
Edition: 1 / 9, gegossen (cast)
2010

Working model for Dance III,
1955
53 x 38 x 32 cm
Eisen, Gips und Eisenspäne
(welded iron and composition)

Dance V, 1955
Höhe: 130 cm
Eisen, Gips und Eisenspäne
(welded iron and composition)
Museum Folkwang, Essen

The Orator, 1956
56 x 43 x 17 cm
Bronze
Edition: 7 / 9, gegossen (cast)
2004

Stranger II, 1956
110 x 86 x 31 cm
Bronze
Edition: 2 / 4, gegossen (cast)
1960

Beast VII, 1956
62 x 112 x 23 cm
Bronze
Edition: 6 / 9, gegossen (cast)
2009

Beast IX, 1956
62 x 112 x 23 cm
Bronze
Edition: 6 / 6, gegossen (cast)
2006

Beast X, 1956
26 x 65 x 22 cm
Bronze
Edition: 8 / 9, gegossen (cast)
2011

Maquette for Winged Female
Figure, 1957
56 x 49 x 16 cm
Bronze
Edition: 1 / 4, gegossen (cast)
1960

Maquette III for Moon of
Alabama, 1957
28 x 20 x 20 cm
Bronze
Edition: 3 / 4, gegossen (cast)
1960

Maquette IV for Moon of
Alabama, 1957
33 x 24 x 28 cm
Bronze
Edition: EA3 / 4, gegossen (cast)
2009

Bird VI, 1958
19 x 80 x 40 cm
Bronze
Edition: 2 / 9, gegossen (cast)
2012

Working model II for R34
Memorial, 1958
35 x 40 x 11 cm
Eisen, Gips und Eisenspäne
(welded iron and composition)

Maquette II for R34 Memorial,
1958
35 x 40 x 11 cm
Bronze
Edition: 6 / 9, gegossen (cast)
2003

Stranger III, 1959
218 x 264 x 82 cm
Bronze
Edition: 4 / 4, gegossen (cast)
2014

Beast XVI, 1959
78 x 173 x 87 cm
Bronze
Edition: 4 / 4, gegossen (cast)
2016

Beast XVIII, 1959
28,5 x 27 x 36 cm
Bronze
Edition: 00 / 3, gegossen (cast)
2002

Beast XXI, 1959
33 x 101 x 27 cm
Bronze
Auflage: 00 / 6, gegossen (cast)
2006

Beast XXII, 1959
18 x 19 x 36 cm
Bronze
Edition: 00 / 3
gegossen (cast) 2002

Inquisitor I, 1964
44,2 x 25 x 23,4 cm
Bronze
Edition: 00 / 4, gegossen (cast)
2008

Detector I, 1964
58 x 34 x 34 cm
Bronze
Auflage: 1 / 4, gegossen (cast)
1965

Triad I, 1964
56 x 25 x 19 cm
Bronze
Edition: 2 / 4, gegossen (cast)
1965

Trig IV, 1964
62,5 x 24,1 x 17,4 cm
Bronze
Edition: 0 / 4, gegossen (cast)
2013

Triad II, 1964
41,2 x 25,4 x 19 cm
Bronze
Edition: 0 / 4, gegossen (cast)
2009

Conjunction X, 1964
69,8 x 32,3 x 22,9 cm
Bronze
Edition: 3 / 4, gegossen (cast)
2012

Star V, 1966
63 x 43,4 x 34,9 cm
Bronze
Edition: 1 / 8, gegossen (cast)
2009

Two Watchers V (Second
Version), 1967
144 x 100 x 35 cm
Bronze
Edition: 0 / 4, gegossen (cast)
2017

Maquette for Beast X, 1967
6 x 30 x 14 cm
Bronze
Edition: 4 / 9, gegossen (cast)
2003

Cloaked Figure II, 1977
23 x 19 x 19 cm
Bronze
Edition: 8 / 8, gegossen (cast)
2011

Cloaked Figure III, 1977
25 x 25 x 13,5 cm
Bronze
Edition: 6 / 8, gegossen (cast)
2010

Cloaked Couple III, 1977
23 x 31 x 28 cm
Bronze
Edition: 7 / 8, gegossen (cast)
2004

Sitting Couple III, 1979
29 x 29 x 33 cm
Bronze
Edition: 8 / 8, gegossen (cast)
1990

Maquette III for High Wind,
1980
63 x 23 x 38 cm
Bronze
Edition: 8 / 9, gegossen (cast)
2005

Maquette I for Sitting Couple
on Bench, 1984
31 x 42 x 30 cm
Bronze
Edition: 8 / 9, gegossen (cast)
1988

Lion, 1986
11 x 24 x 38 cm
Bronze
Edition: 3 / 9, gegossen (cast)
1987

Lion II, 1986
9 x 21 x 5 cm
Bronze
Edition: EA1 / 9, gegossen (cast)
1987

Lion III, 1986
10 x 19 x 5 cm
Bronze
Edition: EA1 / 9, gegossen (cast)
1987

Miniature Lion IV, 1986
5 x 13 x 4 cm
Bronze
Edition: 17 / 20, gegossen (cast)
1987

Sitting Figures, 1989
Edelstahl (welded stainless steel)
192 x 166 x 152 cm
Edition: 2 / 6

Crouching Beast, 1990
30,5 x 35,5 x 78,5 cm
Edelstahl (welded stainless steel)
Edition: 2 / 9, hergestellt
(fabricated) 1992

Streching Beast, 1990
58,5 x 17 x 24 cm
Edelstahl (welded stainless steel)
Edition: 2 / 9, hergestellt
(fabricated) 1992

Crouching Beast IV, 1990
61 x 71 x 157,5 cm
Edelstahl (welded stainless steel)
Edition: 1 / 6, hergestellt
(fabricated) 1991

**Arbeiten auf Papier
Zeichnungen**

Untitled, 1954
33 x 25 cm
Tinte auf Papier (ink on paper)

Untitled, 1955
33 x 25 cm
Tinte auf Papier (ink on paper)

Untitled, 1955
44 x 57 cm
Tinte auf Papier (ink on paper)

Untitled, 1955
26 x 36 cm
Tinte auf Papier (ink on paper)

Untitled, 1955 / 56
44,5 x 26,5 cm
Tinte auf Papier (ink on paper)

Untitled, 1956
33 x 25 cm
Tinte auf Papier (ink on paper)

Untitled, 1956
40 x 55,5 cm
Tinte auf Papier (ink on paper)

Untitled, 1956
40 x 55,5 cm
Tinte auf Papier (ink on paper)

Untitled, 1957
25 x 33 cm
Tinte auf Papier (ink on paper)

Untitled, 1957
25 x 33 cm
Tinte auf Papier (ink on paper)

Untitled, 1957
25 x 33 cm
Tinte auf Papier (ink on paper)

Untitled, 1957
25 x 33 cm
Tinte auf Papier (ink on paper)

Untitled, 1957
25 x 33 cm
Tinte auf Papier (ink on paper)

Untitled, 1958
25 x 33 cm
Tinte auf Papier (ink on paper)

Untitled, 1959
27 x 21 cm
Tinte auf Papier (ink on paper)

Untitled, 1959
57 x 44 cm
Tinte auf Papier (ink on paper)

Untitled, 1977
61 x 42 cm
Tinte auf Papier (ink on paper)

Lithografien

Teddy Boy and Girl, 1956
50 x 40 cm
Lithografie (lithograph)
Edition: 60

Teddy Boy and Girl, 1956
46 x 28 cm
Lithografie (lithograph)
Edition: 60

Two Figures (Watchers), 1956
50 x 40 cm
Lithografie (lithograph)
Edition: 60

Encounter, 1958
62,5 x 44 cm
Lithografie (lithograph)
Edition: 100

Moon Series A–F, 1965 – 66
je (each) 50,4 x 65,4 cm
Lithografien (lithographs)
Edition: 75

**Lynn Chadwick
im Haus am Waldsee
im Lehmbruck Museum**

Beast, 1953
Höhe (height): 228 cm
Eisen und Glas (welded iron
and glass)
Privatsammlung, London
(Private Collection, London)

Encounter VIII, 1957
Höhe (height): 185 cm
Bronze
Edition: 1 / 4, gegossen (cast)
1961

Moon of Alabama, 1957
152 x 135 x 95 cm
Bronze
Edition: 3 / 6, gegossen (cast)
2012

Indicator I, 1963
122 x 36 x 20 cm
Eisen (welded iron)

Indicator I, 1963
110 x 36 x 29 cm
Eisen (welded iron)

Insider V, 1963
157 x 30 x 27 cm
Eisen (welded iron)

Beast XXIV, 1965
130 x 59 x 47 cm
Bronze
Edition: 1 / 6, gegossen (cast)
2009

Inox, 1989
199 x 66 x 56 cm
Edelstahl (welded stainless steel)
Edition: 1 / 6, hergestellt
(fabricated) 2000

Beast Alerted I, 1990
228,5 x 183 x 324,5 cm
Edelstahl (welded stainless steel)
Edition: 3 / 6, hergestellt
(fabricated) 1991

**Katja Strunz
im Haus am Waldsee**

Untitled, 1998
12,5 x 62 x 13,5 cm
Eloxierter Stahl (eloxadized
steel)

Zitelosa, 2003
153 x 59 x 62 cm
Edelstahl (stainless steel)
HMT, Berlin

Zeittraum #7, 2004
Größe variabel (variable size)
Holz, Farbe, Tapete, Glas,
Metall (wood, paint, wall paper,
glass, metal)
Boros Collection, Berlin

Enthüllung, 2008
338 x 327 x 148 cm
Baustahl, Pulverbeschichtung,
patinierte Bronze (steel st37,
powder coating, patinated
bronze)

Times falling and folding over
each other, 2009
Größe variabel (variable size)
Installation, Digitaldrucke
(installation, digital prints)

Einfalt und Ort, 2011
160 x 99 x 71,5 cm
Pulverbeschichteter Stahl,
Edelstahl, lackiertes Holz
(powder coated steel, stainless
steel, painted wood)

Clock Kink, 2011
190 x 105 x 29 cm
Stahl, Messing, Farbe (steel,
brass, paint)

Unfolding Process I, Part B,
2013
132 x 44,5 x 31,5 cm
Patinierte Bronze, Stahl
(patinated bronze, steel)
ACT Art Collection, Berlin

Pulp Paper V, 2014
201,5 x 144 x 3,5 cm
Pulp Painting
ACT Art Collection, Berlin

Creative Friction, 2017
Pulp Painting
145,5 x 204 cm

Rückfall, 2017
Pulp Painting
180 x 134 cm
Sammlung Philipp und
Dr. Christina Schmitz-Morkramer,
Hamburg

Stored in time and space, 2018
Pulp Painting
201 x 144 x 5 cm

Kreatur des Einfalls, 2019
Lackierter Stahl (coated steel)
Höhe (height): ca. 350 cm

**Hans Uhlmann
im Haus am Waldsee**

Vogelwesen, 1952
Höhe (height): 170 cm
Stahlrohr (steel tube)
Institut für Auslands-
beziehungen e. V., Stuttgart

Stahlplastik (Bogen), 1954
79,5 x 96 x 25,3 cm
Dreifarbiger Stahl
(tricolour steel)
Galerie Michael Haas, Berlin

Endgültiger Entwurf zur Skulptur
auf dem Hansaplatz in Berlin,
1958
107 x 145 x 82 cm
Stahl (steel)
Leihgabe aus Privatbesitz
Berlinische Galerie – Landesmuseum für Moderne Kunst,
Fotografie und Architektur

Ohne Titel, 1958
Triptychon aus drei Kreide-
zeichnungen (chalk on paper)
links und rechts je (left and right
each) 62,5 x 42 cm,
Mitte (centre) 62,5 x 77,5 cm
Galerie Brusberg, Berlin

Wand, 1959
37 x 80 x 48 cm
Stahl, schwarz getönt (steel,
coloured in black)
Galerie Michael Haas, Berlin

Atelierfassung der 1961 vor der
Deutschen Oper Berlin auf-
gestellten Großplastik, 1960
Höhe (height): 198 cm, Fuß-
platte (base plate): 36 x 30 cm
Chrom-Nickel-Stahl
(stainless steel)
Kunstmuseum Bonn, erworben
mit finanzieller Unterstützung
des Landes
Nordrhein-Westfalen

Großes Dreieck, 1964
200 x 145 x 82 cm
Chrom-Nickel-Stahl
(stainless steel)
Museum Ludwig, Köln /
Schenkung 1974

Entfaltung, 1966
300 x 160 cm
Chrom-Nickel-Stahl, schwarz
getönt (black stainless steel)
Leihgabe des Bau- und
Liegenschaftsbetrieb NRW

Turm allseitiger Ausstrahlung,
1968
129 x 44 x 44 cm
Chrom-Nickel-Stahl, bemalt,
monogrammiert und datiert
(painted stainless steel,
monogrammed, dated)
Privatsammlung, courtesy
Galerie Michael Haas, Berlin

Bei dem Begriff „Maquette", wie er bei den Arbeiten Lynn Chadwicks
wiederkehrend vorkommt, handelt es sich um ein Entwurfsmodell.

Alle Werke von Lynn Chadwick, wenn nicht anders gekennzeichnet
(all works by Lynn Chadwick, unless otherwise stated): Courtesy of
The Estate of Lynn Chadwick and Blain | Southern

Alle Werke von Katja Strunz, wenn nicht anders gekennzeichnet
(all works by Katja Strunz, unless otherwise stated): Im Besitz der
Künstlerin

Abbildungsnachweis

akg images
S. 71, S. 76

Kai-Annett Becker
S. 68, S. 148

Uwe Bellhäuser
S. 90

The British Council
S. 53

Stan Dutton
S. 145

Martin Eberle
S. 85

David Farrell
S. 50

Warren Forma
S. 125

Margo Friters-Drucker
S. 14 / 15

Museum Folkwang Essen – ARTOTHEK
S. 99

Douglas Glass / Copyright J.C.C.Glass
S. 4, S. 138

Lea Gryze, courtesy Galerie
Michael Haas, Berlin
S. 72, S. 77 (links / left)

Ida Kar © National Portrait
Gallery, London
S. 140

Kunstmuseum Bonn, Reni Hansen
S. 75

Achim Kukulis
S. 86

Lehmbruck Museum, Duisburg
S. 103

Peter Mallet
S. 40, S. 66, S. 102, S. 104

James Meigh
S. 39 (links / left)

Ugo Mulas Estate
S. 142

Norman Parkinson
S. 6 – 8, S. 11

Rheinisches Bildarchiv Köln,
rba_145415
S. 77 (rechts / right)

Martha Rocher
S. 19

Steve Russell Studios
S. 20, S. 23, S. 32, S. 34 – 38, S. 42,
S. 69 – 70, S. 74, S. 96 – 98, S. 100,
S. 108 – 118, S. 120 – 122, S. 124,
S. 126 – 128, S. 129 (oben / above),
S. 132 – 135, S. 137

Regina Sablotny
S. 151

Anthony Armstrong-Jones of Snowden
S. 16

Todd White
S. 43, S. 105, S. 123

Margita Wickenhäuser
S. 80 / 81

Jonty Wilde
S. 30, S. 107, S. 162 – 164

Jens Ziehe
S. 79, S. 88

Für die Leihgaben der Ausstellung danken wir herzlich:

The Estate of Lynn Chadwick and Blain | Southern
ACT Art Collection, Berlin
Bau- und Liegenschaftsbetrieb NRW
Berlinische Galerie – Landesmuseum für Moderne, Kunst, Fotografie und Architektur,
Leihgabe aus Privatbesitz
Boros Collection, Berlin
Galerie Brusberg, Berlin
HMT, Berlin
Institut für Auslandsbeziehungen e. V., Stuttgart
Kunstmuseum Bonn
Museum Folkwang, Essen
Museum Ludwig, Köln
Privatsammlung, courtesy Galerie Michael Haas, Berlin
Private Collection, London
Sammlung Philipp und Dr. Christina Schmitz-Morkramer, Hamburg

Impressum

Das Katalogbuch erscheint anlässlich der Ausstellung „Lynn Chadwick – Biester der Zeit. Lynn Chadwick, Katja Strunz, Hans Uhlmann" vom 18. Mai – 15. September 2019 im Georg Kolbe Museum und vom 18. Mai – 25. August 2019 im Haus am Waldsee, vom 29. Februar – 26. Juli 2020 im Lehmbruck Museum, Duisburg.

Herausgeberinnen und Ausstellung
Dr. Katja Blomberg
Dr. Julia Wallner

Wissenschaftliche Mitarbeit
Dr. Elisa Tamaschke
Natalie Weiland M. A.

Finanzielle Projektleitung
Tobias Bader
Susanne Witt (Assistenz)

Presse und Kommunikation
Sophie Michel

Soziale Medien
Laura Kamlade

Kunstvermittlung
Felix Becker, Katherina Perlongo

Katalogredaktion
Dr. Elisa Tamaschke, Dr. Julia Wallner

Ausstellung Lehmbruck Museum
Dr. Söke Dinkla, Dr. Michael Krajewski

Lektorat
Şebnem Yavuz

Übersetzung
Volker Ellerbeck (Blomberg, Weiland, Wood), Michael Wolfson (Biografien, Tamaschke, Vorwort, Wallner)

Grafische Gestaltung + Satz
Ta-Trung, Berlin

Druck
Druckhaus Köthen

Copyright 2019
Die Autor*innen und Verlag der Buchhandlung Walther König, Köln

Die Ausstellung wird gefördert durch:

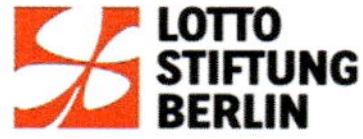

Wir bedanken uns beim Freundeskreis des Georg Kolbe Museums und den Freunden und Förderern des Hauses am Waldsee für Ihre finanzielle Unterstützung.
Das Haus am Waldsee bedankt sich bei seinen privaten Spendern, ohne die das Projekt nicht hätte realisiert werden können, sowie bei seinen Partnern und Sponsoren.

Das Georg Kolbe Museum und das Haus am Waldsee werden gefördert durch:

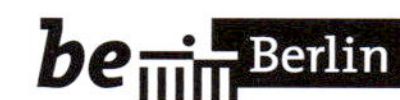

Das Haus am Waldsee wird gefördert durch:

Fachbereich
KULTUR Steglitz-Zehlendorf

Das Lehmbruck Museum wird gefördert von der Stadt Duisburg und dem Landschaftsverband Rheinland (LVR).

Georg Kolbe Museum

Georg Kolbe Museum
Sensburger Allee 25
14055 Berlin
Deutschland
www.georg-kolbe-museum.de

Vorstand der Georg Kolbe Stiftung
Dr. André Schmitz, Dr. Julia Wallner

Kuratorium
Dr. Ursel Berger, Ralf Kemper, Kathleen Krenzlin, Dr. Thomas Köhler, Dorit Lewerenz, Dipl. Ing. Matthias Muffert (Vorsitzender), Reinhard Naumann, Dr. Ursula Ströbele, Prof. Andreas Theurer

Direktorin
Dr. Julia Wallner

Direktionsassistenz
Thomas Pavel

Wissenschaftliche Mitarbeit
Dr. Elisa Tamaschke

Bildung und Vermittlung
Katherina Perlongo

Archiv und Sammlung
Carolin Jahn

Wissenschaftliche Volontärinnen
Dr. des. Sintje Guericke
Dr. des. Marlene Scholz

Haustechnik
Kaare Czerwinski

Konservatorische Betreuung
Gisela Hälbich

Besucher*innenservice
Carolin Gutt, Gisela Hälbich, Hanna Mesik, Ulrike Reinicke, Christina Roskwitalski, Pia Roskwitalski, Marie Schorlemmer

HAUS AM WALDSEE

Haus am Waldsee
Internationale Kunst in Berlin
Argentinische Allee 30
14163 Berlin
Deutschland
www.hausamwaldsee.de

Vorstand des Trägervereins Haus am Waldsee e. V.
Dr. Indina Niggemann (Vorsitzende), Kaspar von Erffa, Jacob Braeuer

Titelfoto: Beast Alerted I (1990),
Foto: Jonty Wilde, courtesy of The Estate
of Lynn Chadwick and Blain | Southern

Nächste Seiten:
Lypiatt Park, 2014, Foto: Jonty Wilde,
courtesy of The Estate
of Lynn Chadwick and Blain | Southern

Erschienen im Verlag der Buchhandlung
Walther König
Ehrenstr. 4
50672 Köln
T + 49 (0) 221 20 59 6-53
F + 49 (0) 221 20 59 6-60
verlag@buchhandlung-walther-koenig.de
www.buchhandlung-walther-koenig.de

ISBN-978-3-96098-629-4

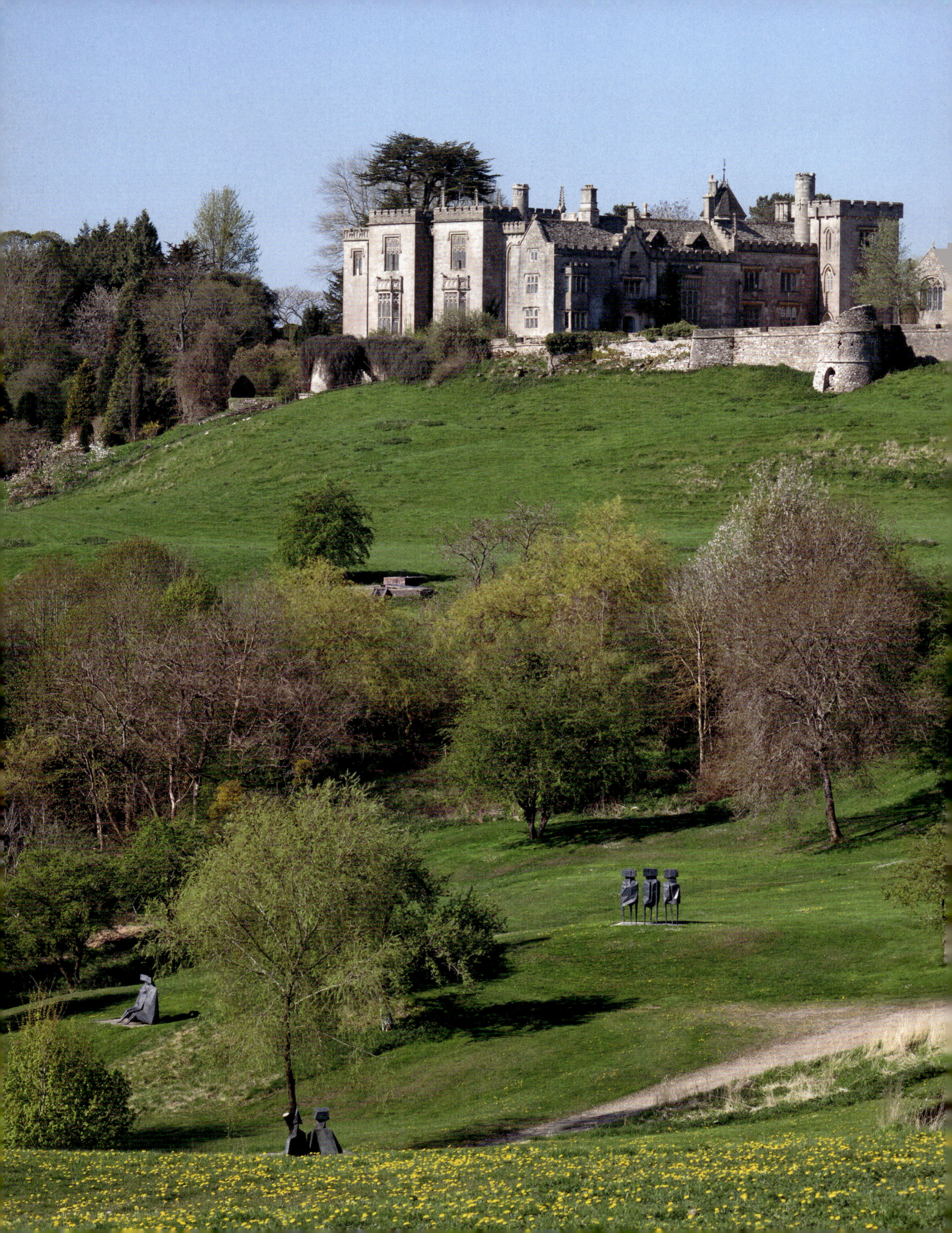

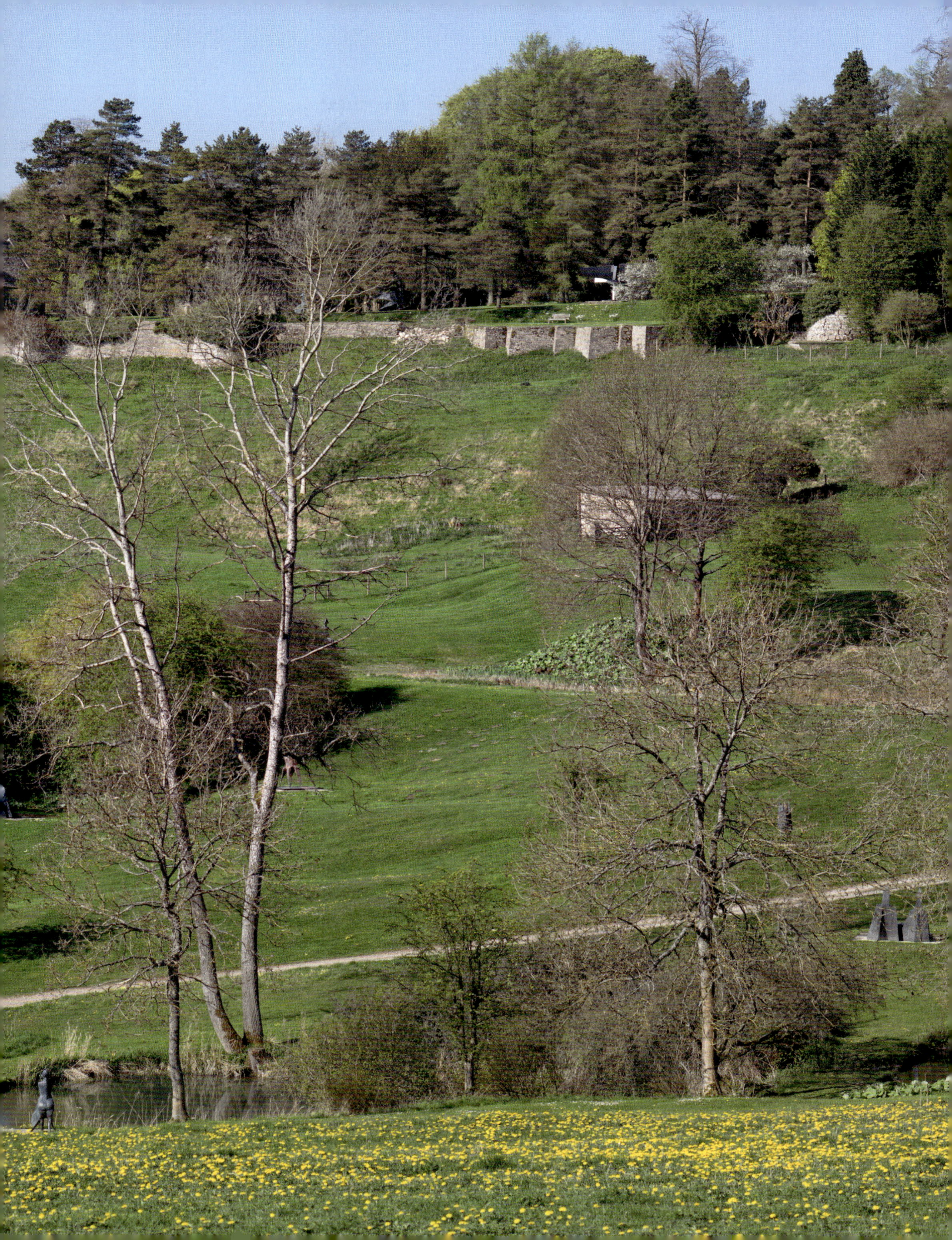

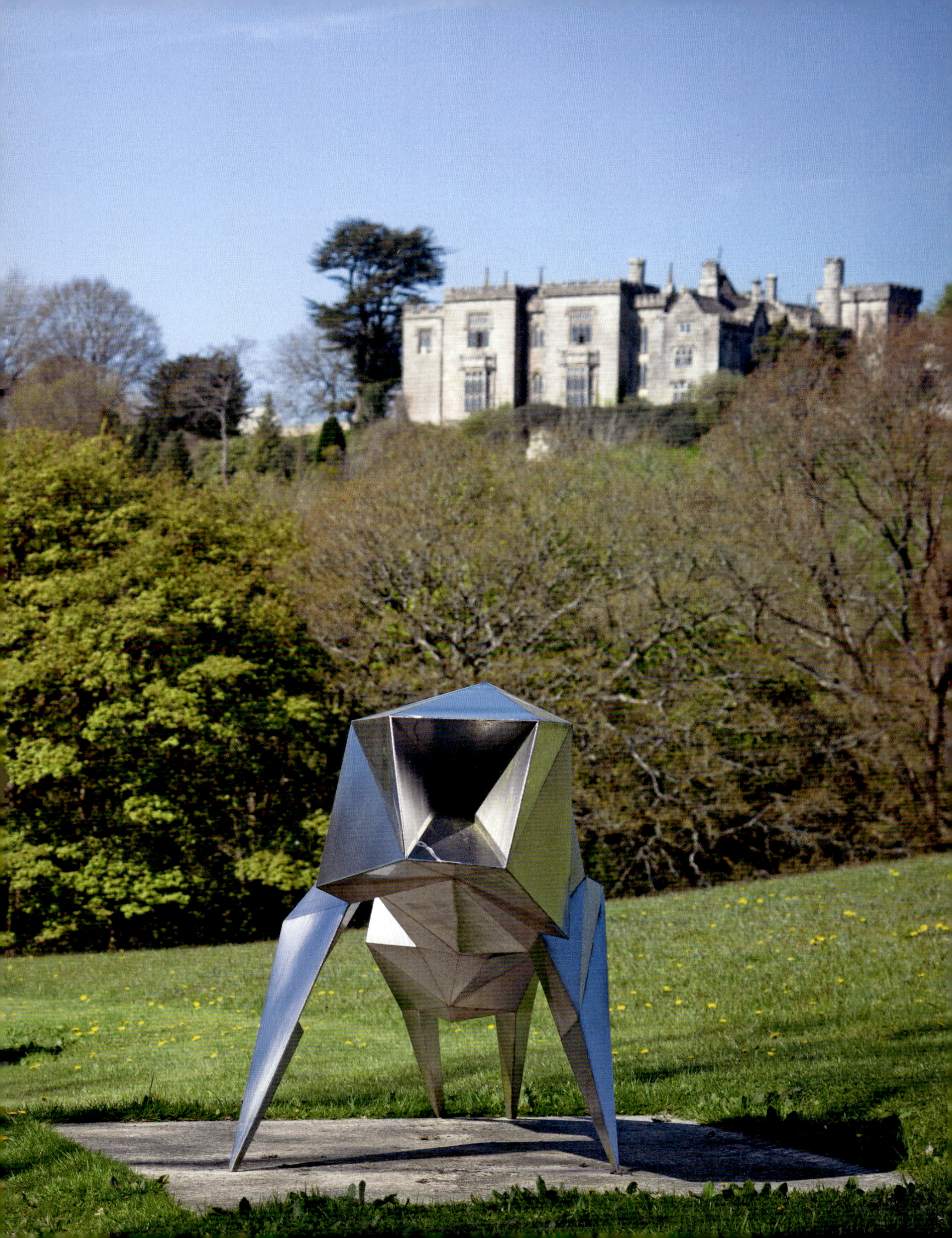